ABRIRAM-SE OS SEUS OLHOS

Dados Internacionais de Catalogação na Publicação (CIP)
(Câmara Brasileira do Livro, SP, Brasil)

Miranda, Bruno Guimarães de
  Abriram-se os seus olhos : uma análise de Emaús (Lc 24, 13-35) à luz do Éden (Gn 3,7) : comentário exegético de Lc 24,13-35 / Bruno Guimarães de Miranda ; [sob a coordenação de Waldecir Gonzaga]. – Petrópolis, RJ: Vozes ; Rio de Janeiro: Editora PUC-Rio, 2024. – (Série Teologia PUC-Rio)

  ISBN 978-85-326-6943-8

  1. Bíblia. N.T. Lucas – Comentários I. Gonzaga, Waldecir. II. Título. III. Série.

24-221799   CDD-226.407

Índices para catálogo sistemático:
1. Evangelho de Lucas : Comentários   226.407

Cibele Maria Dias – Bibliotecária – CRB-8/9427

Bruno Guimarães de Miranda

ABRIRAM-SE OS SEUS OLHOS
Uma análise de Emaús (LC 24,13-35) à luz do Éden (Gn 3,7)
Comentário exegético de Lc 24,13-35

SÉRIE **TEOLOGIA PUC-RIO**

© 2024, Editora Vozes Ltda.
Rua Frei Luís, 100
25689-900 Petrópolis, RJ
www.vozes.com.br
Brasil

© Editora PUC-Rio
Rua Marquês de São Vicente, 225
7º. andar do prédio Kennedy
Campus Gávea / PUC-Rio
Rio de Janeiro, RJ
CEP: 22451-900
Tel.: +55 21 3736-1838
edpucrio@puc-rio.br
www.editora.puc-rio.br

Todos os direitos reservados. Nenhuma parte desta obra poderá ser reproduzida ou transmitida por qualquer forma e/ou quaisquer meios (eletrônico ou mecânico, incluindo fotocópia e gravação) ou arquivada em qualquer sistema ou banco de dados sem permissão escrita da editora.

CONSELHO EDITORIAL

Diretor
Volney J. Berkenbrock

Editores
Aline dos Santos Carneiro
Edrian Josué Pasini
Marilac Loraine Oleniki
Welder Lancieri Marchini

Conselheiros
Elói Dionísio Piva
Francisco Morás
Gilberto Gonçalves Garcia
Ludovico Garmus
Teobaldo Heidemann

Secretário executivo
Leonardo A.R.T. dos Santos

PRODUÇÃO EDITORIAL

Aline L.R. de Barros
Marcelo Telles
Mirela de Oliveira
Natália França
Otaviano M. Cunha
Priscilla A.F. Alves
Rafael de Oliveira
Samuel Rezende
Vanessa Luz
Verônica M. Guedes

Editoração: Israel Vilas Bôas
Diagramação: Editora Vozes
Revisão gráfica: Heloísa Brown
Capa: Editora Vozes

ISBN 978-85-326-6943-8 (Vozes)
ISBN 978- 85-8006-322-6 (PUC-Rio)

Este livro foi composto e impresso pela Editora Vozes Ltda.

Agradecimentos

Ao Deus vivo e verdadeiro, pelo dom da vida e pelo amor extremo que nos manifestou ao dar-nos o seu Filho.

Aos meus pais, José Luis e Zelia, pelo amor que sempre me dedicaram e pela confiança que me inspiraram em meus caminhos.

A Dom José Francisco Rezende Dias, arcebispo de Niterói-RJ, pelo apoio sem reservas para os meus estudos.

Ao prof. Dr. Pe. Waldecir Gonzaga, orientador desta tese, pelo acompanhamento constante, pronto e atento.

Aos demais professores do Departamento de Teologia da PUC-Rio pelo aprendizado que me proporcionaram; e aos colegas do programa de pós-graduação com quem também aprendi muito.

Aos funcionários da secretaria do Departamento de Teologia da PUC, bem como aos da biblioteca, pelo suporte nesses anos de estudo e pesquisa.

Aos seminaristas do Seminário Arquidiocesano São José de Niterói-RJ e aos paroquianos da Paróquia Nossa Senhora da Conceição, na Ilha da Conceição, e da Quase-Paróquia São João Batista de La Salle, em Serra Grande, pela compreensão diante de minhas ausências, necessárias para a dedicação ao estudo.

Aos familiares e amigos que me encorajaram e apoiaram neste projeto.

O presente trabalho foi realizado com apoio da Coordenação de Aperfeiçoamento de Pessoal de Nível Superior — Brasil (CAPES) — Código de Financiamento 001.

Sumário

Prefácio, 11
Introdução, 17

Capítulo 1 | *Status quaestionis, 21*

    1.1 Leão Magno, 21

    1.2 Agostinho, 22

    1.3 Tomás de Aquino, 23

    1.4 Calvino e Balthasar Hubmaier, 24

    1.5 Marie-Joseph Lagrange, 24

    1.6 Richard C.H. Lenski, 25

    1.7 Alois Stöger, 27

    1.8 Fritz Rienecker, 27

    1.9 Leon Morris, 28

    1.10 William Hendriksen, 29

    1.11 Xavier Thévenot, 30

    1.12 Charles l'Eplattenier, 32

    1.13 Jean Radermakers e Philippe Bossuyt, 34

    1.14 Bernard P. Robinson, 36

    1.15 Joseph Fitzmyer, 39

    1.16 Roland Meynet, 42

    1.17 Fred B. Craddock, 45

    1.18 François Bovon, 46

    1.19 Luke Timothy Johnson, 48

    1.20 Gérard Rossé, 48

    1.21 John Nolland, 50

    1.22 Arthur A. Just Jr., 51

    1.23 Raymond Brown, 52

    1.24 João Alberto de Sousa Correia, 52

1.25 Álvaro Barreiro, 55

1.26 Bruno Chenu, 56

1.27 Nicolas Thomas Wright, 57

1.28 Archibald Thomas Robertson, 58

1.29 Rainer Dillman e César Mora Paz, 59

1.30 Dane C. Ortlund, 61

1.31 Giovanni Claudio Bottini, 64

1.32 Santiago García, 65

1.33 Isidoro Mazzarolo, 65

1.34 João Alberto de Sousa Correia, 65

1.35 Bogdan G. Bucur, 68

1.36 Marc Rastoin, 69

1.37 James R. Edwards, 71

1.38 Samuel Pérez Millos, 72

1.39 Santi Grasso, 73

1.40 Josep Boira Sales, 76

1.41 Benedito Antônio Bueno Almeida, 76

1.42 Harold A. Laurence V, 77

1.43 Isaac Moreno Sanz, 80

1.44 José Luis Sicre, 80

1.45 Tiago João Martins Costa, 81

1.46 Avaliação final, 82

    1.46.1 Alusões a Gn 3,7, 85

Capítulo 2 | Segmentação, tradução e crítica textual de Lc 24,13-35, 91

    2.1 Segmentação e tradução de Lc 24,13-35, 91

    2.2 Crítica textual, 94

    2.3 Justificativas da tradução, 97

Capítulo 3 | Dados formais de Lc 24,13-35, 102

    3.1 Gênero literário, 102

    3.2 Estilo lucano no relato de Emaús, 105

        3.2.1 O menino Jesus reencontrado no Templo, 107

        3.2.2 O batismo do eunuco etíope, 110

        3.2.3 Outros textos lucanos, 114

    3.3 Emaús como um quiasmo, 117

3.4 Emaús como uma narração: as etapas do relato, 120

    3.4.1. A aproximação de Jesus, 120

    3.4.2. Diálogo durante o caminho, 121

    3.4.3. Chegada a Emaús e refeição comum, 125

    3.4.4. Retorno dos dois aos demais discípulos, 129

Capítulo 4 | Comentário exegético de Lc 24,13-35, 132

    4.1 Dois deles a caminho (v. 13), 132

    4.2 De Jerusalém a Emaús, 135

    4.3 Aproximou-se (v. 15), 137

    4.4 Não o reconheceram (v. 16), 139

    4.5 A "Paixão segundo Cléofas" (v. 19-24), 145

        4.5.1 Dizem que ele vive (v. 32), 149

        4.5.2 Mas não o viram (v. 24), 151

    4.6 Jesus abre as Escrituras (v. 25-27), 152

    4.7 A chegada a Emaús (v. 28), 157

        4.7.1 Jesus faz menção de passar mais além (v. 28), 158

        4.7.2 O convite a permanecer (v. 29), 161

    4.8 Seus olhos se abriram e o reconheceram (v. 31), 165

    4.9 Invisível, mas não ausente (v. 31), 168

    4.10 Coração ardente (v. 32), 170

        4.10.1 "Falar-lhe-ei ao seu coração" (v. 32), 172

    4.11 Tendo-se levantado, voltaram para Jerusalém (v. 33), 174

    4.12 Encontraram reunidos os Onze (v. 33), 177

    4.13 A partilha final (v. 34-35), 179

Capítulo 5 | Queda e reerguimento – uso de Gn 3,7 em Lc 24,31, 182

    5.1 Olhos abertos e o que viram, 182

    5.2 Afastamento e reaproximação, 185

    5.3 Emaús, um epílogo ao relato da queda, 191

    5.4 Um longo caminho de salvação, 194

    5.5 A companhia de Cléofas, 197

Conclusão, 201

Posfácio, 209

Referências, 211

Senhor Jesus Cristo, que vos fizestes companheiro de via-
gem dos dois discípulos a caminho de Emaús, permane-
cei sempre com a vossa Igreja, peregrina sobre a terra.

Vésperas de segunda-feira,
2ª semana da Páscoa

Prefácio | "Abriram-se os olhos": queda (Gn 3,7) e reerguimento (Lc 24,31)

Depois de ter orientado o Bruno Guimarães de Miranda em sua pesquisa de doutoramento, tenho a alegria de ver seu texto escolhido para ser materializado como livro na série Teologia PUC-Rio na condição de uma das teses premiadas entre as defendidas no ano de 2023, para, em 2024, ser publicada; alegria que aumenta ainda mais em poder prefaciar esta sua obra. Sua pesquisa tem como título *Abriram-se os seus olhos: uma análise de Emaús (Lc 24,13-35) à luz do Éden (Gn 3,7). Comentário exegético de Lc 24,13-35.* Neste sentido, de imediato, percebe-se que Bruno se debruçou em uma análise de interface entre Antigo Testamento e Novo Testamento, com uma possível alusão do texto de Gn 3,7, a partir da versão grega da LXX, na expressão "διηνοίχθησαν οἱ ὀφθαλμοί, isto é, "abriram-se os seus olhos", utilizada pelo evangelista em Lc 24,31 no episódio dos discípulos de Emaús.

Em seu trabalho, o autor pautou-se pelo emprego dos métodos histórico-crítico, análise retórica bíblica semítica e uso do Antigo Testamento no Novo Testamento. Como se pode constatar no Novo Testamento, a maior parte das citações do Antigo Testamento foram tomadas a partir da versão grega da LXX e não do Texto Hebraico. Isso se deu pelo fato de que a Igreja primitiva usou mais o Antigo Testamento na língua grega, e não na língua hebraica, pois o grego era a língua usada naquele momento e ambiente, haja vista todo o Novo Testamento ter sido escrito em grego e não em outro idioma. Entender isso não é difícil, pois cada povo lê a Bíblia a partir de uma tradução para seu idioma de fala e comunicação, e não nas línguas dos textos originais, a exemplo do que fazemos nós, que lemos e usamos a tradução para o português.

De fato, é preciso realizar os estudos acerca do uso do Antigo Testamento no Novo Testamento, tendo em vista que nem sempre a tradução da LXX (Rahlfs; Hanhart, 2006) corresponde ao Texto Hebraico (TH) que usamos hoje, que é o Texto Massorético da *Biblia Hebraica Stuttgartensia* (Elliger; Rudolph, 1997). O uso do Antigo Testamento no Novo Testamento pode acontecer de três formas:

citação (referência direta e textual explícita), *alusão* (referência indireta e textual implícita) ou *eco* (referência sutil, isto é, temática). No que diz respeito à *citação* explícita, torna-se mais fácil buscar a fonte, pois há a materialidade do texto e é possível constatar se a fonte se deu a partir de um texto hebraico ou de uma versão grega; porém, quando se depara com *alusão* ou com *eco*, torna-se mais difícil averiguar a fonte, se a partir do hebraico ou do grego, porquanto falta a materialidade do texto, a qual só está presente na citação[1]. Neste sentido, é preciso contar com a possibilidade do uso a partir de outras fontes, como os *Targumim* e os *Midrashim*. Se nem sequer for possível a partir dessas fontes, isso implica admitir o possível emprego de uma outra fonte, ou de citação livre ou com intenção teológica pelo autor no Novo Testamento, com uso livre ou feito a partir de sua memória. Realmente, no que tange à *alusão* ou ao *eco*, por faltar justamente a materialidade que há apenas na citação explícita, para se conferir com maior exatidão e saber qual foi uma possível fonte utilizada, se hebraica ou grega, a tarefa se torna mais árdua. Chegar a indicar uma fonte com precisão não é tarefa fácil, pelo contrário, torna-se muito difícil quando falta a materialidade do objeto do estudo, o que pede mais prudência nas conclusões e afirmações, a fim de minimizar os erros.

Com a finalidade de se localizar possíveis *citações, alusões* e *ecos* do Antigo Testamento em textos do Novo, são utilizados os sete critérios de Hays (cf. Hays, 1989): 1) disponibilidade da fonte ao autor original; 2) volume de disponibilidade e proeminência daquela referência na Escritura; 3) recorrência com a qual o mesmo escritor cita aquele texto no restante da sua obra; 4) coerência temática com a linha de argumentação do autor; 5) plausibilidade histórica para o remetente e para os destinatários quanto ao significado interpretado; 6) história da interpretação construída por outros comentadores (pré-críticos e críticos) que aludiram à mesma passagem, e, por fim, 7) satisfação quanto à interpretação do texto; do mesmo modo, os nove passos que Beale (cf. Beale, 2013) indica para se interpretar o uso de uma passagem do Antigo Testamento no Novo Testamento: 1) identificar se a referência ao Antigo Testamento é uma citação (menção direta), alusão (menção indireta) ou eco (vaga lembrança); 2) analisar o contexto do Novo Testamento em que a citação ao Antigo Testamento ocorre; 3) analisar o contexto do Antigo Testamento em que a referida citação ocorre; 4) pesquisar o uso daquele texto do Antigo Testamento no judaísmo posterior e anterior; 5) comparar os textos nos quais a referência aparece: TH, NT, LXX, *Targumim* (comentários aramaicos às

---

1. Há vários estudos neste campo, tanto de outros autores como nossos. Destacam-se os livros de Beale (2013), Beale e Carson (2014), Belli *et al.* (2006), Del Páramo (1963), Grilli (2007), Hays (1989), Robertson (1996), Silva (2008); os artigos de Gonzaga e Almeida Filho (2020), Gonzaga e Belem (2021), Gonzaga *et al.* (2021), Gonzaga e Silveira (2021), Gonzaga e Lacerda Filho (2023), Gonzaga e Telles (2022).

Escrituras Hebraicas) e citações judaicas antigas (pseudoepígrafos, Filo de Alexandria, Flávio Josefo etc.); 6) analisar a forma como o autor usa aquela passagem do Antigo Testamento; 7) analisar a interpretação que o autor dá àquela passagem do Antigo Testamento; 8) analisar o uso teológico que o autor faz daquela passagem do Antigo Testamento; 9) analisar o uso retórico que o autor faz daquela passagem do Antigo Testamento.

Bruno pauta-se pelos nove passos de Beale, que, conforme indicado acima, assume os sete critérios de Hays já em seu primeiro passo. Sua pesquisa abarca introdução; em seguida, traz um *status quaestionis* da interpretação da perícope de Lc 24,13-35, com especial atenção ao versículo 31, em vários comentários, teses e artigos; na sequência, apresenta segmentação, tradução e crítica textual de Lc 24,13-31, com notas que justificam as opções de tradução; em seguida, oferece os dados formais de Lc 24,13-35 na condição de gênero literário, de estilo lucano, no relato de Emaús e de outros relatos ao longo do terceiro Evangelho; avança na interpretação da perícope lucana, realizando o comentário exegético de Lc 24,13-35, de cada versículo, desde os dois discípulos a caminho (versículo 13), a aproximação de Jesus (versículo 15), até a chegada a Emaús (versículo 28), o abrir dos olhos (versículo 31), o retorno para Jerusalém (versículo 33), o encontro e partilha final com os Onze (versículos 34 e 35). Coroando a pesquisa, foca no cerne da temática, a saber, o exame do uso de Gn 3,7 (queda) em Lc 24,31 (reerguimento), de modo que examina os olhos abertos e o que viram; o afastamento e a reaproximação; Emaús, como epílogo do Éden; um longo caminho de salvação a ser percorrido e a companhia de Cléofas. Enfim, apresenta as conclusões e as referências bibliográficas usadas como fonte para a pesquisa, divididas entre fontes bíblicas e obras diversas, que, com certeza, podem ajudar, e muito, em ulteriores pesquisas.

Com isso, saltam aos olhos do leitor os objetos material (Lc 24,13-35) e formal de *Abriram-se os seus olhos: Uma análise de Emaús (Lc 24,13-35) à luz do Éden (Gn 3,7)*. Como afirma o próprio autor, trata-se de um relato comovente e cheio de vida, com inúmeras implicações para a teologia bíblica e para a espiritualidade cristã. Mais ainda, trata-se de uma passagem bíblica que sempre despertou a curiosidade dos estudiosos, desde a patrística até os tempos hodiernos, uma vez que sempre se buscou entendê-la em cada detalhe. Muitos estudiosos e leitores se aproximaram deste texto lucano com a intenção de crescer no conhecimento e na intimidade com o Ressuscitado.

Um dos interesses na leitura, estudo e meditação da narrativa de Emaús provavelmente decorre dos temas da percepção ou não, da angústia e da perda de esperanças diante da crucifixão do Mestre. Aliás, são temas constantes na vida humana. O foco da narrativa é que o "peregrino" se revela e, então, a tristeza, a

13

angústia e a decepção se transformam em alegria, fé e esperança na retomada da caminhada, voltando para Jerusalém, para seguir com os irmãos e com a comunidade toda. Neste sentido, muito já foi dito, e escrito acerca deste relato lucano, porém, sempre é possível e prazeroso dizer algo a mais, seja a partir de métodos diacrônicos, seja a partir de métodos sincrônicos.

Como visto antes, o autor do terceiro Evangelho, em Lc 24,31, utiliza a mesma expressão de Gn 3,7, como aparece na LXX: "διηνοίχθησαν οἱ ὀφθαλμοί", isto é, "abriram-se os olhos". Essa semelhança das palavras utilizadas pelo autor lucano em relatos tão distantes e importantes não pode ser acidental, pelo contrário, deve seguir um propósito, uma vez que se trata de uma alusão consciente ao texto do Antigo Testamento. Isso faz com que a expressão "αὐτῶν δὲ διηνοίχθησαν οἱ ὀφθαλμοί" (então se abriram os olhos deles), em Lc 24,31, um texto de reerguimento, remeta o leitor de Lucas ao relato Gn 3,5-7, da queda original, visto que naquela ocasião, ante a sedução da serpente, o texto de Gênesis também diz que "καὶ διηνοίχθησαν οἱ ὀφθαλμοὶ τῶν δύο" (e se abriram os olhos dos dois) (Gn 3,7). A diferença está nas consequências decorrentes desse abrir dos olhos: queda ou reerguimento, de tal forma que em Emaús a comunhão dos homens com Deus, gravemente lesada desde o pecado original, é restaurada pela obra redentora de Cristo. Isso realmente proporciona notar uma semelhança entre o final do relato da queda e o início do relato do reerguimento de Emaús: no final da queda, Adão e Eva, expulsos do jardim, vão embora desanimados e sem esperança; no início do relato de Emaús, os dois peregrinos vagam desanimados e sem esperança, mas isso muda por completo quando encontram o Ressuscitado, ou seja, tem-se a restauração da amizade entre Deus e os homens que fora perdida no Éden.

Por tudo o que esta obra representa e oferece, vale a pena ter em nossas bibliotecas. Sua riqueza de dados e lições para novas e futuras pesquisas bíblicas, especialmente no Evangelho de Lucas, por si só já justifica sua aquisição e leitura. Trata-se de uma obra que enriquece a pesquisa e a produção na área da teologia bíblica no Brasil e no mundo e que fortalece a colaboração com os estudos teológicos em nossos seminários, faculdades e universidades, auxiliando, e muito, nos estudos de interface entre o Antigo Testamento e o Novo Testamento, também chamados de uso do Antigo Testamento no Novo Testamento. Não poderia deixar de dizer que se trata de mais uma obra que o Programa de Pós-Graduação em Teologia da PUC-Rio oferece à Área 44 da Capes: Ciências da Religião e Teologia.

Enfim, *alia iacta est*! Nossos votos são de que esta obra possa contribuir com o avanço das pesquisas bíblicas no Brasil, seja pela relevância do tema, seja porque abre possibilidades para novos estudos nesta área, pois almeja despertar novas pesquisas. Nesta perspectiva, desejamos uma boa leitura e bons estudos a todos os que tiverem a felicidade de entrar em contato com ela a partir de mais um texto oferecido em nossa Série Teologia PUC-Rio, o qual nasceu para compartilhar os resultados de anos de trabalho conjunto de nossos discentes e docentes, com a publicação de dissertações e de teses. Parabéns e grato ao autor, pela produção; e ao leitor, pela aquisição, e, mais uma vez, boa leitura a todos os que tiverem contato com esta obra!

Prof. Dr. Waldecir Gonzaga[2]

Referências

BEALE, G.K. *Manual do uso do Antigo Testamento no Novo Testamento*: exegese e interpretação. São Paulo: Vida Nova, 2013.

BEALE, G.K.; CARSON, D.A. *Comentário do uso do AT no NT*. São Paulo: Vida Nova, 2014.

BELLI, F. et al. *Vetus in novo: el recurso a la Escritura en el Nuevo Testamento*. Madrid: Encuentro, 2006.

DEL PÁRAMO, S. *La Citas de los Salmos en S. Pablo*. In: PONTIFICIO INSTITUTO BIBLICO (Org.). Analecta Biblica 17-18. Studiorum Paulinorum Congressus Internationalis Catholicus 1961. Roma: E. Pontificio Instituto Biblico, 1963.

ELLIGER, K.; RUDOLPH, W. (eds.). *Biblia hebraica stuttgartensia*. 5. ed. Stuttgart: Deutsche Bibelgesellschaft, 1997.

GONZAGA, W.; LACERDA FILHO, J.P. O uso do Antigo Testamento na Carta de Paulo aos Efésios. *Coletânea*, Rio de Janeiro, v. 22, n. 43, p. 13-48, jan./jun. 2023. Doi: http://dx.doi.org/10.31607/coletanea-v22i43-2023-1

GONZAGA, W.; ALMEIDA FILHO, V.S. O uso do Antigo Testamento na Carta de Paulo aos Filipenses. *Cuestiones Teológicas*, vol. 47, n. 108, p. 1-18, mar. 2020. Doi https://doi.org/10.18566/cueteo.v47n108.a01

GONZAGA, W.; BELEM, D.F. O Uso Retórico do Antigo Testamento na Carta aos Colossenses. *Theologica Xaveriana*, Bogotá, vol. 71, p. 1-35, mar. 2021. Doi: https://doi.org/10.11144/javeriana.tx71.uratcc

GONZAGA, W.; RAMOS, D.S.; CARVALHO SILVA, Y.A. O uso de citações, alusões e ecos do Antigo Testamento na Epístola de Paulo aos Romanos. *Kerygma*, Engenheiro

---

2. Doutor em Teologia Bíblica pela Pontifícia Universidade Gregoriana, Roma, e Pós-Doutorado pela Faje, Belo Horizonte, MG. Diretor e Professor de Teologia Bíblica do Departamento de Teologia da PUC-Rio e do Instituto Superior de Ciências Religiosas da Arquidiocese do Rio de Janeiro. E-mail: waldecir@hotmail.com, Currículo Lattes: http://lattes.cnpq.br/9171678019364477 e ORCID ID: https://orcid.org/0000-0001-5929-382X

Coelho, vol. 15, n. 2, jul.-dez., p. 9-31, 2021. Doi: http://dx.doi.org/10.19141/1809-2454.kerygma.v15.n2.p9-31

GONZAGA, W.; SILVEIRA, R.G. O uso de citações e alusões de salmos nos escritos paulinos. *Cuestiones Teológicas*, Medellín, vol. 48, n. 110, p. 248-267. jul.-dez, 2021. Doi: https://doi.org/10.18566/cueteo.v48n110.a04

GONZAGA, W.; TELLES, A.C. *O uso do Antigo Testamento na 2Coríntios*. Davar Polissêmica, Belo Horizonte, v. 16, n. 2, p. 395-413, jul.-dez., 2022.

GRILLI, M. *Quale rapporto tra i due Testamenti?* Reflessioni critica su modelli ermeneutici classici concernente l'unità dele Scritture. Bologna: EDB, 2007.

HAYS, R.B. *Echoes of Scripture in the Letters of Paul*. New Heaven e Londres: Yale University Press, 1989.

NESTLE-ALAND (eds.). *Novum Testamentum Graece*. 28. Ed. Stuttgart: Deutsche Bibelgesellschaft, 2012.

RAHLFS, A.; HANHART, R. (eds.). *Septuaginta. Editio Altera*. Stuttgart: Deutsche Bibelgesellschaft. 2006.

ROBERTSON, A.W. *El Antiguo Testamento em el Nuevo*. Buenos Aires: Nueva Creación, 1996.

SILVA, M. O Antigo Testamento em Paulo. *In*: HAWTHORNE, G.F.; MARTIN, R.P.; REID, D.G. (Orgs.). *Dicionário de Paulo e suas Cartas*. São Paulo: Paulus; Vida Nova e Loyola, 2008.

Introdução

O objeto material do presente estudo é a perícope dos discípulos de Emaús em Lc 24,13-35. Trata-se de um relato comovente e cheio de vida, com inúmeras implicações na teologia e na espiritualidade cristãs. Desde os primeiros séculos, este relato atrai e seduz qualquer fiel que se aproxime dos Evangelhos por sua riqueza de detalhes, pelas referências à história de Israel, pela integridade e sofisticação do relato, e até mesmo pelo humor latente, na medida em que Jesus não é reconhecido de início, mas o leitor já sabe quem ele é antes mesmo dos peregrinos. Vale notar, ainda, que Jesus ouve os peregrinos antes de falar e espera ser convidado a entrar antes de se dar a conhecer.

Todo o relato gira em torno do tema do reconhecimento, isto é, da percepção. Já no começo o leitor sabe quem é o forasteiro que se aproxima, e acompanha com certa curiosidade os peregrinos que não perceberam ainda de quem se trata, e que, com tristeza, lamentam a perda de suas esperanças. Mas a narrativa sugere, desde o início, que a situação há de mudar: o peregrino desconhecido há de se revelar, e então a tristeza há de transformar-se em alegria.

Vê-se a relevância do tema, portanto, a partir da importância dessa passagem, bastante conhecida, fruto de várias reflexões teológicas e com diversas consequências, tanto teóricas quanto práticas, acerca do Jesus que caminha com os discípulos e que se revela nas Escrituras e, à mesa, na fração do pão. Incontáveis abordagens podem ser feitas a partir desse texto, como se tem visto. A narrativa é expressiva também para a liturgia e para os sacramentos (Roiek; Konzen, 2018, p. 30-42; O'Loughlin, 2003, p. 73), para a vida fraterna (Weiler, 2006, p. 11-18), para a hospitalidade (Correia, 2013, p. 263-348), para a missão (Kaunda, 2017, p. 34), para a catequese (Do Nascimento Júnior, 2010, p. 26), e para a inculturação (Kohles, 2015, p. 93-96), dentre tantos outros tópicos.

Quanto ao objeto formal, o foco do estudo pretende ser o dado apresentado por Lucas segundo o qual, na fração do pão, "os olhos" dos discípulos, que estavam impedidos de reconhecer o Senhor desde o início (Lc 24,16), "abriram-se", e eles finalmente reconheceram Jesus (Lc 24,31). Pretende-se refletir a respeito de tal expressão ("abriram-se os seus olhos") à luz da narrativa da queda original no Éden, em Gn 3,5-7; parece haver, no texto lucano, uma alusão ao episódio da queda narrado em Gênesis.

Para nossa pesquisa, utiliza-se o método histórico-crítico, aplicado à perícope dos discípulos de Emaús, em Lc 24,13-35, a fim de reconhecer o material recolhido da tradição oral pelo evangelista e considerar a diacronia do texto, com os acréscimos e elaborações do autor. Além disso, utiliza-se o método da análise retórica bíblica semítica, considerando a sincronia do texto, que se apresenta desde as primeiras análises como um quiasmo sofisticado e detalhado. Algumas contribuições da análise narrativa também são aproveitadas. E, com base na intertextualidade, buscaremos uma aproximação entre o texto de Lc 24,13-35 e o relato de Gn 3,5-7, a fim de perceber suas semelhanças, sobretudo na expressão "διηνοίχθησαν οἱ ὀφθαλμοί" (abriram-se os seus olhos), em Lc 24,31, a fim de investigar uma possível referência do evangelista ao relato da queda original em sua narração dos discípulos de Emaús, inclusive ao apresentá-lo como uma espécie de novo e alegre desfecho, em oposição àquele do primitivo casal.

Com efeito, o evangelista utiliza, em Lc 24,31, a mesma expressão de Gn 3,7 na LXX, "διηνοίχθησαν οἱ ὀφθαλμοί" (abriram-se os olhos). Como hipótese, pretende-se demonstrar que a semelhança das palavras utilizadas por Lucas, as mesmas da LXX em relato tão importante, não é ocasional, mas tem um propósito, a saber, o de aludir ao texto veterotestamentário em questão. Assim, a expressão "αὐτῶν δὲ διηνοίχθησαν οἱ ὀφθαλμοί" (então se abriram os seus olhos), em Lc 24,31, remeteria o leitor de Lucas ao relato da queda original, em Gn 3,5-7. Também naquela ocasião, ante a sedução da serpente, diz o texto que "καὶ διηνοίχθησαν οἱ ὀφθαλμοὶ τῶν δύο", isto é, "e se abriram os olhos dos dois" (Gn 3,7). Depois dos olhos abertos, entretanto, as consequências parecem diversas e até opostas nos dois relatos, em Gênesis e em Lucas, como esta pesquisa procurará averiguar. Assim, chega-se ao objetivo principal do presente estudo: verificar em que medida o evangelista Lucas quis assinalar a restauração da humanidade, decaída desde o Éden, a partir da cruz e ressurreição do Senhor Jesus. Com efeito, a comunhão dos homens com Deus, gravemente lesada desde o pecado original, é restaurada pela obra redentora de Cristo. E o relato dos discípulos de Emaús parece ilustrar bem essa realidade, como tencionamos refletir.

Os dois textos, o de Emaús, em Lc 24, e o da queda original, em Gn 3, são unidos por um outro aspecto, o qual, na presente tese, pretende ser uma novidade: é possível notar uma semelhança entre o final do relato da queda e o início do relato de Emaús. Na conclusão do episódio da queda, Adão e Eva, expulsos do jardim, vão embora desanimados e desesperançosos. Do mesmo modo como termina esse relato, começa o de Emaús: dois peregrinos vagam desanimados e desesperançosos. Sob essa perspectiva, a narrativa dos discípulos de Emaús pode ser compreendida como um epílogo; depois de uma longa elipse, que engloba toda a história da salvação, Emaús aparece como uma sequência ou continuação do relato da queda original, mas que conduz, entretanto, a um novo desfecho, agora feliz: a restauração da amizade entre Deus e os homens.

Como se constata no *Status Quaestonis*, alguns autores já perceberam a referida semelhança entre a expressão de Lc 24,31 e de Gn 3,7, acerca dos olhos que se abriram, e registraram essa alusão. Mas esses mesmos autores reconhecem que o tema merece maiores estudos e aprofundamento. E um aspecto que parece aprofundar o tema em questão e reforçar a alusão ao texto veterotestamentário, e que ainda não está suficientemente desenvolvido na reflexão teológica contemporânea, é a mencionada semelhança entre o final da narrativa da expulsão do Éden e o começo do relato de Emaús, ou seja, entre o fim do primeiro relato e o início do segundo. Este estudo se propõe a examinar esse aspecto.

Com efeito, parece haver uma latente conexão entre os quadros em questão. Pode-se notar que o primeiro quadro, a saber, a saída do primitivo casal do Éden, não está explicitamente narrado na Escritura, mas fica sugerido. Não é difícil supor que, ao se verem expulsos do jardim, Adão e Eva foram embora desanimados, talvez experimentando o remorso e o medo diante do desconhecido, sem saber o que seria de suas vidas dali em diante. Mas não há nenhum versículo, tampouco nenhuma frase, que manifeste os sentimentos dos dois. O texto diz apenas, na sequência, que Adão conheceu Eva, sua esposa, e tiveram Caim, seu primeiro filho (Gn 4,1). O relato a respeito do estado de ânimo dos dois após a expulsão é omitido, mas fica subentendido que saíram do jardim do Éden tristes e abatidos.

O segundo quadro parece retomar precisamente aquele primeiro, o qual ficara em suspenso desde o início. Ao que tudo indica, é da maneira como termina o relato da queda que se inicia o episódio de Emaús: dois peregrinos desanimados afastam-se de Jerusalém, a cidade de Deus (Lc 24,13), abatidos e sem esperança (Lc 24,21), pois, como discípulos que perderam seu mestre e redentor (Lc 24,20), não sabem o que será de suas vidas dali em diante.

Como se pretende verificar na pesquisa, esse vínculo plausível entre o final do primeiro episódio e o começo do segundo pode não só reforçar a alusão a Gn 3,7 em Lc 24,31, mas também confirmar o episódio de Emaús como o reerguimento depois da queda original, bem como valorizar a iniciativa dos peregrinos no convite para que o Senhor Jesus entrasse e permanecesse com eles (Lc 24,29). O presente estudo também almeja lançar um olhar mais atento a essa iniciativa do convite ao forasteiro para entrar. Já analisada como claro sinal de hospitalidade, deve ser explorada sob o aspecto de antítese à iniciativa de Adão e Eva de se afastarem do convívio com Deus. Com efeito, o convite dos discípulos de Emaús ao Senhor para que este adentrasse a casa parece ter o efeito de desfazer a esquiva dos primeiros pais que se esconderam da presença de Deus quando este foi tomar a brisa da tarde (Gn 3,8). O Senhor estaria oferecendo a Cléofas e sua companhia a oportunidade de o chamarem ao convívio e, ao atenderem, voltariam à comunhão com Deus.

Por fim, as reflexões em questão podem reforçar uma outra hipótese que delas decorre: ainda que não seja possível comprovar, vale registrar que a aproximação da perícope lucana com o relato da queda deixa sugerido algo a respeito da companhia de Cléofas, ou seja, que os dois peregrinos de Emaús eram um casal de esposos, um homem e uma mulher, que estariam voltando para sua casa. Essa teoria não é nova, mas pode ser reforçada pela alusão ao relato do Éden, no qual os protagonistas, Adão e Eva, configuravam um casal. Tal hipótese traria consequências para a teologia e para a *práxis* cristã: Jesus se faz presente em meio às famílias, caminha com elas, senta-se com elas à mesa. Ademais, com base no mesmo relato de Emaús, pretende-se avaliar em que medida Lucas quer ensinar que presença de Jesus entre os seus se dará de maneira oculta, como quem os acompanha, e como há de acontecer com os cristãos no tempo da Igreja.

Quanto à distribuição, depois desta introdução, o primeiro capítulo traz o *Status Questionis*, com as contribuições e aportes dos autores quanto à passagem em questão; ao final, uma breve análise a respeito da análise do tema da presente tese entre aqueles que o mencionam. O segundo capítulo apresenta a segmentação, a tradução e a crítica textual de Lc 24,13-35, perícope objeto material deste estudo, e também a justificativa para algumas opções de tradução. O terceiro capítulo, dedicado a alguns aspectos formais que antecedem o comentário exegético, começa tratando do gênero literário do episódio de Emaús; elenca elementos da tradição oral presentes no relato e aporta outros textos em Lucas e em Atos com destacadas semelhanças de estilo a fim de verificar a autoria lucana; por fim, descreve as etapas da narrativa e realça a sofisticação formal do texto. O quarto capítulo traz o comentário exegético propriamente dito, e procura refletir acerca das riquezas de conteúdo do relato de Emaús, versículo a versículo, com algumas reflexões pessoais, mas também com considerações quanto às contribuições de diversos autores. Preparado pelos dados formais e pelos comentários exegéticos, o quinto capítulo se debruça acerca do tema da tese, e procura aprofundá-lo. Com o título "Queda e reerguimento – uso de Gn 3,7 em Lc 24,31", busca refletir a respeito da alusão à queda original em Emaús, na expressão "διηνοίχθησαν οἱ ὀφθαλμοί", abriram-se os olhos", e a respeito da restauração da humanidade a partir da obra redentora de Cristo, como parece assinalar a perícope lucana em questão. Em seguida, dá-se a conclusão do estudo. Enfim, apresentam-se as referências bibliográficas, que poderão auxiliar em ulteriores estudos e aprofundamentos na temática, visto que novas perspectivas surgem à medida que avança a pesquisa.

Capítulo 1 | *Status quaestionis*

Para a presente análise, optou-se por uma apresentação cronológica das obras e dos autores, em ordem crescente, até mesmo de artigos e de comentários. A grande maioria deles, como se verá, passa ao largo da alusão a Gn 3,7 em Lc 24,31, mas alguns autores notam e comentam – alguns brevemente, outros de maneira mais detida – essa proximidade, a qual será desenvolvida no presente estudo. Ao final do capítulo, há uma avaliação geral dos comentários, especialmente no que se refere ao tema tratado.

A respeito da ordem cronológica, registre-se que a primeira obra citada é uma coletânea de sermões de Leão Magno, publicada no século XIX, mas cujos textos remontam notoriamente ao século V d.C. A segunda obra, organizada por Arthur Just Jr., foi publicada em 2003, mas precede às demais por referir os comentários dos Padres da Igreja, nomeadamente Agostinho, ao Evangelho de Lucas. Em seguida, uma obra de Tomás de Aquino, publicada no Brasil apenas em 2020, mas que se sabe remontar ao século XIII. E, como quarta obra citada, uma publicação de 2015, organizada por Beth Kreitzer, traduzida para o português e publicada no Brasil em 2017, agrega os comentários dos reformadores às Escrituras. A partir da quinta obra, de Marie-Joseph Lagrange, publicada em 1948, a ordem cronológica é mais facilmente perceptível.

1.1 Leão Magno

Dentre os Padres da Igreja, Leão Magno destaca-se como aquele que, em um de seus sermões acerca da ascensão do Senhor, traça uma comparação entre os olhos abertos dos discípulos de Emaús e os olhos abertos dos nossos primeiros pais, como consequência de sua prevaricação. O autor, ao tratar das interações do Senhor com seus discípulos depois de sua ressurreição, comenta o episódio em que, na condição de terceiro companheiro, juntou-se a dois discípulos em viagem e, para dissipar as sombras de suas dúvidas, repreendeu-lhes a lentidão de espírito. Iluminados pelo Senhor a partir das Escrituras, converteram-se aos poucos de medrosos e indecisos para ardorosos (Magnus, 1849, p. 335). Ademais, continua

Leão Magno, quando se sentaram com ele à mesa, na fração do pão, abriram-se os olhos dos discípulos, como os olhos dos nossos primeiros pais (Magnus, 1849, p. 335). E conclui com maestria:

> Mas quão mais felizes foram os olhos dos dois discípulos ante a glorifica-ção da própria natureza, manifestada em Cristo, do que os olhos de nossos primeiros pais ante a vergonha da própria prevaricação! (Magnus, 1849, p. 335)

Como se vê, Leão Magno reconhece a semelhança entre os olhos aber-tos dos discípulos em Emaús e os olhos abertos de Adão e Eva no paraíso, e assinala, ainda que brevemente, as consequências de todo diferentes, e até mesmo inversas: os primeiros pais envergonharam-se por seu pecado; Cléofas e sua companhia contemplam felizes a natureza humana glorificada em Cris-to. Essa primeira comparação, que descreve a afinidade e o contraste entre as passagens, merece o devido destaque, mas não foi aprofundada como seria de se desejar, nem por seus contemporâneos, nem nos séculos seguintes, como será mostrado.

1.2 Agostinho

Em 2003, Arthur A. Just Jr. publica a obra na qual, junto com vários outros autores, compila e organiza os comentários dos Padres da Igreja aos textos da Escritura. O título original referente ao Evangelho de Lucas é *Luke (Ancient Ch-ristian Commentary on Scripture)*. A obra é traduzida para o espanhol e publicada em 2006, e é essa tradução que é utilizamos e citamos.

Na referida obra, Just Jr. cita Agostinho, para quem os olhos dos discípulos de Emaús estão impedidos de reconhecer a Jesus porque se deve reconhecê-lo agora na fração do pão. Ademais, Jesus tarda em dar-se a conhecer porque convi-nha que seus corações fossem mais bem instruídos (Agostinho apud Just Jr, 2006, p. 497-498).

Ainda segundo Agostinho, toda a estrutura do Antigo Testamento é cristo-lógica, "pois todo elemento e qualquer tema que nele apareça conduz e se centra em Cristo crucificado e ressuscitado" (Agostinho apud Just Jr, 2006, p. 498). Com base em Moisés e nos profetas, Jesus mostrou-lhes que "se não tivesse morrido, não teria podido ser o Cristo" (Agostinho apud Just Jr, 2006, p. 501).

Nos Padres da Igreja citados na referida obra, não há nenhuma alusão aos relatos da queda original no Éden, o que por si só já é digno de atenção, dada a importância desses autores e a amplitude e alcance de suas obras.

1.3 Tomás de Aquino

No século XIII, Tomás de Aquino despontava como um teólogo brilhante, e dentre suas inúmeras obras está a *Catena Aurea*, na qual apresenta reflexões acerca dos Evangelhos. A obra original em latim foi traduzida e publicada no Brasil em 2020 sob o título *Catena Aurea – Exposição contínua sobre os Evangelhos*.

Na obra, Tomás de Aquino cita diversos autores e seus comentários às passagens bíblicas; no relato de Emaús, cita Teofilacto, o qual dizia, a respeito de tais discípulos:

> Vê-se que esses homens criam em alguns dos oráculos proféticos, mas não em todas as profecias. Por exemplo, criam no que diziam acerca da crucificação: *Transpassaram as minhas mãos e os meus pés* (Sl 22,17), mas não a respeito da ressurreição, como esta: *Não permitirás que teu santo experimente a corrupção* (Sl 16,10). Importa, pois, dar fé ao que dizem os profetas tanto quando falam dos tormentos, como quando das glórias do Senhor, já que aqueles abrem o caminho para estas. (Tomás de Aquino, 2020, p. 677)

Tomás cita João Crisóstomo, que ensina: "O sacrifício de Abraão, que imolou um cordeiro no lugar de Isaac, foi figura do sacrifício da cruz, e do mesmo modo os mistérios da cruz e da ressurreição de Jesus Cristo estavam anunciados aqui e ali nos oráculos proféticos" (Tomás de Aquino, 2020, p. 678).

No que tange aos olhos dos discípulos cerrados até o momento de reconhecerem o Senhor, cita Agostinho:

> Não que tivessem os olhos cerrados enquanto caminhavam com Ele, mas algo no interior destes homens os impedia de reconhecer o que viam, como uma névoa ou algum tipo de umidade. Claro que Nosso Senhor poderia mudar a aparência do corpo, conferindo-lhe uma forma diferente daquela com que estavam acostumados, como sucedeu, antes de sua Paixão, com a transfiguração no monte, quando seu rosto ficou iluminado de um esplendor semelhante ao do Sol. Mas as coisas não se deram assim, e somos levados a crer que o demônio lhes tapou os olhos, a impedi-los de reconhecer Jesus Cristo. E isso permitiu Nosso Senhor até o momento da distribuição do sacramento do pão, para nos fazer compreender que a comunhão com seu corpo sagrado tem o poder de remover os obstáculos que nos impedem de reconhecer Jesus Cristo (Tomás de Aquino, 2020, p. 679).

Tomás de Aquino não cita nenhuma outra referência de outros autores acerca dos olhos abertos depois da queda no Éden, tampouco tece considerações pessoais a respeito do tema.

1.4 Calvino e Balthasar Hubmaier

Em 2015 é publicada nos Estados Unidos a *obra Reformation commentary on scripture: Luke*, organizada por Beth Kreitzer. A obra foi traduzida para o português com o título *Lucas* e publicada pela Cultura Cristã em 2017. O presente estudo faz uso da referida tradução para o português.

Segundo alguns reformadores, o fato de os discípulos não terem reconhecido Jesus está mais relacionado ao poder de Deus do que a qualquer tipo de mudança de forma corporal ou de talento fantasmagórico. Calvino aponta que o episódio não foi uma decepção imoral, pois Jesus não pode ser usado aqui como uma desculpa para mentir ou enganar os outros. O próprio Jesus, explicando novamente tudo aos discípulos a partir das Escrituras, mostra que elas só se abrem aos ouvintes e leitores quando a análise aponta para Cristo (Calvino apud Kreitzer, 2017, p. 503).

Balthasar Hubmaier convida os cristãos a seguir o exemplo dos discípulos de Emaús e, com todo o coração, clamar: "Fica conosco, ó Cristo, porque é tarde e já declina o dia. Continua conosco, ó Jesus, fica aqui. Onde você não está, tudo são trevas, noite e sombras, mas você é o verdadeiro Sol, luz e brilho. Aquele cujo caminho você ilumina não se desvia" (Hubmaier apud Kreitzer, 2017, p. 511).

Não encontramos, nos textos dos reformadores trazidos à colação na obra organizada por Kreitzer, nenhuma referência ao Éden nem aos olhos aberto depois da queda original.

1.5 Marie-Joseph Lagrange

Já em meados do século XX, em 1948, Marie-Joseph Lagrange publica sua obra *Évangile selon Saint Luc*, na qual reflete que o caminho de Emaús não é um passeio; os discípulos partem para os seus afazeres ou, mais provavelmente, voltam para sua casa depois da Páscoa. Com base no verbo "συζητεῖν/*discutiam*", no v. 15a, Lagrange entende que os discípulos não estão de acordo a respeito do sentido de todo o ocorrido, especialmente acerca do sepulcro vazio. Entende também que é o próprio Deus quem age para impedir que os discípulos reconheçam Jesus antes do momento desejado (Lagrange, 1948, p. 602-603).

Acerca da censura de Jesus aos discípulos, no v. 25, a qual, a propósito, assemelha-se à de Paulo aos Gálatas (Gl 3,1), sua insensatez e lentidão de coração consiste, segundo o autor, em fecharem os olhos para algumas passagens, em vez de considerar tudo; incorriam, assim, no erro de só perceber a glória do Messias, sem reconhecer o seu sofrimento (Lagrange, 1948, p. 606).

O autor nota também que, na explicação de Jesus, no v. 26a, o verbo está no imperfeito, "ἔδει/*era necessário*" que o Cristo "παθεῖν/*sofresse*"; portanto, o sofrimento já é passado. Na sequência, o verbo "εἰσελθεῖν/*entrasse*" também é regido pelo mesmo verbo no imperfeito, "ἔδει/*era necessário*". Assim, segundo o autor, é possível concluir que "o Cristo já entrou em sua glória, e pode ser uma parte dessa glória esse estado sobrenatural no qual ele não está sujeito às leis ordinárias dos sentidos" (Lagrange, 1948, p. 606).

Lagrange não elenca uma lista de profecias que o Cristo teria citado em seu discurso, pois seriam apenas conjecturas. Mas o autor refere pelo menos uma, a saber, Is 53, "porque essa passagem conduz à glória por meio do sofrimento" (Lagrange, 1948, p. 607).

No v. 28ab, o relato diz claramente que os peregrinos chegaram ao seu destino, "e não a uma hospedaria intermediária; ou seja, chegaram à casa deles ou de um deles" (Lagrange, 1948, p. 607). Inquieta à sinceridade cristã a ação aparentemente fictícia de Jesus, de passar adiante, no v. 28cd. Contudo, reflete o autor, "não há a menor mentira, nem mesmo nos gestos, mas somente uma lição" (Lagrange, 1948, p. 607). Em outras palavras, Jesus não entraria se não fosse convidado. A insistência dos peregrinos para que permaneça é mais um sinal de que chegaram à sua casa: "Eles não insistiriam tanto com seu companheiro de viagem para ficar em uma pousada" (Lagrange, 1948, p. 607).

A respeito dos olhos que se abrem, no v. 31, Lagrange cita Cirilo de Alexandria (comentário siríaco e Catena), segundo o qual os olhos dos discípulos foram abertos depois que o ensinamento lhes despertou a fé (Lagrange, 1948, p. 607). Mas Lagrange não faz nenhuma alusão aos olhos abertos depois da queda, no Éden.

1.6 Richard C.H. Lenski

Richard C.H. Lenski publica sua obra *The interpretation of St. Luke's Gospel* em 1955. Quanto aos discípulos de Emaús, Lenski nota que é a primeira aparição do Salvador ressuscitado narrada por Lucas: Jesus surgiu e começou a caminhar junto com os peregrinos da maneira mais natural, como um viajante se une a outros dois na estrada (Lenski, 1955, p. 1180). Conforme o v. 16, "(os seus olhos) não conseguiam reconhecê-lo", ou "estavam impedidos"; o verbo na voz passiva, "ἐκρατοῦντο/*estavam impedidos*", segundo Lenski, conota um agente, a saber, Deus, assim como a voz passiva no v. 31, "διηνοίχθησαν/*se abriram (os seus olhos)*", ou "foram abertos" (Lenski, 1955, p. 1180).

Eles teriam reconhecido o Senhor logo se seus olhos não estivessem impedidos, tanto que isso ocorre mais adiante, no v. 31. Lenski descreve as três maneiras pelas quais, no v. 16, pode ser compreendida a expressão "τοῦ μὴ ἐπιγνῶναι/ *de reconhecê-lo*", isto é, o artigo genitivo "τοῦ" mais o infinitivo "ἐπιγνῶναι". Pode ser para expressar um propósito, uma intenção: "(estavam impedidos) *a fim de* não o reconhecer"; ou para expressar um resultado ou efeito: "(estavam impedidos) *de modo a* não o reconhecer"; ou ainda, como um ablativo: "(estavam impedidos) *de* reconhecê-lo. O autor em questão opta pela segunda das três possibilidades, e entende que a construção expressa a noção de resultado (Lenski, 1955, p. 1180-1181).

Quanto à pergunta de Jesus aos peregrinos acerca do que conversavam no caminho, o autor assinala – de maneira acertada em nosso entender – que não se trata de um fingimento de Jesus. Como em diversos outros momentos em que Jesus pergunta a respeito de coisas e de situações que ele mesmo conhece bem, a pergunta tem o objetivo de fazer os discípulos apresentarem o problema de maneira direta, a fim de que ele possa solucioná-lo. A pergunta de Jesus já aponta para a conclusão que ele mesmo fará depois de receber a resposta dos peregrinos, e depende dessa resposta, porquanto partirá dela (Lenski, 1955, p. 1181).

Quanto a Cléofas e seu companheiro, Lenski não dá grande importância ao tema; seja a respeito de pertencerem ou não ao grupo dos setenta, seja a respeito da identidade do segundo discípulo, o autor sustenta que tudo isso está no campo da especulação. Mas nota que, segundo alguns, o companheiro poderia ser Tiago Menor, e, assim, pai e filho estariam voltando juntos para sua casa em Emaús, de modo que teria sido o pai quem respondeu a Jesus, e não o filho (Lenski, 1955, p. 1183).

Depois de ouvir o relato de Cléofas, Jesus os censura por serem "insensatos e lentos de coração para crer em tudo o que disseram os profetas", v. 25b. Lenski nota o fato de que eles creem em algumas coisas escritas pelos profetas, por exemplo, que o Messias deve vir e estabelecer seu reino; mas eles descuraram outras coisas essenciais acerca do Messias e de seu reino, sobretudo aquelas que Jesus expõe a eles. Ali estavam a inconsistência e a falta de inteligência deles (Lenski, 1955, p. 1187-1188).

Como outros autores vistos acima, Lenski também entende que, segundo o v. 28cd, Jesus certamente seguiria em frente se os dois não tivessem insistido com ele para que ficasse. "Jesus não força a entrada na casa de ninguém" (Lenski, 1955, p. 1191). Com base nessa insistência, o autor descarta a ideia de uma hospedaria ou casa de amigos (Lenski, 1955, p. 1191), o que também nos parece correto. Como muitos outros autores, nota também que Jesus, apesar de ser o convidado, desempenha o papel de anfitrião, tomando o pão nas mãos e pronunciando a bênção, no v. 30bc (Lenski, 1955, p. 1191-1192).

Lenski entende que o v. 31 é o reverso do v. 16. Os olhos impedidos de reconhecê-lo agora o reconhecem plenamente: no v. 31b, o prefixo "ἐπι" intensifica o verbo *"γινώσκω"*. Ainda segundo Lenski, o desaparecimento de Jesus, logo que reconhecido, é altamente necessário para os discípulos. Eles precisam compreender como será a comunhão com o Senhor, agora de maneira diversa do convívio antes da morte e da ressurreição. Como deixou o sepulcro selado, agora deixa a casa fechada (Lenski, 1955, p. 1192-1193).

Também neste autor, que traz interessantes análises e reflexões, não há nenhuma palavra quanto aos olhos abertos depois da queda original no Éden, conforme narrado no Gênesis.

1.7 Alois Stöger

Em 1964, Alois Stöger publica na Alemanha sua obra *Das Evangelium nach Lukas*, traduzida para o português e publicada pela Vozes em 1974 com o título *O Evangelho segundo Lucas*, tradução aqui utilizada.

Stöger destaca que, assim como os discípulos de Emaús não reconheceram Jesus, também Maria Madalena não o havia reconhecido (Jo 20,14). Segundo Stöger, "a força que venda os olhos dos discípulos é o fato de a boa nova ser inconcebível: um cadáver não volta à vida e não se levanta e sai da sepultura" (Stöger, 1974, p. 306). Mas, por intervenção de Deus, Jesus ressuscita. Não se trata, no entanto, de simples continuação da vida terrena (Stöger, 1974, p. 306-307).

Como se vê pela palavra de Jesus aos discípulos, "nas Escrituras se encontra tudo sobre ele: na Lei e nos Livros Proféticos, em todos os escritos, em todos os livros dos profetas". Jesus dá à Igreja a "mais importante 'norma hermenêutica (de interpretação do sentido)' para a compreensão das Sagradas Escrituras. A chave das Sagradas Escrituras é o Cristo ressuscitado" (Stöger, 1974, p. 311).

E quanto à fração do pão, ao final do relato, Stöger reflete:

> As Sagradas Escrituras dão testemunho do Cristo ressuscitado; a eucaristia, porém, dá o próprio Ressuscitado vivo e presente. A eucaristia é o grande sinal da ressurreição do Senhor, o sinal no qual se reconhece que o Senhor vive e está presente. A eucaristia não é apenas memória da morte do Senhor, mas também memória da ressurreição (Stöger, 1974, p. 313).

1.8 Fritz Rienecker

Em 1972, Fritz Rienecker publica na Alemanha sua obra *Wuppertaler Studienbibel – Das Evangelium des Lukas*, traduzida para o português e publicada pela editora Esperança em 2005 com o título *Evangelho de Lucas* e ora utilizada.

Acerca dos discípulos de Emaús, Rienecker entende que essa rica e minuciosa descrição recupera a memória de como Cristo "não apenas se une aos peregrinos, mas também dialoga com eles amistosamente durante cerca de duas a três horas a respeito das profecias do Antigo Testamento que prenunciam sua Paixão, morte e ressurreição, e de como ele é finalmente reconhecido" (Rienecker, 2005, p. 467). Ainda segundo o autor, assim como João narra em detalhes as duas aparições de Cristo aos discípulos, Lucas "delineou um quadro vivo, cálido, claro e profundamente comovente da aparição do Senhor aos discípulos a caminho de Emaús", de modo que os demais relatos "passam para um modesto segundo plano" (Rienecker, 2005, p. 467).

Quanto ao fato de não reconhecerem o Senhor, Rienecker entende que sua corporeidade era diferente, transfigurada; o não reconhecimento não pode ser explicado a partir da incredulidade dos discípulos; foi Deus quem causou essa incompreensão: "A força da ressurreição de Cristo na realidade não é constatada por meio de um olhar e sentir físicos, mas pela palavra e pela fé" (Rienecker, 2005, p. 469).

Não há na obra em questão nenhuma referência ao Gênesis ou à queda original.

1.9 Leon Morris

Em 1974, Leon Morris publica na Inglaterra sua obra *Luke, an introduction and commentary*, traduzida para o português e publicada pela Vida Nova em 1983 com o título de *Lucas – introdução e comentário*, a qual é aqui utilizada.

Na mesma linha dos demais autores, Morris destaca que, de acordo com o discurso de Jesus aos discípulos de Emaús no v. 27, todo o Antigo Testamento, em todas as suas partes, aponta para ele. O evangelista não indica quais passagens o Senhor escolheu, mas isso não era o essencial, e sim a ideia de que todo o Antigo Testamento estava envolvido:

> No decurso de todo o Antigo Testamento, um propósito divino consistente é desenvolvido, propósito este que, no fim envolvia, e devia envolver, a cruz. A qualidade terrível do pecado é achada em todas as partes do Antigo Testamento, mas assim também se acha o amor profundíssimo de Deus. No fim, esta combinação tornou inevitável o Calvário. Os dois tinham ideias erradas daquilo que o Antigo Testamento ensinava, e, portanto, tinham ideias erradas acerca da cruz (Morris, 1983, p. 318).

Quanto a ter feito menção de passar adiante quando chegaram ao lugarejo no v. 28, Morris concorda com os demais autores e entende que, se não tivessem insistido, Jesus não teria ficado: "Não devemos interpretar as palavras como uma indicação de algum gesto teatral. Sem o convite, ele não teria ficado" (Morris, 1983, p. 318). E dado que em uma hospedaria quem parte o pão é o hospedeiro, o autor defende que "é muito mais provável que fossem para um lar" (Morris, 1983, p. 318).

Quanto aos olhos que se abriram, no v. 31, Morris não se aprofunda no tema. Sugere apenas que talvez tenham visto as marcas dos pregos nas mãos de Jesus, ou que fosse simplesmente o momento certo escolhido por Deus para tornar claro que se tratava de seu Filho (Morris, 1983, p. 319). Não é feita nenhuma menção ao relato da queda ou ao Éden.

1.10 William Hendriksen

Em 1978, William Hendriksen publica nos Estados Unidos a obra *The New Testament commentary, the exposition of the Gospel according to Luke*, a qual foi traduzida para o português e publicada pela Cultura Cristã em 2014 com o título *Lucas – Volume 2 – Comentário do Novo Testamento* tradução que ora é utilizada.

Hendriksen entende que, com base nos v. 28 e 29, é possível deduzir que os dois discípulos caminhavam para sua casa em Emaús (Hendriksen, 2003, p. 647). Nota também que, durante seu ministério, inúmeras vezes Jesus usa como método de interpelação uma pergunta (Lc 6,9; 8,30; 9,18; 18,40-41; 20,3-4.41-44; 22,35 etc.). Não significa falta de conhecimento, mas visa a despertar interesse, com o intuito de explicar o que era necessário (Hendriksen, 2003, p. 647-648).

Ao comentar o v. 20ab, "como os nossos sumo sacerdotes e chefes o condenaram à morte e o crucificaram", Hendriksen destaca que a responsabilidade não foi depositada sobre Pilatos, tampouco sobre os romanos:

> Os dois homens puseram a culpa exatamente onde ela devia estar, a saber, sobre os principais sacerdotes e líderes dos judeus. Isso não é antissemitismo. É simplesmente uma reflexão realista a respeito de um fato histórico (Hendriksen, 2003, p. 649).

Ao comentar o v. 27, Hendriksen tem o mérito de apresentar uma lista de passagens tomadas do Antigo Testamento que poderiam estar no discurso de Jesus ("tendo começado por Moisés e por todos os profetas"), mostrando que era preciso que o Cristo sofresse para entrar em sua glória. Ainda que seja uma lista meramente especulativa, vê-se que há coerência e razoabilidade nas várias passagens sugeridas pelo autor[3].

---

3. Hendriksen (2003, p. 647): Gn 3,15; 22,18; 49,10; Ex 12,13; Dt 18,15.18; 2Sm 7,12-13; Sl 2,2; 22,1.18; 69,20-21; 72,8-9; 110,1; 118,22; 132,11; Is 2,4; 7,14; 8,8.10; 9,1-2.6; 11,10; 25,8; 28,16; 35,5-6; 42,1; 49,6; 52,14-53-12; 55,4; 59,16; Jr 23,5; Ez 17,22; Dn 2,35.44; 7,13-14; 9,25; Mq 5,1-2; Ag 2,6-9; Zc 3,8; 6,12-13; 9,9; 11,12; 12,10; 13,7; Ml 3,1, dentre outras.

Ainda a respeito desse tema, Hendriksen ressalva que o quadro do Antigo Testamento acerca do Messias não se limita a algumas passagens específicas. Nosso Senhor, ao interpretar as Escrituras, mostrou como o Antigo Testamento por inteiro, de diversas maneiras, aponta para ele, conforme At 10,43 ("dele todos os profetas dão testemunho") (Hendriksen, 2003, p. 653).

Ao comentar o v. 28cd, "e ele fez menção de passar mais além", Hendriksen também entende – de modo acertado, segundo nos parece – que Jesus teria realmente feito isso caso não o tivessem persuadido a ficar com eles: "O plano que Deus tem para nossa vida não suprime as decisões de nossa parte" (Hendriksen, 2003, p. 653).

Quanto aos olhos abertos e ao reconhecimento do Senhor ressuscitado, no v. 31ab, Hendriksen não faz afirmações, mas apresenta algumas perguntas:

> Como foi possível que, ao partir o pão, de repente o reconheceram? Teriam visto as marcas dos cravos em suas mãos? Teria sido a maneira de quebrar o pão e de lhos distribuir que abriram seus olhos? Ou teria sido a forma como ele falou com seu Pai que lhes despertou a memória? (Hendriksen, 2003, p. 654).

Como se vê, não há nenhuma menção ao Éden nem à queda original nas reflexões do autor.

1.11 Xavier Thévenot

No ano de 1980, surge um estudo que, de maneira inovadora, associa com clareza os textos de Gn 3 e Lc 24. Trata-se de um artigo de Xavier Thévenot publicado na revista Mélange de Science Religieuse com o título *Emmaüs: une nouvelle Genèse? Une lecture psychanalytique de Genèse 2-3 et Luc 24,13-35.*

O autor sustenta que é possível ler Lc 24,13-35 como um relato de recriação, como uma estrutura inversa ao relato do pecado original em Gn 3. Ele destaca a expressão que é comum a ambos os textos, Gn 3,7 e Lc 24,31, "διηνοίχθησαν οἱ ὀφθαλμοί/*[seus] olhos se abriram*". Ademais, numa leitura de caráter psicanalítico à luz do pensamento lacaniano, Thévenot entende que Gn 3 narra uma "descriação" ("*décréation*") pela recusa do campo simbólico, ao passo que Lc 24 descreve como o Cristo ressuscitado favorece "a libertação da fascinação puramente imaginária para alcançar a recriação de um campo simbólico plenamente assumido" (Thévenot, 1980, p. 3, tradução nossa).

No jardim do Éden, reflete Thévenot, dá-se a passagem do registro da fé para o registro especular ("*spéculaire*"). No caminho de Emaús, como mais tarde no de Gaza (At 8,26-40), dá-se a passagem da vontade de ver à alegria de escutar e de crer. O desejo de "tornar-se como deuses" se transforma em uma ação de graças (eucaristia) na qual Deus é plenamente reconhecido em sua diferença (Thévenot, 1980, p. 3).

A criação do ser humano a partir do sopro de um hálito de vida em suas narinas indica, decerto, sua fragilidade, mas também indica o vínculo da autonomia receptiva do homem em relação ao seu Criador. Autonomia porque, de agora em diante, o homem goza de sua própria respiração; receptiva porque é Deus quem gratuitamente comunica seu sopro à natureza humana inanimada (Thévenot, 1980, p. 5-6).

Thévenot assinala que o binômio bem-mal da árvore proibida ao casal primitivo não deve ser compreendido sob conotações morais; antes, conforme a mentalidade oriental, o bem e o mal significam simplesmente "tudo". Trata-se da compreensão plena acerca de todas as coisas, um conhecimento total no sentido mais amplo (*"connaissance totale du sens le plus large"*) (Thévenot, 1980, p. 8).

Ainda segundo as reflexões de Thévenot, a distinção dos sexos no homem e na mulher faz com que não tenham total conhecimento, pois se há tal distinção, o homem não é mulher, e vice-versa. A tentação de ser como deuses, conhecedores do bem e do mal, isto é, de todas as coisas, é confrontada com a diferença sexual. Por isso, depois do pecado, os olhos abertos levam à vergonha de se reconhecerem nus. Tecem tangas precisamente para esconder a diferença sexual, e, assim, ocultar sua contingência (Thévenot, 1980, p. 13-14). Desse modo, a origem do pecado está na incapacidade humana de suportar a decepção. Em virtude disso, um relato de recriação, tal como o de Emaús, só poderia partir de uma decepção (Thévenot, 1980, p. 14).

Decepcionados e com suas esperanças perdidas, os discípulos de Emaús se veem presos ao registro especular (*"registre spéculaire"*) que exige, como em Gn 3,5, provas visíveis; são incapazes de confiar na palavra das mulheres e dos anjos que declaram que Jesus vive, pois os discípulos que foram ao túmulo não o viram (Thévenot, 1980, p. 15).

> Compreendemos melhor que, encerrados até aqui em seu ideal imaginário, Cléofas e seu companheiro são incapazes de reconhecer aquele que por excelência é a Alteridade e que não cessa de reconduzir o homem ao reconhecimento de sua contingência: "Seus olhos foram impedidos de reconhecê-lo". Aqui estamos na situação da criação marcada pelo pecado, como é conhecida pelo relato da queda: incapacidade de confiar na palavra; não aceitação da contingência, ou seja, aqui, da não onipotência e da morte; impossibilidade de reconhecer o mistério do outro; decepção mal integrada (Thévenot, 1980, p. 15, tradução nossa).

Segundo Thévenot, será preciso reaprender a dar lugar à linguagem, à palavra, como em Gn 2, para a recriação do homem. Por isso, é na troca de palavras dos discípulos que a palavra de Cristo vai se infiltrar; e esta também está sujeita a uma outra palavra já pronunciada, a das Escrituras, de Moisés e dos profetas. Como nas tentações de onipotência no deserto, Jesus vence Satanás com a Lei do Pai. "Não era necessário o Cristo sofrer isso para entrar na sua glória?". A Palavra de Deus explicada por Cristo serve, assim, para quebrar o sonho recorrente de se tornarem, como deuses, imortais por natureza (Thévenot, 1980, p. 15).

Em Gn 3, a abertura dos olhos se produz para uma negação da diferença; já em Lc 24, os olhos se abrem para o reconhecimento do outro. E o seu imediato desaparecimento mostra que, em Lucas, a visão está associada à ausência que provoca a fé (Thévenot, 1980, p. 16).

Tal desaparecimento, reflete Thévenot, não causa decepção ou fechamento. Pelo contrário, os discípulos se veem provocados a um ato de comunicação. O pecado levou à dissociação (Gn 3,12); o reencontro com o Ressuscitado provoca a solidariedade com os apóstolos em Jerusalém. E tal solidariedade alcançará dimensões universais quando o Espírito do Ressuscitado lhes devolver a faculdade de comunicação (At 2,8) (Thévenot, 1980, p. 16).

Como se vê, Thévenot avança sensivelmente na percepção das semelhanças entre os textos em questão, Gn 3 e Lc 24. Suas intuições destacam também os contrastes entre as duas passagens, e apontam assim para a noção do reerguimento após a queda.

1.12 Charles l'Eplattenier

Em 1982, Charles l'Eplattenier publica na França sua obra *Lecture de l'evangile de Luc*, traduzida para o português e publicada pela editora Paulinas em 1993 com o título *Leitura do Evangelho de Lucas*, cuja tradução ora é usada.

L' Eplattenier chama a atenção para dois temas postos em evidência ao longo do Evangelho de Lucas, a saber, o do caminho e o da refeição ou partilha do pão. Destaca também o tema essencial do reconhecimento. Desde o início, a narrativa desperta o interesse do leitor: "como e quando se dará o reconhecimento?" (L'Eplattenier, 1993, p. 253).

Cléofas faz a recapitulação do ministério de Jesus, com seu processo e morte, e acrescenta o último episódio: as mulheres ante o túmulo vazio e o anúncio de anjos a respeito da ressurreição de Jesus.

> E nada disso tinha sido suficiente para despertar a fé. A "Paixão segundo Cléofas" é uma história de profeta que terminou mal, como tantas outras.

Ela deixa um travo de amargura e de desencorajamento profundo (L'Eplattenier, 1993, p. 254).

A palavra de Jesus retoma os mesmos acontecimentos, mas com leitura diferente, à luz da Escritura: "Não era necessário que o Cristo sofresse isso e entrasse na sua glória?", v. 26.

> Evidentemente esse extraordinário resumo da gesta de Jesus concentra numa fórmula muito densa a grande descoberta da geração apostólica, a inteligência da fé, que, à luz da leitura renovada do Antigo Testamento, superou o escândalo de um Messias crucificado [...]. Todas as Escrituras são concernentes a ele: elas anunciam a pessoa e a obra do Messias que sofre e é glorificado" (L'Eplattenier, 1993, p. 254-255).

Fica sugerido que o lugar do reconhecimento é a casa dos discípulos ("não se trata, em todo caso, de uma hospedaria"), mas a atenção é concentrada na comunhão de mesa. Depois de ter caminhado com os discípulos, Jesus se põe à mesa com eles. E apesar de ser o convidado, "ocupa o lugar de Dono da casa" (L'Eplattenier, 1993, p. 256).

Acerca dos olhos que se abrem, no v. 31, L'Eplattenier entende que "o programa da salvação enquanto 'cura dos cegos' (Lc 4,18) tem aqui seu pleno cumprimento". E ainda, "mais tarde a experiência de Saulo em Damasco (At 9,18) fará dele o enviado do Senhor para 'abrir os olhos das nações' (At 26,18)" (L'Eplattenier, 1993, p. 256). Como se vê, L'Eplattenier traz interessantes textos lucanos quanto à cura da cegueira e ao abrir de olhos dos homens, mas não faz alusões às narrativas fundantes do Gênesis.

O autor também registra que "não se deve falar de narração de aparição, mas de narração de reconhecimento 'fulgurante' e de desaparecimento":

> O hóspede nem se despediu. Os dois discípulos começam a viver novamente a ausência desse misterioso 'Messias', mas a sua breve experiência mudou radicalmente sua maneira de vivê-la. Ela os fez passar do abatimento para o entusiasmo (L'Eplattenier, 1993, p. 256).

L'Eplattenier destaca ainda o verbo "ἀναστάντες/*tendo-se levantado*", particípio aoristo de "ἀνίστημι/*levantar-se*", verbo empregado por Jesus para falar de sua ressurreição, e presente em diversas outras passagens lucanas (Lc 1,29; 5,25; 5,28 etc.). O despertar da fé põe de pé esses discípulos até então sem esperança (L'Eplattenier, 1993, p. 257).

A narrativa une, como visto, as experiências do caminho e da refeição, a Escritura e a comunhão à mesa:

Eis o que vós também tendes à vossa disposição na comunidade cristã, diz Lucas a seus leitores da segunda geração. Eis o que deve bastar-vos para que também vós reconheçais a misteriosa ausência-presença do Senhor em sua Igreja. Invisível aos vossos olhos de carne, como o ficou subitamente para os companheiros de Emaús, ele está plenamente presente à vossa fé quando meditais a Bíblia e quando participais do pão eucarístico (L'Eplattenier, 1993, p. 258).

Assim como outros autores, L'Epplatenier chama a atenção para as semelhanças do relato de Emaús com o episódio do eunuco etíope, em At 8,26-40. Em Emaús, a referência aos profetas esclarece a Paixão e a ressurreição de Cristo; com o eunuco, a vida e o ministério de Jesus esclarecem a passagem profética da Escritura; ambos os relatos culminam nos sinais eclesiais; em Emaús, a fração do pão; com o eunuco, o batismo (L'Eplattenier, 1993, p. 258-259).

Quanto ao tema da presente tese, L'Epplatenier também não faz nenhuma referência ao Éden ou à queda original.

1.13 Jean Radermakers e Philippe Bossuyt

Em 1983, Jean Radermakers e Philippe Bossuyt publicam a obra *Jésus – parole de la grâce selon saint Luc* (Jesus — Palavra da Graça segundo São Lucas), cuja tradução para o italiano foi feita no mesmo ano com o título *Lettura pastorale del Vangelo di Luca* (Leitura pastoral do Evangelho de Lucas), a qual é aqui utilizada. Segundo os autores, no confronto do relato de Lucas com os relatos dos demais evangelistas, vê-se que Jesus não vem apresentado como o ressuscitado a ser alcançado na Galileia, terra de fé de onde partiu a mensagem do Reino (Mc 16,7); nem como o Senhor glorioso que se manifesta numa teofania que recorda o Sinai e que confia aos seus uma missão universal (Mt 28,1-5.16-20); e nem como o Cristo alçado na glória, que vive no coração dos discípulos, seus irmãos, e os faz participar da sua missão do Filho (Jo 20). Em Lucas, a ideia central, e talvez única, é a da vinda escondida de Jesus no coração das nossas vidas, nas nossas estradas. Longe do resplandecer no mundo, como nos evangelhos de Mateus ou de João, o Ressuscitado se revela no cotidiano. É a partir dessa nova forma de presença que há de se desenvolver o testemunho (Radermakers; Bossuyt, 1983, p. 465).

Segundo Radermakers e Bossuyt, o relato de Emaús não constitui, em rigor, uma aparição, e Lucas evita usar o termo; a ênfase está no itinerário a percorrer para reconhecer uma presença, e não no fato de ver uma pessoa. Pode-se falar em uma catequese que trata do caminho cotidiano a se cumprir para reconhecer Jesus vivente em meio a nós (Radermakers; Bossuyt, 1983, p. 471). A palavra do

Ressuscitado ilumina as Escrituras e, assim, ilumina os discípulos, porém está condensada em dois versículos, v. 25-26; não é o elemento dominante. O ponto central da passagem e de todo o capítulo de Lc 24 consiste em um encontro que conduz a um reconhecimento, e não em um anúncio (Radermakers; Bossuyt, 1983, p. 472).

Logo no início do relato, Jesus, "tendo-se aproximado, caminhava com eles", v. 15b. Os dois verbos, *aproximar-se* e *caminhar*, resumem toda a sua missão. Em Jesus, Deus se faz próximo ao homem, entra na sua vida e na sua existência cotidiana. Ao contrário dos demais evangelistas, a familiaridade com Jesus é elemento constitutivo da ressurreição; em companhia do ressuscitado, a vida dos homens prossegue na simplicidade, com seu fardo de causalidade, de incoerência e de imprevistos (Radermakers; Bossuyt, 1983, p. 473).

O relato das mulheres, o sepulcro vazio, a aparição de anjos que afirmam que ele vive, tudo isso poderia iluminar os discípulos, "mas os seus olhos não conseguiam reconhecê-lo" (v. 16), estavam como que impedidos, qual em Lc 19,42, semelhante ao que ocorrera aos discípulos ante o anúncio da Paixão (Lc 9,45; 18,34). À mesa, o gesto de Jesus evoca não apenas a última ceia, mas também o pão da tentação no deserto (Lc 4,3), que o homem não pode dar a si, o pão do Pai Nosso, que é preciso pedir com insistência (Lc 11,3.8), e o pão doado de modo superabundante (Lc 9,16-17). Jesus senta-se à mesa com os homens – pecadores, fariseus, amigos –, o que, por sua vez, faz de nossas vidas comunhão com sua vida (Radermakers; Bossuyt, 1983, p. 475).

Seus olhos foram escancarados e o reconheceram. Lucas não diz que o viram porque não considera este episódio uma aparição. No mesmo momento do reconhecimento, ele se torna invisível a eles; ou seja, não é mais um terceiro personagem à mesa com eles: passou em suas vidas, de tal modo escondido neles, que ainda não tinham sido capazes de descobri-lo: "Ele está vivo, mas invisível, sob as espécies e as aparências do pão partido, mas também sob as espécies e as aparências da sua existência concreta" (Radermakers; Bossuyt, 1983, p. 475).

Os discípulos falam dessa presença interior na acepção de "coração ardente". Efeito do Espírito Santo, que sopra como línguas de fogo (At 2,3). João havia anunciado que Jesus os batizaria "no Espírito Santo e no fogo" (Lc 3,16), e o próprio Jesus havia dito que lançaria fogo sobre a terra (Lc 12,49). Pelo Espírito Santo, Jesus cura a inteligência, suscita a fé nos corações lentos para crer (v. 25b) e dispõe ao testemunho (Radermakers; Bossuyt, 1983, p. 475).

Rejeitado e morto pelos homens, seus irmãos, o filho do homem permanece próximo a eles, acompanhando-os ao longo do caminho. Mas pela vontade dos homens sua presença é reduzida a uma extrema discrição. Ele escuta o que vivemos, e revela o seu sentido. Para nós, escutá-lo é descobrir sua presença em nosso coração que se faz ardente, entrar em comunhão com seu destino, receber seu Espírito e deixarmo-nos curar em seu íntimo. Esta comunhão não diminui a distância, mas permite vivê-la em paz. Vemos aí o seu respeito pela nossa vontade, à qual foi entregue (Lc 23,25) (Radermakers; Bossuyt, 1983, p. 476).

> O aspecto banal do encontro de Emaús poderia nos enganar, fazendo-nos crer que se trata de uma "parábola". Mas ao contrário, Jesus em pessoa caminha ao longo daquela estrada, penetrando na nossa história. O relato de Emaús reporta um fato real; não se trata de uma criação da fé ou de uma apresentação espiritual: é a banalidade cotidiana, da qual é feita normalmente a experiência humana dos fiéis (Radermakers; Bossuyt, 1983, p. 476).

Em meio a tantos autores que já discorreram acerca do relato dos discípulos de Emaús, a leitura da obra de Radermakers e Bossuyt revigora e desperta entusiasmo. Tem-se a impressão de ouvir considerações novas, ao contrário de outros autores que parecem repetir as mesmas reflexões, ou, como se diz popularmente, "chover no molhado". Radermakers e Bossuyt compõem uma obra existencial que se aproxima dos leitores e valoriza o sentido do Evangelho vivido no cotidiano. Os autores dão destaque ao tema do caminho, do Senhor que acompanha seus discípulos e os restaura. Note-se, porém, que não há referência alguma seja ao Gênesis, seja ao início da caminhada dos homens com Deus, tal como nos propusemos a fazer.

1.14 Bernard P. Robinson

Em 1984, Bernard P. Robinson publica na revista *New testament studies* (Estudos do novo testamento) um artigo com o título *The place of the Emmaus story in Luke-Acts* (O lugar da história de Emaús em Lucas-Atos), no qual constata que o relato de Emaús reúne motivos notadamente lucanos, tais como jornada ou caminho, cumprimento de profecia, reconhecimento e hospitalidade.

Quanto ao caminho, Robinson assinala, na linha de outros autores, como o Evangelho de Lucas realça o caminho de Jesus a Jerusalém, e como o motivo é praticamente identificado com o seguimento de Cristo nos Atos dos Apóstolos. A contribuição mais peculiar de Robinson é a reflexão no sentido de que o tema do caminho provavelmente encontrou demasiado desenvolvimento na obra lucana como uma resposta à demora da parusia. Nesse sentido, o relato de Emaús, na condição de caminho, é imagem da vida cristã, do seguimento de Cristo que conduz da tristeza à glória (Robinson, 1984, p. 482).

Acerca do cumprimento das profecias, Robinson ressalta como essa realidade está presente na dupla obra lucana, e destaca o episódio de Dt 18,15-19 no qual Moisés anuncia um profeta que, como ele, haverá de surgir do meio do povo. Tal relato é citado em At 3,22-23 e At 7,37, e é aludido em textos como Lc 9,35 ("escutai-o"). Se Jesus foi, segundo o testemunho de Cléofas, poderoso em obras e palavras, assemelha-se, então, a Moisés, conforme atestado em At 7,22. Robinson enfatiza também o verbo "ἀναστήσει/*levantará*", de Dt 18,15, que constitui uma referência indubitável à ressurreição do Senhor (Robinson, 1984, p. 482).

Robinson nota também similaridades de Lc 24 com Lc 2,8-20, texto no qual é narrada a manifestação dos anjos aos pastores, e, na sequência, a ida pressurosa destes à manjedoura, onde veem o menino, de modo que o medo se transforma em alegria, e, por fim, louvam a Deus pelo que viram e ouviram. Assim, também em Lc 24, antes do relato de Emaús, os anjos anunciam a ressurreição às mulheres ante o túmulo vazio, e depois de Emaús, os discípulos veem o Senhor ressuscitado, passando do medo à alegria. Portanto, reflete Robinson, no relato de Emaús Lucas não apenas apresenta o cumprimento das profecias, mas também sinaliza o que fora prenunciado na cena da natividade de Jesus (Robinson, 1984, p. 482-483).

A respeito do reconhecimento, Robinson une a cena de Emaús a dois outros relatos lucanos que trazem esse tema. Um deles é recorrente entre os autores, o episódio de Filipe e do eunuco etíope, em At 8,26-40, bastante explorado. Mas o outro é menos citado: a libertação de Pedro da prisão, em At 12,6-17. E, de fato, o reconhecimento em tal episódio se dá de maneira dupla, ou em dois momentos: primeiro, a criada Rode reconhece a voz de Pedro; em um segundo momento, os discípulos, até então incrédulos, abrem-lhe a porta e finalmente o reconhecem. E, por fim, Pedro se retira (Robinson, 1984, p. 483).

Quanto a esse tema, Robinson aporta ainda mais numa interessante questão: a respeito do momento em que os discípulos reconheceram o Senhor, "ἐν τῇ κλάσει τοῦ ἄρτου/*na fração do pão*", v. 35b, a preposição "ἐν/*em*" expressa o momento preciso em que Jesus fraciona o pão que tinha nas mãos, ou significa, de modo mais amplo, simplesmente o transcurso da refeição? Robinson entende que a expressão "na fração do pão", v. 35b, designa a refeição como um todo, não o momento preciso do fracionamento do alimento nas mãos de Jesus. Para defender essa conclusão, o autor aponta para as semelhanças com a perícope seguinte, na qual Jesus faz refeição com os discípulos, ou seja, come o peixe assado que lhe deram, e explica novamente as Escrituras a respeito do seu sofrimento e de sua ressurreição, e só então deles se afasta (Lc 24,41-46.51; Robinson, 1984, p. 484).

Ainda a respeito do tema do reconhecimento, Robinson nota as afinidades do relato de Emaús com o texto de Gn 18-22, no qual Abraão acolhe, sem o saber, anjos, como os discípulos de Emaús fazem com Jesus. Os dois anjos em Gn 19,3 são constrangidos por Ló a entrar em sua casa, como ocorre com

Jesus pelos discípulos. E o tema da nova vida ocorre em ambos os relatos: vida a partir do ventre estéril de Sara, e ressurreição de Jesus do sepulcro. As ações se desenrolam ao entardecer e, segundo tradições judaicas, os eventos de Gn 18-19 se dão durante o tempo da Páscoa. Ademais, em Gn 19,11 os olhos dos sodomitas são impedidos pelos anjos de encontrar a entrada (Robinson, 1984, p. 485).

Robinson desenvolve bastante o tema da hospitalidade. Nota que não é apenas uma virtude a ser enaltecida por Lucas, mas uma forma de compreender a vinda de Cristo, como Zacarias canta no seu hino (Lc 1,78) e o povo atesta ante a ressurreição do filho da viúva de Naim (Lc 7,16). Jesus vem como hóspede, oferece aos homens a oportunidade de convidá-lo a entrar em suas casas, como aconteceu com diversos personagens (Lc 7,36; 10,38; 19,6). O evangelista não esconde que Jesus não encontrou acolhida desde o nascimento (Lc 2,7), em seu ministério não tinha onde repousar a cabeça (Lc 9,58), e Jerusalém não reconheceu – note-se novamente o tema do reconhecimento – o tempo em que foi visitada (Lc 19,44). Mas os que o acolhem credenciam-se a serem também acolhidos no banquete eterno do Reino (Robinson, 1984, p. 485).

Nesse sentido, dois banquetes distinguem-se dos demais: a multiplicação dos pães (Lc 9) e a última ceia (Lc 22), nas quais Jesus deixa de ser hóspede e assume o papel de anfitrião, semelhante ao que ocorre em Emaús. Assim, tais relatos são uma antecipação do banquete eterno. O diferencial, no caso de Emaús, é a mudança de papel durante o relato: Jesus peregrino atende ao convite a ser hóspede, e no decurso do relato toma para si o papel de anfitrião (Robinson, 1984, p. 485-486).

Por fim, Robinson trata do tema da refeição em Emaús, a fim de entender se o episódio narra uma celebração da eucaristia ou não. O autor nota que o texto lucano da última ceia (Lc 22,14-18) não traz nenhuma sugestão de que o evangelista tenha visto naquela refeição a instituição do sacramento cristão da (Robinson, 1984, p. 490) eucaristia. Ao analisar também algumas passagens de Atos (2,42-47; 20,7-11; 27,35-38), Robinson entende que Lucas não estabelece conexões entre a última ceia e os banquetes eucarísticos da Igreja primitiva (Robinson, 1984, p. 493). E conclui, por conseguinte, que a refeição em Emaús também não simboliza a eucaristia. Sua importância é a mesma da última ceia: "Ambas revelam o Reino de Cristo, visto que ele, que veio visitar seu povo como peregrino e hóspede, assumiu o papel régio atribuído a ele por seu Pai" (Robinson, 1984, p. 494).

E diante do espanto que tal modo de ver pode trazer, o autor explica que Lucas não quer desmerecer a eucaristia, mas apenas sublinhar a presença do Senhor em qualquer refeição, por singela que seja, em que os cristãos partilham seus dons e sua vida (Robinson, 1984, p. 494).

Como se vê, Robinson elabora um artigo interessante e destaca diversos aspectos de Emaús, inclusive o tema do reconhecimento. Quanto ao Gênesis, vê afinidades entre o relato e os episódios de Abraão e Ló em Gn 18-22, porém não trata seja da queda original, seja dos olhos abertos no Éden.

1.15 Joseph Fitzmyer

Em 1986, Joseph Fitzmyer publica sua obra *The Gospel according to Luke* (O Evangelho segundo Lucas). A referência a ela é feita aqui por intermédio da tradução para o espanhol, *El Evangelio según Lucas* (O Evangelho segundo Lucas), de 2006.

Segundo Fitzmyer, com narrativa totalmente independente de Marcos, o relato de Emaús apresenta alguns elementos de tradições preexistentes (Fitzmyer, 2006, p. 572). Por outro lado, Lucas retoca e reelabora o relato, e seu trabalho de redação e composição se detecta em inúmeros detalhes de construção gramatical e de vocabulário (Fitzmyer, 2006, p. 573-574).

O relato de Emaús inclui alguns temas teológicos tipicamente lucanos:

• *Tema geográfico.* Tal perspectiva está subordinada à visão teológica de Lucas. A noção de caminho é essencial; dado que os discípulos estão a caminho, Jesus se aproxima e começa a caminhar com eles. Esta última e definitiva instrução de Jesus quanto ao seu destino e ao que anunciaram Moisés e os profetas se produz enquanto estão a caminho, informação que não é irrelevante.

• *Tema revelatório.* Cristo revela aos caminhantes sua nova condição apenas de maneira gradual. Seus olhos não o reconhecem de início, de modo que é aos poucos que são instruídos. Quando, por fim, reconhecem o viajante, não é porque o tinham diante dos olhos, mas porque na fração do pão se lhes abrem os olhos da fé.

• *Tema cristológico.* Isto é, como cumprimento das profecias. Ainda que os peregrinos descrevam Jesus como profeta poderoso em obras e palavras, bem como o esperado libertador de Israel, Cristo ressuscitado corrige essa impressão ao insistir em tudo o que anunciaram os profetas; apresenta-se não só como um profeta, mas também como o Messias sofredor. Não há referências diretas à Lei e aos profetas; Jesus oferece sua interpretação do Antigo Testamento de maneira abrangente.

• *Tema eucarístico.* O relato recorda a última ceia (Lc 22,19), e será desenvolvido no livro dos Atos dos Apóstolos. De agora em diante, Jesus ressuscitado estará presente na comunidade dos discípulos não de maneira visível, mas na fração do pão (Fitzmyer, 2006, p. 577-578).

A informação do v. 16 de que os olhos dos discípulos não conseguiam reconhecer Jesus está de acordo com Lc 9,45 e com Lc 18,34, passagens nas quais os discípulos também não compreendem as palavras de Jesus acerca de sua Paixão e morte. A voz passiva pode ser entendida como "passiva teológica" ("Deus havia cegado seus olhos") (Fitzmyer, 2006, p. 584).

Na resposta de Jesus, no v. 25b, ele os repreende por serem lentos "para crer em tudo o que disseram os profetas". Uma afirmação genérica, mas que aporta um tema central da teologia lucana; as passagens proféticas em questão não estão especificadas, mas há nesta descrição de Lucas um modelo de uma posterior leitura cristã do Antigo Testamento como *praeparatio euangelica* (Lc 18,31) (Fitzmyer, 2006, p. 589).

No v. 26, Jesus faz uma pergunta retórica essencial: "Não era necessário que o Cristo sofresse isso e entrasse na sua glória?". Em conformidade com Lc 17,25, aparece aqui a informação a respeito da necessidade do sofrimento do Messias. A passagem de Lc 24,46 também a ressalta, bem como o fazem várias passagens dos Atos dos Apóstolos (At 3,18; 17,3; 26,23). Tal ideia de um Messias sofredor não se encontra no Antigo Testamento, tampouco nos escritos do judaísmo pré-cristão. Assim, a glória na qual Jesus entra é o ápice de seu caminho ao Pai; seu destino fica plenamente cumprido. E no caminho de Emaús, Jesus diz a seus discípulos que já entrou nessa condição gloriosa; e é deste novo estado que precedem suas aparições (Fitzmyer, 2006, p. 590-591).

No v. 27 vemos uma expressão comum nos textos lucanos: "E tendo começado por Moisés e por todos os profetas". Há semelhanças em Mt 11,13 e Jo 1,45, mas a menção conjunta de Lei e profetas é tipicamente lucana (Lc 16,31; At 26,22; 28,23). Na verdade, Lucas utiliza uma expressão bem conhecida no judaísmo palestinense (Fitzmyer, 2006, p. 591).

Fitzmyer cita Loisy: "Cristo é o centro e a meta de toda a Escritura". Alguns autores se esforçam por especificar as referências a Jesus no Antigo Testamento, com diversas passagens (Gn 22,18; Nm 24,17; Dt 18,15) e elementos tipológicos como o cordeiro, o maná, a serpente de bronze e os sacrifícios (Fitzmyer, 2006, p. 591).

No v. 28cd, Jesus "fez menção de passar mais além", o que é um recurso literário para que, no v. 29, os discípulos insistam com Jesus para que permaneça com eles. É uma reação espontânea de hospitalidade a um estranho. A ação é paradigmática para o discípulo cristão, que pede ao Senhor que permaneça com ele (Fitzmyer, 2006, p. 592).

Segundo Fitzmyer, a expressão "entrou para permanecer com eles", no v. 29e, é uma lógica referência à casa de um dos viajantes (Fitzmyer, 2006, p. 592)[4].

---

4. Caberia a pergunta: por que não a casa de ambos? Pode ser o caso, se os discípulos formam um casal.

Apesar de ser o convidado, Jesus assume o papel de anfitrião; sentados à mesa, é ele quem pronuncia a bênção. Nos verbos do v. 30, tomar (o pão), dar graças, partir e dar, ressoam os verbos da multiplicação dos pães e peixes, em Lc 9,16, e da última ceia, em Lc 22,19 (Fitzmyer, 2006, p. 593).

No v. 31ab, "se abriram os seus olhos e o reconheceram", segundo Fitzmyer, trata-se sem dúvida de uma "passiva teológica": "Deus lhes abriu os olhos", para que com os olhos da fé vissem o Senhor ressuscitado (Fitzmyer, 2006, p. 593).

Jesus desaparece sem movimento físico algum, sem nenhuma solenidade. E nesse momento se alcança o objetivo fundamental do relato. Uma pergunta retórica em tom de exclamação, no v. 32bd, resume a reação dos discípulos quando se dão conta da catequese e das ações de Jesus: "Não estava ardente o nosso coração enquanto nos falava no caminho, enquanto nos abria as Escrituras?". A expressão "no caminho" ressoa mais uma vez o tema geográfico, tão caro a Lucas em todo o Evangelho. E não é difícil perceber a associação entre os olhos abertos dos discípulos a partir das Escrituras abertas por Jesus. Assim também fez Paulo na sinagoga em Tessalônica, conforme At 17,2-3 (Fitzmyer, 2006, p. 594).

Depois de terem dissuadido Jesus de seguir adiante com o argumento de que era tarde e declinava o dia, eles mesmos no v. 33a decidem regressar a Jerusalém, exatamente de onde haviam saído para voltar para sua casa; o motivo do regresso está claro, isto é, contar aos companheiros a experiência que acabaram de vivenciar (Fitzmyer, 2006, p. 594).

Quando chegam aos companheiros, antes de falarem, recebem a notícia de que, de fato, Jesus ressuscitou e apareceu a Simão. Vê-se aqui o querigma primitivo, bem como a importante informação de que fora Simão Pedro a primeira testemunha oficial da ressurreição, como atesta também 1Cor 15,4-5. Não há referência ao local e à ocasião dessa primeira aparição; mas é esta primazia que lhe dará a função de confirmar seus irmãos, conforme Lc 22,32. Tal função diretiva de Pedro na comunidade cristã primitiva virá relatada no segundo volume da obra lucana (Fitzmyer, 2006, p. 595).

A fração do pão, relatada pelos discípulos e mediante a qual reconheceram o Senhor, no v. 35b, virá repetida em At 2,42. Já nos tempos de Lucas, era corrente a celebração da eucaristia pelas comunidades. Fosse ou não o caso em Emaús, sem dúvida o evangelista quer que a formulação seja compreendida por seus leitores segundo essa associação. Seja como for, o mais importante é o fato de que os discípulos de Emaús reconhecem Jesus na fração do pão, e não em virtude de o terem visto com seus próprios olhos (Fitzmyer, 2006, p. 596). Tal fato terá importantes incidências nas comunidades primitivas, que não mais veem o Senhor, mas recordam suas palavras e partem o pão em comunidade.

Em conclusão, Fitzmyer destaca o tema dos olhos impedidos de reconhecer o Senhor, bem como do reconhecimento ao final, depois da explicação das Escrituras e a fração do pão, quando se abrem os olhos dos discípulos. Mas não há nenhuma referência ao relato da queda original no Gênesis.

1.16 Roland Meynet

Em 1988, Roland Meynet escrevia e publicava em língua francesa o seu comentário ao Evangelho de Lucas, intitulado *L'Evangile selon Saint Luc – analyse rhétorique* (O Evangelho segundo São Lucas – análise retórica). O acesso à obra, porém, é a partir de sua tradução para a língua italiana, publicado em 1994 com o título *Il Vangelo secondo Luca* (O Evangelho segundo Lucas)[5].

Conforme o método da análise retórica bíblica semítica proposto por Meynet, a perícope dos discípulos de Emaús está inserida na quarta e última sequência da quarta e última seção do Evangelho de Lucas. Esta quarta seção, com o título de "A Páscoa do Senhor Jesus", estende-se de Lc 22,1 a Lc 24,53. Depois das três primeiras sequências, com os títulos "O testamento de Jesus", "O processo de condenação de Jesus" e "A execução de Jesus", a quarta sequência fecha a referida seção com o título "A presença de Jesus". Esta quarta sequência corresponde a Lc 24,1-53, englobando, portanto, a passagem dos discípulos de Emaús, que é a segunda de três subsequências (Meynet, 1994, p. 669).

Meynet chama a atenção para o fato de que a libertação da morte e do pecado é exatamente o inverso do que sucedeu na ocasião da queda, nos primórdios da criação (Gn 3), quando o homem foi submetido à morte por haver cedido à tentação e cometido o pecado (Meynet, 1994, p. 681).

O relato dos discípulos de Emaús na estruturação proposta por Meynet corresponde à subsequência central, e compõe-se de três passos organizados de maneira concêntrica. No primeiro, eles não reconhecem aquele que caminha ao seu lado (Lc 24,13-19a). No segundo passo, dá-se o relato acerca de Jesus, v. 19b-27. No terceiro passo, os discípulos reconhecem aquele que lhes dá de comer (Lc 24,28-33a). Como se vê, Meynet conclui o relato de Emaús com o caminho de volta a Jerusalém, e encaixa o encontro com os demais discípulos na perícope seguinte. Sua análise é minuciosa e repleta de subdivisões e espelhamentos, dos quais trataremos adiante.

---

5. O autor retoma suas reflexões em outra obra, *Jésus passe – Testament, Jugement, Exécution et Résurrection du Seigneur Jésus dans les évangiles synoptiques* (Jesus passa – Testamento, julgamento, execução e ressurreição do Senhor Jesus nos evangelhos sinóticos), publicada em 1999, na qual compara o tratamento que os textos dos evangelhos sinóticos dão à condenação, à crucificação e à ressurreição do Senhor.

Na interpretação do texto em questão, Meynet sinaliza que o fato de Jesus fingir seguir adiante e fazer sua presença ser solicitada pode ter a função de constranger os peregrinos a manifestar seu verdadeiro desejo. Também eles fingem: a razão que manifestam para deter o Cristo são as verdadeiras razões de sua insistência? (Meynet, 1994, p. 692) Como uma coluna de fogo durante a noite, Jesus desaparece assim que é reconhecido:

> Em vez de lamentar-se e entristecer-se, os discípulos recordam logo com alegria o que lhes ocorreu. Tudo se ilumina para eles e compreendem, estupefatos, por que suas palavras lhes haviam tocado tão profundamente. Como se Jesus, na realidade, não lhes tivesse deixado. Não é mais a noite que reina. A obscuridade que temiam, porque estava dentro deles, não mais lhes causa medo. Retomam logo a estrada, aquela na qual Jesus caminhara com eles esclarecendo sua inteligência e seus corações. Não mais o veem, mas sabem que ele os acompanha e guia seus passos [...]. Para o filho como para o amante, tudo depende da presença. 'Permanece conosco!' O pedido dos discípulos é a súplica de todo homem, do berço ao túmulo. A procura angustiada do filho de Israel desde o início será a oração do cristão até o fim (Meynet, 1994, p. 692, tradução nossa).

É somente quando aos discípulos é dado o pão partido por Jesus que os seus olhos se abrem e o reconhecem. Assim como com o maná, no deserto: "À tarde reconhecereis que *YHWH* vos fez sair da terra do Egito e pela manhã vereis a glória de *YHWH*" (Ex 16,6-7; 12.15). Como os discípulos, os hebreus pensavam que tudo o que aconteceu conduz somente à morte: "Trouxeste-nos ao deserto para matar de fome a toda esta multidão" (Ex 16,3) (Meynet, 1994, p. 694).

> Jesus interpreta os eventos por meio das Escrituras; mas quer primeiro que os discípulos expressem o que captaram de todo o ocorrido. Jesus provocará neles uma reviravolta, os fará voltar ao lugar de onde vieram; mas antes se aproxima e caminha com eles, vai na mesma direção, faz inclusive menção de ir além. Mostra-lhes onde estão no caminho e na sua inteligência. Faz com que exprimam a desilusão que os entristece, o medo que têm da noite e da escuridão; sua tristeza de o haverem perdido e sua angústia de ver que está para deixá-los. É necessário que eles mesmos descubram a sua ignorância e o sentido autêntico do que testemunharam. É preciso que reconheçam por si mesmos quem é ele e quem são eles (Meynet, 1994, 694).

Se os discípulos não reconhecem a face e nem a voz do seu mestre, é provável que tenham esquecido também suas palavras. Como se tivessem perdido a memória, só lembram do que aconteceu nos últimos dias, mas esquecem todo o resto. Esqueceram do que disseram os profetas, que anunciaram o exílio, mas também o retorno, os sofrimentos do servo do Senhor, mas também sua exaltação na glória. Com a recordação de tais memórias, seus corações ardem novamente, e não hão de demorar a reconhecer o nexo entre o que fora dito pelos profetas e o que lhes aconteceu, e perceberão que quem lhes fala é o próprio Cristo Jesus (Meynet, 1994, p. 694-695).

Por que não foi suficiente que Jesus caminhasse com eles, nem que lhes interpretasse as Escrituras? Mesmo com o coração ardente, é somente na fração do pão que o reconhecem. E isso se dá porque tal gesto tem, de fato, o sentido de um memorial: "Fazei isto em memória de mim". Jesus se faz presente no seu corpo e no seu sangue, de modo que aquilo que havia anunciado realmente se cumpriu. Se era "profeta poderoso em obras e palavras", as palavras não bastavam, a ação também se fez necessária. E tal ação era eloquente, ao concentrar toda a atividade e missão de Jesus no gesto de, no pão e no vinho, doar seu corpo e seu sangue no sacrifício de sua vida (Meynet, 1994, p. 695).

Se para os peregrinos Jesus está morto, está morta também a esperança ("esperávamos", v. 21a); há três dias não mais viviam. Também as Escrituras estão mortas para eles. No discurso de Cléofas, não há nenhuma referência à lei, nem aos profetas, nenhuma oração dos salmos. Com Jesus, as Escrituras retomam vida e se tornam palavra articulada com o evento. Vida que traz luz e calor. Com Jesus, seus olhos mortos se abrem de novo naquele que lhes dá o pão da vida, naquele que lhes abre as Escrituras. Como ele, também eles se levantam e voltam para anunciar a boa notícia de que Jesus está vivo. Não podem mais reter consigo o que viram, devem partilhar com todos a esperança recuperada (Meynet, 1994, p. 695).

Como se vê, Meynet faz uma análise minuciosa do relato de Emaús, encontra ressonâncias com o relato do maná presente Êxodo, dentre outras tantas passagens. Ele dá destaque à expressão que pretendemos trabalhar ("então se abriram os seus olhos e o reconheceram"), no v. 31ab, apresentando-a como a parte central do terceiro e último passo da perícope. Quanto ao Gênesis, Meynet destaca que a libertação da morte e do pecado, conforme as palavras de Jesus depois da perícope de Emaús (Lc 24,47), é exatamente a boa notícia que redime os homens da queda original que ocorrera nos primórdios da criação em Gn 3. Assim, as reflexões de Meynet se aproximam da proposta da presente tese. O que falta propriamente é uma correlação mais clara entre os olhos que se abrem no Éden e em Emaús.

1.17 Fred B. Craddock

Fred B. Craddock publica em 1990, nos Estados Unidos, sua obra *Luke* (Lucas). O texto é traduzido para o italiano e publicado em 2002 com o título *Luca* (Lucas). O presente estudo faz uso dessa tradução em italiano. Em suas reflexões, Craddock nota que o relato de Emaús, exclusivo de Lucas, é de fato tipicamente lucano na medida em que ecoa um episódio do Antigo Testamento: a aparição do Senhor a Abraão e Sara junto ao carvalho de Mambré, em Gn 18,1-15 (Craddock, 2002, p. 365). Mas Craddock não faz referência alguma ao relato da criação, nem à queda dos nossos primeiros pais.

Quanto aos olhos impedidos de reconhecer Jesus, no v. 16, e que são abertos e o reconhecem no v. 31, o autor nota que há muito mais do que a mera cegueira devida ao choque ou a alguma transformação do aspecto de Jesus. Lucas frequentemente entrelaça a ação divina com a liberdade humana. Em Lc 9,45, os discípulos não foram capazes de compreender a mensagem de Jesus, mas posteriormente a recordaram e compreenderam. "Para Lucas, nem Deus nem Cristo podem ser conhecidos senão por revelação (Lc 10,22)" (Craddock, 2002, p. 366). A fé não é imposta aos não preparados. Note-se que, nos Evangelhos, Jesus ressuscitado aparece aos discípulos, não aos incrédulos, o que seria constrangê-los a uma fé submissa (Craddock, 2002, p. 366).

Craddock sublinha que o discurso de Cléofas apresenta um sumário do Evangelho, com o ministério de Jesus e o rumor de sua ressurreição, de modo que a síntese é completada pela palavra de Jesus quanto à ressurreição e por seu ato de fazer-se reconhecer. Tais declarações a respeito de Jesus e de suas grandes ações, sua Paixão, morte e ressurreição constituem, segundo Lucas, o conteúdo da pregação cristã e se encontram repetidamente nos Atos (At 2,22-36; 3,12-15; 5,29-32; 13,16-39) (Craddock, 2002, p. 366).

Ademais, o Antigo Testamento dá testemunho de Jesus. É ele o cumprimento das profecias das Escrituras que anunciam seja o seu ministério (Lc 4,16-39), seja o seu sofrimento, morte e ressurreição (Lc 24,26-27.44-47), e são suficientes para gerar a fé (Lc 16,31). A parte de Israel que rejeita Jesus como Messias o faz por ignorar suas próprias Escrituras; mas quando o Cristo ressuscitado e o Espírito Santo "abrem" o significado do Antigo Testamento, o arrependimento é necessário (Lc 24,47; At 2,38; 3,19). Para Lucas, portanto, o Evangelho de Jesus Cristo continua e leva a cumprimento a Lei, as profecias e os escritos (Craddock, 2002, p. 366-367).

Craddock valoriza, portanto, o Antigo Testamento, ao apresentar a obra e o ministério de Jesus como o seu cumprimento segundo o desígnio divino. Mas não há em seus escritos nenhuma referência específica ao relato da queda original.

45

1.18 François Bovon

Em 1991, François Bovon publica mais um volume de seus comentários à obra lucana, a saber, *L'Évangile selon saint Luc: 19,28-24,53* (O Evangelho segundo São Lucas: 19,28-24,53). A tradução para o inglês é publicada nos Estados Unidos em 2012 com o título *Luke 3* (Lucas 3), a qual compõe a coleção *Hermeneia*. Considerando os aspectos formais do relato dos discípulos de Emaús, Bovon cita Alleti e sustenta que Lucas resume todo o Evangelho no referido episódio. Os dois discípulos recolhem, em poucas frases, a origem, o ministério e a Paixão daquele que ocupou o lugar central por mais de vinte capítulos. Assim, o evangelista dá a esse relato, assim como ao capítulo 24, o estatuto de conclusão (Bovon, 2012, p. 368).

Na análise diacrônica do relato, Bovon entende que Lucas não inventou o episódio, mas o recolheu das tradições orais que circulavam. O vocabulário e o estilo confirmam que o texto provinha de material preexistente. Quanto ao vocabulário em questão, uma das palavras que o confirmam é "ἐκρατοῦντο/*não conseguiam* (reconhecê-lo)", no v. 16; seus olhos estavam impedidos de reconhecer o viajante que os acompanhava (Bovon, 2012, p. 369).

Acerca do companheiro de Cléofas, a tradição considerou-o como um homem. Mas na medida em que o evangelista gosta de apresentar um homem e uma mulher juntos (Lc 1,5-38; 15,3-10), ele pode ter imaginado a segunda pessoa como uma mulher, e, assim, muitos a consideram ser a esposa de Cléofas (Bovon, 2012, p. 370).

Lucas destaca a fraqueza dos peregrinos que não conseguem reconhecer o companheiro que se aproxima; o relato prepara a cena do reconhecimento, no desfecho. O evangelista valoriza a visão tanto quanto a audição; os olhos representam, aqui, a inteligência. Deus abriu sua inteligência, e então "seus olhos se abriram", v. 31a. Bovon regista que os leitores de antiguidades hão de pensar em Odisseu (ou Ulisses), das aulas do ensino médio ou da faculdade. Ele permaneceu incógnito por um longo período antes de ser reconhecido por seu filho Telêmaco e sua antiga criada Euricleia, e de ser descoberto por sua esposa Penélope (Homero, Odisseia, 13.185–23.296) (Bovon, 2012, p. 372).

Ao fazer referências até mesmo às narrativas míticas gregas clássicas, Bovon aporta também uma alusão ao Gênesis, logo após o relato da queda. O autor chama a atenção para o fato de que as primeiras palavras de Jesus ressuscitado são: "O que discutis entre vós enquanto caminhais?", v. 17b (Bovon, 2012, p. 372). Ora, trata-se de palavras que, de alguma maneira, remontam àquelas que Deus dirige a Adão logo após seus olhos se abrirem no Éden: "δαμ ποῦ ει;/*Adão, onde estás?*"

(Gn 3,9). Os discípulos "ἐστάθησαν σκυθρωποί/*pararam entristecidos*", v. 17c, como também Adão e Eva ficaram entristecidos e envergonhados diante de Deus, logo após a queda. Bovon assinala que o adjetivo "σκυθρωποί/*entristecidos*" tem inúmeras matizes e varia entre tristeza, gravidade, enfado, aborrecimento, mau humor, perplexidade e ansiedade. O fato é que os peregrinos expressam sua reprovação, a qual contrastará com o entusiasmo de manter Jesus com eles, no v. 29 (Bovon, 2012, p. 372-373).

A insistência dos peregrinos para que Jesus permanecesse com eles mostra que sua palavra dura ("Ó insensatos e lentos de coração", v. 25b) não os ofendeu, mas, antes, os fez estremecer (Bovon, 2012, p. 374).

Sem recorrer à linguagem dos milagres, Lucas menciona o reconhecimento como algo natural. Dizer que "se abriram os seus olhos e o reconheceram" parece evidente. Quantos sinais tiveram de ocorrer do não reconhecimento ao reconhecimento? A presença de Jesus, as palavras, a recordação das Escrituras. Ora, é evidente que os cristãos leitores de Lucas se identificam com os discípulos de Emaús. Também eles ouviram a palavra, compreenderam as Escrituras, participaram da ceia do Senhor e perceberam sua presença. Tal presença é real, mas provisória. Logo que o reconheceram, tornou-se invisível. Assim é na vida, sua presença é real, mas invisível. Teólogos modernos não se enganam quando falam de uma presença ausente (Bovon, 2012, p. 375).

E, então, tudo se abre: primeiro os olhos (v. 31a), que estavam cegos; depois a inteligência (v. 31b), da qual a visão era uma imagem simbólica; e então o coração, que havia estado lento e estúpido, mas agora estava ardente (v. 32b); e, por fim, as Escrituras, abertas pelo ressuscitado (v. 32d). Lucas quer mostrar a continuidade do ressuscitado com o Jesus histórico, mas também a descontinuidade, e, por conseguinte, a facilidade de desaparecer subitamente. Contudo, poder-se-ia incorrer no perigo de fazer Jesus parecer um simples fantasma. O episódio seguinte, da aparição aos Onze, afastará esse risco (Bovon, 2012, p. 375).

Na sequência, Bovon apresenta comentários de Tertuliano, de Orígenes, de Agostinho, de Gregório Magno, de Beda Venerável e de Boaventura. Passados os séculos XVII do Iluminismo e XIX do Historicismo, os quais viram no relato de Emaús apenas uma história singela e piedosa, o período contemporâneo retomou o interesse teológico nessa perícope (Bovon, 2012, p. 378-380).

O comentário de Bovon é amplo e detalhado, e assinala uma referência ao relato da queda ao comparar a pergunta de Jesus aos discípulos, em Lc 24,17b, à primeira pergunta de Deus a Adão depois da queda, em Gn 3,9.

1.19 Luke Timothy Johnson

Ainda em 1991, Luke Timothy Johnson aponta uma novidade para o tema desta pesquisa com algumas boas intuições em sua obra *The Gospel of Luke* (O evangelho de Lucas). Johnson traz diversas notas a cada versículo, e, no v. 31, destaca que os discípulos não veem, mas sim reconhecem Jesus, mesmo verbo ("ἐπιγινώσκω/*reconhecer*") utilizado por Lucas em Lc 1,4; 5,22, dentre outros textos. Assim, Johnson defende que a frase "seus olhos se abriram" ecoa a linguagem bíblica acerca de Adão e Eva em Gn 3,7, "Seus olhos se abriram e reconheceram que estavam nus" (Johnson, 1991, p. 397). Note-se que o autor reconhece e constata a semelhança, mas não tece nenhuma apreciação a respeito, nem desenvolve o tema.

Mais à frente, nos seus comentários, Johnson reflete a respeito da ressurreição de Jesus, porquanto sustenta que esse evento lançou nova luz sobre sua morte, sobre suas palavras e sobre as Escrituras. A "abertura dos olhos" para ver os textos com fidelidade e a "abertura dos olhos" para ver Jesus em verdade são, ambos, parte de um mesmo processo complexo de busca e de encontro de sentido (Johnson, 1991, p. 399).

> Sem "Moisés e os profetas" eles não teriam os símbolos apropriados para apossar-se da sua experiência. Sem a sua experiência, "Moisés e os profetas" não teriam revelado aqueles símbolos. Lucas nos mostra como o Senhor ressuscitado ensinou a Igreja a ler a Torá como profecia "acerca dele" (Johnson, 1991, p. 399, tradução nossa).

Como se vê, Johnson reconhece a alusão a Adão e Eva nos olhos que se abrem em Emaús, ainda que mais tarde não tenha desenvolvido a comparação entre os referidos textos.

1.20 Gérard Rossé

Em 1992, Gérard Rossé publica sua obra *Il Vangelo di Luca – commento esegetico e teológico* (O Evangelho de Lucas – comentário exegético e teológico). Ao tratar do relato de Emaús, o autor destaca a originalidade da aparição, ao longo da estrada, a dois discípulos que não pertencem ao grupo seja dos Onze, seja das mulheres. E recorda que o tema é recorrente na literatura antiga, incluída na Bíblia: uma divindade visita os homens de maneira oculta, caminha com eles, traz uma mensagem e desaparece quando se faz reconhecer. Além dos mitos pagãos, registrem-se ainda a aparição a Abraão (Gn 18), a aparição aos pais de Sansão (Jz 13) e o anjo que acompanhou Tobias (Tb 12,6-21); já no Novo Testamento, a pesca milagrosa (Jo 21) que se conclui com uma refeição (Rossé, 1992, p. 1015). Mas o relato não é, segundo o autor, filho dos relatos míticos; no máximo, pode-se falar de "uma certa influência geral do helenismo sobre Lucas" (Rossé, 1992, p. 1015, tradução nossa).

Na linha de outros autores, Rossé não vê em Emaús uma aparição propriamente, pois os discípulos viram um viajante, e, quando o reconheceram, não mais o viram. A experiência difere, portanto, das aparições às primeiras testemunhas e se aproxima mais da presença do ressuscitado para as gerações seguintes (Rossé, 1992, p. 1015-1016). "O discípulo, no seu caminho cotidiano, não está sozinho. De modo invisível, mas real, Jesus se faz companheiro na estrada a percorrer para chegar a ele" (Rossé, 1992, p. 1017-1018).

Quanto à intratextualidade, o autor destaca a afinidade que se nota entre o relato de Emaús e outros textos, mormente o episódio do menino Jesus encontrado no Templo aos doze anos (Lc 2,41-50) e o encontro de Filipe com o eunuco etíope (At 8,26-40). Notam-se semelhanças que confirmam um estilo lucano de narrar, mas as diferenças também são instrutivas (Rossé, 1992, p. 1018-1020).

O autor ressalta que a desilusão pela morte escandalosa de Jesus não levou os discípulos a um juízo negativo a seu respeito (falso profeta, trapaceiro); a crucifixão não invalidou seu ministério, aprovado por Deus e pelo povo. E a designação "ἀνὴρ προφήτης/*homem profeta*", no v. 19c, poderoso em obras e palavras, é fórmula próxima à aplicada a Moisés em At 7,22, sugerindo que Jesus era reconhecido não apenas como um profeta, mas como o profeta escatológico semelhante a Moisés, conforme Dt 18,15. O autor destaca ainda que a morte de Jesus não é sinal de maldição divina, mas é devida às autoridades judaicas de Jerusalém que os discípulos chamam de "nossos" porque pensam que falam com um estrangeiro (Rossé, 1992, p. 1023).

A reprovação de Jesus aos discípulos ("insensatos e lentos de coração", v. 25b) pode ser interpretada de diversas maneiras: a leitura dos profetas poderia levá-los a captar a morte de Jesus segundo um desígnio divino culminante na ressurreição; a mesma leitura dos profetas poderia também levá-los a evitar uma compreensão nacionalista do Messias, obstáculo à justa interpretação a respeito de Jesus. Mas a espera de um Messias sofredor (o Servo de *YHWH* de Is 53 ou a figura do justo sofredor) não era evidente no Antigo Testamento, tampouco o era no judaísmo do século I (Rossé, 1992, p. 1026).

> As Escrituras podem iluminar o destino de Jesus somente se antes a fé pascal ilumina as Escrituras. A conexão entre a morte de Jesus e as Escrituras é fruto da intensa reflexão da Igreja primitiva iluminada pelo Espírito do ressuscitado. Reflexão que não apenas superará – graças ao motivo da *passio justi* – o escândalo da cruz, mas chegará à revolucionária conclusão de que o sofrimento e morte fazem parte da própria definição do Messias (Rossé, 1992, p. 1027, tradução nossa).

O v. 27 afirma que o próprio Jesus é o exegeta do evento Cristo. Ele abre a inteligência das Escrituras aos discípulos e se apresenta, assim, como a origem da reflexão cristã acerca dos textos sagrados. O evangelista não tem em mente, segundo Rossé, alguns textos particulares, mas a Bíblia na sua integridade, vista como *praeparatio evangélica* (Rossé, 1992, p. 1027).

> A leitura cristã da Bíblia e a pregação da Igreja encontram em Cristo ressuscitado a garantia da sua autenticidade. O Espírito Santo continua e atualiza na comunidade pós-pascal (At 4,8; 6,8) o trabalho de hermeneuta das Escrituras e do próprio ministério que o Ressuscitado desempenhou em favor de suas testemunhas na origem da Igreja (Rossé, 1992, p. 1028).

E uma vez reconhecido, Jesus se subtrai à vista: sua presença se torna "visível" à fé que o reconhece na sua realidade invisível de ressuscitado. Antes de abrir seus olhos, Jesus lhes abriu as Escrituras. O autor destaca que a noção dos corações ardentes, no v. 32b, permanece um tanto quanto obscura, pois na Bíblia a expressão traduz uma grande dor ou tormento; mas Lucas provavelmente "helenizou e cristianizou a expressão, pensando na obra íntima do Espírito naqueles que receberam um 'batismo no Espírito e no fogo' (Lc 3,16)" (Rossé, 1992, p. 1030). Rossé não faz nenhuma referência ao relato da queda original nem ao Éden em suas reflexões.

1.21 John Nolland

Em 1993, John Nolland publica seu comentário ao Evangelho de Lucas na coleção *Word biblical commentary* (Comentário bíblico da palavra), em três volumes. No terceiro deles (volume 35c), ao discorrer a respeito da passagem dos discípulos de Emaús, nota que a incapacidade de reconhecer a Jesus, em Lc 24,16, normalmente é atribuída à vontade divina e, ocasionalmente, ao desânimo dos discípulos. Mas ele considera que se trata de uma cegueira satânica (ainda que conectada ao abatimento dos discípulos), que será superada pelo Jesus vitorioso (Lc 18,34). Para Nolland, não há razão para pensar em Jesus com "outra forma", como no final tardio de Marcos (Mc 16,12), mas há um vínculo com outros relatos nos quais a identidade de Jesus não é óbvia desde o início (Nolland, 1993, p. 1201). Unidas, a exposição da Escritura e a fração do pão criam as condições apropriadas para Jesus romper tal cegueira satânica que impedia os discípulos de perceber que era ele, o Senhor, que estava com eles (Nolland, 1993, p. 1206).

É comum traçar conexões com histórias greco-romanas de deuses que assumem forma humana sem serem logo reconhecidos. Além de citar a Odisseia, de Homero, Nolland recorda também, na tradição judaica, da história de Tobias (Tb 5,4-5.29), mas entende que tais semelhanças são limitadas (Nolland, 1993, p. 1201).

Mais uma vez, nenhuma referência é feita ao relato da queda original no Gênesis. Vale registrar que Nolland aporta duas referências ao Gênesis em outros textos, a saber, Gn 18,3;19,2, quando trata da hospitalidade oferecida pelos peregrinos a Jesus no momento em que este fazia menção de seguir adiante, nos v. 28-29 (Nolland, 1993, p. 1205).

1.22 Arthur A. Just Jr.

Ainda em 1993, Arthur A. Just Jr. publica nos Estados Unidos a obra *The ongoing feast: table fellowship and eschatology at Emmaus* (O banquete contínuo: convivência à mesa e escatologia em Emaús). Como se vê pelo próprio título, nessa obra o autor analisa com profundidade a passagem dos discípulos de Emaús, situando-a no contexto da obra lucana e analisando seu gênero e estrutura literária, bem como aportando diversas reflexões acerca de cada aspecto do episódio, como os temas da refeição e do discipulado, de modo que os conecte com as demais passagens do Evangelho de Lucas (Just Jr., 1993, p. 26-54).

No que tange à expressão "seus olhos se abriram e o reconheceram", do v. 31, Just Jr. traz interessantes contribuições. Ele nota a afinidade da expressão com o lamento de Jesus quanto à Jerusalém em Lc 19,42: "Se conhecesses neste dia o que te pode dar a paz; mas agora está oculto aos teus olhos", e conclui que o tema dos olhos fechados e abertos em Lucas não se refere à visão física, mas à compreensão escatológica de sua obra (Just Jr., 1993, p. 66).

E, então, Just Jr. assinala que tal tema em Lucas aponta para o começo da história da salvação em Gn 3,7, onde a LXX traz a mesma expressão ("διηνοίχθησαν οἱ ὀφθαλμοί/*abriram-se os olhos*"), quando Adão e Eva têm seus olhos abertos para o conhecimento do bem e do mal e reconhecem que estão nus (Just Jr., 1993, p. 66).

> Há um paralelo impressionante aqui. Os olhos abertos de Adão e Eva são a primeira expressão da criação decaída que então vê a imagem de Deus obscurecida pela desobediência; os olhos abertos dos discípulos de Emaús são a primeira expressão da nova criação que agora vê a imagem restaurada no novo Adão, o Cristo crucificado e ressuscitado (Just Jr., 1993, p. 66-67).

Just Jr. desenvolve um pouco mais o tema ao comparar as refeições, e sustenta que a refeição em Emaús reverte a primeira refeição do fruto proibido do paraíso. Os olhos abertos podem, então, reconhecer em Cristo a semente da mulher prometida em Gn 3,15 (Just Jr., 1993, p. 67).

1.23 Raymond Brown

Em 1997, Raymond Brown publica sua obra *An introduction to the New Testament*, traduzida para o português e publicada em 2012 com o título *Introdução ao Novo Testamento*. Segundo Brown, é característica bem própria de Lucas que a aparição aos discípulos de Emaús tenha ocorrido durante o caminho, numa viagem; assim também ocorreram muitas revelações de Jesus aos seus discípulos na sua vida pública, na viagem a caminho de Jerusalém (Brown, 2012, p. 370). No relato, Jesus utiliza toda a Escritura a fim de explicar como desempenhou sua missão de Messias; os pregadores apostólicos farão o mesmo no livro dos Atos. A intenção de Lucas é clara: "enraizar o uso que eles fazem da Escritura numa revelação dada por Jesus" (Brown, 2012, p. 370). Quanto à importância da fração do pão, Brown registra:

> Ainda que o coração dos discípulos se aqueça enquanto Jesus lhes desvela o sentido das Escrituras, eles reconhecem-no somente quando ele parte o pão. Isso prepara para o partir do pão (eucarístico) nas comunidades cristãs descritas em Atos e (juntamente com as outras refeições pós-ressurrecionais) pode estar na raiz da crença cristã da presença do Senhor ressuscitado no banquete eucarístico (Brown, 2012, p. 370).

Não há, na obra do autor, referências ou alusões ao Gênesis em seu comentário do episódio de Emaús.

1.24 João Alberto de Sousa Correia

Em 2001, João Alberto de Sousa Correia publica na revista *Theologica* um consistente artigo acerca da figura de Cristo no relato de Emaús, cujo título é *O caminho do reconhecimento e do anúncio – Lc 24,13-35 em perspectiva teológica*. O autor destaca que o capítulo 24 do Evangelho de Lucas é um tríptico a respeito da ressurreição, e o relato de Emaús, precisamente no meio do capítulo, tem sua centralidade salientada: completa a aparição dos anjos e prepara a aparição aos Onze (Correia, 2001, p. 361).

Correia destaca também, como outros, a precedência dos Onze no anúncio da ressurreição, ao final do relato. No que tange à abertura dos olhos, ele ressalta a unidade com a abertura da mente: "os olhos reconhecem quando o coração/ mente foi transformado e consegue compreender as Escrituras que dão sentido aos acontecimentos [...]. Por outras palavras, o Ressuscitado é simultaneamente o Ressuscitante" (Correia, 2001, p. 362).

Quanto à delimitação da perícope, Correia nota uma incongruência: os Onze, no v. 34, estão seguros a respeito da ressurreição de Jesus, que aparecera a Simão. No entanto, logo na perícope seguinte, quando o próprio Jesus lhes aparece, apresentam dúvidas nos v. 37.38.41. Ao constatar a perfeita adequação entre Lc 24,11 e Lc 24,36, Correia conclui que Lucas inseriu o relato dos discípulos de Emaús, o qual seria um texto independente, onde lhe pareceu mais apropriado (Correia, 2001, p. 366).

Correia discorre também a respeito do tema do reconhecimento, o qual, para ele, desempenha um papel estruturante no relato. O texto aponta o contraste: Jesus visível não é reconhecido; quando reconhecido, torna-se invisível. Assim, à incapacidade ou limitação dos olhos opõe-se a transcendência do ressuscitado, bem como a necessidade da Palavra e da eucaristia para a ele aceder.

> Jesus torna-se invisível (v. 31) porque entrou na glória (v. 26), mas é reconhecível para quem, com Ele e por Ele, percorre os caminhos que possibilitam o seu reconhecimento: as Escrituras e a "fração do pão" (Correia, 2001, p. 376).

Acerca do convite para que Jesus permaneça com eles, Correia reflete a seu respeito, de modo que "parece exprimir mais do que um simples sentimento de hospitalidade":

> Depois de tudo o que se passou, a insistência com que os discípulos fazem o convite parece fazer supor o estado de insegurança e ansiedade em que se encontravam. O companheiro de viagem e intérprete das Escrituras é para eles o único que transmite alguma tranquilidade e esperança (Correia, 2001, p. 378).

Correia assinala dois níveis narrativos, a saber, o dos discípulos e o do leitor; os primeiros ignoram quem os acompanha, já o leitor tem tais informações desde o início do relato. Tal "privilégio do leitor" é invertido a partir do v. 27, quando o privilégio passa a ser dos discípulos que ouvem toda a explicação da Escritura da parte de Jesus enquanto o leitor fica apenas com a breve informação de que Jesus interpretava as Escrituras partindo de Moisés e percorrendo os profetas. E Correia conclui com um interessante acréscimo: "O leitor terá de ler o livro dos Atos dos Apóstolos para, por intermédio dos discípulos, ter acesso a esta lição de exegese" (Correia, 2001, p. 379).

Em seguida, Correia desenvolve um paralelo do relato de Emaús com o do eunuco etíope de At 8, percebendo em detalhes suas correspondências e semelhanças, as quais ajudam até mesmo a esclarecer alguns aspectos do relato de Emaús (Correia, 2001, p. 380-382).

53

O autor também discorre a respeito das grandes temáticas que o texto evoca: caminho e viagem; visão e reconhecimento; realização das Escrituras; "fração do pão"; querigma e precedência de Pedro; títulos cristológicos (Correia, 2001, p. 382-401). O tema da visão e reconhecimento é o mais importante para nossos propósitos, e a esse respeito o autor faz interessantes análises e distinções que merecem ser tratadas.

Os motivos dos olhos fechados que se abrem e da passagem do não reconhecimento para o reconhecimento evocam, segundo Correia, os contrastes entre treva e luz e entre cegueira e visão, bem como apontam para uma diferença entre o ver e o reconhecer. Já no cântico de Simeão vê-se a primeira referência à luz no "*sol nascente* que veio nos visitar, para *iluminar* os que jazem nas *trevas* e na sombra da morte", em Lc 1,78-79. Pouco mais à frente, em Lc 2,32, Simeão bendiz a Deus ao tomar o menino Jesus nos braços: "Os meus olhos viram a tua salvação [...], luz para iluminar as nações" (Correia, 2001, p. 386).

Texto relevante para o presente estudo está no início do ministério de Jesus, quando ele cita Is 35,5 e afirma ter vindo para "dar vista aos cegos", em Lc 4,18. O motivo é retomado em Lc 7,22, na resposta de Jesus aos discípulos de João. O cego em Jericó, ao ser curado, não apenas passa a ver, mas também reconhece Jesus e o segue, dando glória a Deus, em Lc 18,35-43. E ainda, Jesus chora sobre Jerusalém porque a mensagem de paz "está escondida aos seus olhos", em Lc 19,42 (Correia, 2001, p. 386-387).

> Os discípulos de Emaús estavam interiormente cegos. Apesar de o verem, não reconheciam aquele que caminhava com eles, porque antes não o haviam conhecido verdadeiramente quando estavam com Ele. Dado que não tinham compreendido as suas palavras (Lc 9,45; 18,34), eram agora homens sem esperança, cegos pelos acontecimentos. O seu olhar estava de tal forma centrado no sepulcro, lugar da morte, que não conseguiam reconhecer Jesus vivo junto deles. Porque lhes faltava a luz da fé (Lc 11, 33-35), os seus olhos não reconheciam Jesus (Correia, 2001, p. 388).

É Jesus quem, pela leitura e interpretação correta das Escrituras, curará a cegueira deles e lhes proporcionará o reconhecimento no instante da fração do pão. No mesmo momento em que reconhecem o Senhor, ele se oculta: "Jesus presente torna-se invisível, mas não ausente" (Correia, 2001, p. 388).

Como se nota, Correia faz interessantes reflexões quanto ao episódio de Emaús em seu artigo, uma vez que aprofunda o tema dos olhos fechados e então abertos, e aporta até mesmo as contribuições de outros textos lucanos, embora não faça menção aos relatos do Gênesis ou aos olhos dos primeiros pais que se abrem no Éden.

1.25 Álvaro Barreiro

Ainda em 2001, Álvaro Barreiro publica pela Loyola um livro denominado *O itinerário da fé pascal: a experiência dos discípulos de Emaús e a nossa*. Apesar de o livro gravitar mais na área da espiritualidade e não consistir propriamente em uma obra técnica de exegese bíblica, algumas contribuições do autor merecem ser tratadas.

Barreiro registra que o caminho dos dois discípulos foi uma verdadeira "páscoa", isto é, "uma passagem do fechamento para a abertura, do não reconhecimento para o reconhecimento" (Barreiro, 2001, p. 15). É possível contemplar no relato também a passagem do abandono da comunidade para o retorno a ela, do afastamento para a aproximação, do isolamento para a comunhão; e ainda, a passagem do lamento para o agradecimento, da tristeza para a alegria, do fechamento para a partilha; por fim, a passagem do desânimo para o entusiasmo, da lentidão para a prontidão; em resumo, a "passagem do coração vazio e duro para o coração transbordante e abrasado" (Barreiro, 2001, p. 16).

Quanto à pergunta feita por Jesus, Barreiro entende, na linha de outros autores, que a resposta de Cléofas é paradoxal: "Por um lado, nela estão contidos os temas essenciais do querigma cristão; mas, por outro, por não estar iluminado pela fé, esse conteúdo é relatado como uma tragédia irreparável" (Barreiro, 2001, p. 38)

Barreiro reflete também a respeito da nova forma de presença do Senhor junto aos seus, depois de sua ressurreição. O relacionamento com o ressuscitado será diferente do que tinham com o Jesus anterior ao evento pascal; sua presença física e sua visão com os olhos carnais não são mais necessárias: "Os discípulos sabem que, mesmo invisível aos olhos, está presente no meio deles quando se reúnem para a fração do pão" (Barreiro, 2001, p. 53).

O autor desenvolve o tema da fração do pão, no qual os olhos dos discípulos se abriram, e sugere que poderia significar simplesmente o rito dos judeus no início da refeição. Segundo Barreiro, no entanto, em Emaús a expressão é usada no sentido especificamente cristão da celebração da eucaristia por três razões:

1) Os destinatários do Evangelho de Lucas eram cristãos de cultura grega que não conheciam o rito judaico da 'fração do pão'; conheciam, porém, a eucaristia, que já era celebrada nas comunidades cristãs quarenta anos antes da escrita do Evangelho. Para os destinatários do Evangelho, portanto, a expressão "fração do pão" só podia significar a eucaristia.

2) Em várias passagens do livro dos Atos dos Apóstolos, Lucas diz que os cristãos se reuniam no fim do primeiro dia da semana, isto é, no fim do dia da ressurreição, para a 'fração do pão', para 'romper o pão' (cf. At 2,42.46; 20,7.11; 27,35).

3) O evangelista descreve a refeição com os dois discípulos e atribui ao ressuscitado palavras e gestos semelhantes aos que são usados nos relatos da instituição da eucaristia (cf. Mt 26,26; Mc 14,24; Lc 22,19; 1Cor 10,16; 11,24)" (Barreiro, 2001, p. 54-55).

Por fim, quanto ao reencontro com os Onze, Barreiro contempla, em consonância com os demais autores, a dimensão comunitária da fé cristã. Na medida em que se antecipam no anúncio, sublinha-se que a ressurreição se baseia não na experiência isolada dos discípulos, mas na tradição apostólica da Igreja, a qual é representada por Pedro: "O testemunho dos dois é incorporado ao testemunho de Pedro e dos outros apóstolos; em outras palavras, é incorporado ao testemunho da Igreja apostólica" (Barreiro, 2001, p. 58).

O autor, em seu livro, explora o tema da abertura dos olhos e do reconhecimento do Senhor, mas não faz nenhuma menção ao Éden nem aos olhos que se abrem na queda original.

1.26 Bruno Chenu

No ano de 2003, Bruno Chenu publica, em francês, o livro *Disciples d'Emmaüs* (Discípulos de Emaús), traduzido e publicado em italiano como *I discepoli di Emmaus* (Os discípulos de Emaús) no ano de 2005, tradução esta ora utilizada. Não se trata de um livro de exegese, tampouco de teologia bíblica, mas de uma obra de espiritualidade que toma por base a passagem de Emaús. No entanto, um dos capítulos se debruça sobre os versículos, um a um, e traz interessantes contribuições, inclusive no que se refere ao tema deste trabalho, isto é, a abertura dos olhos em Emaús como o desfazer da abertura dos olhos no Éden.

Logo no início, o autor destaca a relevância da passagem e o encanto que sempre provocou nos cristãos, desde os primeiros séculos, e arrola variadas manifestações artísticas que exploram o tema, desde poesias até pinturas. Em seguida, antes ainda da análise do texto em si, Chenu registra os paralelos já destacados pelos diversos autores, como o episódio do eunuco etíope, o reencontro do menino Jesus no Templo aos doze anos, e até mesmo a parábola do bom samaritano (Chenu, 2005, p. 37-41).

Quanto à leitura do relato de Emaús, Chenu menciona dois tipos de construção do texto: uma de tipo estrutural, outra de tipo narrativo ou dramático. A primeira realça o seu aspecto quiástico, com diversos dados concêntricos, e tem como núcleo a afirmação fundamental de que Jesus vive. A segunda destaca a linearidade do texto, o destino almejado, a reconstituição da memória e o suspense que é alimentado na narrativa (Chenu, 2005, p. 42-43).

Em seguida, Chenu analisa o texto passo a passo, e aporta interessantes reflexões em cada versículo, à medida que surge nova informação no relato. O autor conclui que a mensagem do evangelista pode ser resumida em poucas e simples proposições: Jesus está vivo, na condição de Deus, mas está sempre com os homens; esta é a lição da Escritura e o testemunho da eucaristia. E a ressurreição de Cristo se torna legível na transformação dos discípulos (Chenu, 2005, p. 69). Chenu entende que Emaús não inaugura a história, mas marca uma nova etapa. Segundo o autor, Lucas revela que Jesus não é apenas mais um profeta, mas a chave de interpretação de toda a Escritura. A Palavra precedente não tem sentido senão orientada para ele e a partir dele realizada. Tudo era preparação para o Evangelho (Chenu, 2005, p. 69).

Na sequência, Chenu aporta algumas leituras patrísticas acerca de Emaús, o episódio visto como drama litúrgico na Idade Média, e a contemporânea leitura psicanalítica de Thévenot (cf. 2.11), que tem incidências sobre o presente estudo (Chenu, 2005, p. 71-80). No último capítulo, "Emaús na vida do crente e da Igreja de hoje", Chenu discorre acerca de oito experiências humanas fundamentais presentes no relato: a busca de sentido, o caminho, o diálogo, o sofrimento, o cair da noite, a hospitalidade, a partilha do pão e a abertura dos olhos. Em seguida, discorre acerca de dez "lugares" do encontro com o Cristo ressuscitado: o inesperado e desconhecido, a inteligência das Escrituras, o escândalo da cruz, o encontro com o outro, a oração de petição, a celebração da eucaristia, a reunião comunitária, o anúncio pascal, a glória e a "Via vivente" (Chenu, 2005, p. 95-115).

Além da referência à leitura psicanalítica de Thévenot, Chenu menciona também, no comentário metódico dos versículos, a abertura dos olhos de Adão e Eva no paraíso, depois da queda original, quando se percebem nus, e reconhece que tal passagem primordial é evocada no relato de Emaús (Chenu, 2005, p. 62). Assim, o autor enriquece um pouco mais a alusão ao Éden nos olhos abertos em Emaús, quando reconhecem o Senhor.

1.27 Nicolas Thomas Wright

Ainda em 2003, Nicholas Thomas Wright publica, nos Estados Unidos, uma obra ingente denominada *The ressurrection of the Son of God*. Tal obra foi traduzida para o português e publicada no Brasil em 2013 com o título *A ressurreição do Filho de Deus* e coeditada pelas editoras Academia Cristã e Paulus.

Nessa obra, Wright nota a marcante correlação entre os relatos da infância e os da ressurreição, mostrando como todas as promessas se cumpriram, embora não da maneira como se imaginava. O paralelo ganha destaque na comparação entre o reencontro do menino Jesus aos doze anos no Templo e o episódio dos discípulos de Emaús. Ademais, entre os questionamentos de Jesus é possível reconhecer semelhanças. Aos seus pais perguntou: "Por que me procuráveis? Não sabíeis que era necessário que eu estivesse entre os assuntos do meu pai?" (Lc 2,49); a Cléofas e sua companhia perguntou: "Não era necessário que o Messias padecesse essas coisas para entrar em sua glória?" (Lc 24,26) (Wright, 2013, p. 895). Quanto aos olhos abertos, Wright reconhece o eco bíblico direto no "coração da história de Emaús" (Wright, 2013, p. 897):

> A primeira refeição mencionada na Bíblia é o momento em que Adão e Eva comem do fruto proibido. A consequência direta é um conhecimento novo e indesejável: "os olhos de ambos se abriram, e se deram conta de que estavam nus", Gn 3,7. Agora, esse outro casal, Cléofas e sua companhia (provavelmente sua esposa, uma das muitas Marias na história evangélica), está à mesa, e é confrontado com conhecimentos novos e profundamente bem-vindos: "seus olhos se abriram, e reconheceram Jesus", Lc 24,31. Isso, Lucas está dizendo, é a redenção final; essa é a refeição que significa que o longo exílio da raça humana, não apenas de Israel, por fim acabou. Esse é o início da nova criação. É por isso que "arrependimento e perdão dos pecados devem ser anunciados a todas as nações" (Lc 24,47) (Wright, 2013, p. 897-898).

Como se vê, a alusão a Gn 3,7 em Lc 24,31 é mais bem percebida e começa a desenvolver-se, de modo que ganha novos contornos e, pouco a pouco, aclara-se para alguns autores.

1.28 Archibald Thomas Robertson

Archibald Thomas Robertson publica, em 2005, nos Estados Unidos, sua obra *Word pictures of the New Testament*, traduzida em 2013 para o português com o título *Comentário – Lucas à luz do Novo Testamento Grego*, na qual analisa os verbos principais e algumas expressões importantes de cada versículo do Evangelho de Lucas.

No relato de Emaús, a obra registra a ocorrência em Lc 24,16, "οἱ δὲ ὀφθαλμοὶ αὐτῶν ἐκρατοῦντο τοῦ μὴ ἐπιγνῶναι αὐτόν/*os olhos dos discípulos estavam como que fechados, para que não o conhecessem*" (Robertson, 2013, p. 392, tradução proposta pelo autor), do imperfeito passivo de "κρατέω/*prevalecer, dominar*". Na voz passiva, a ideia de "estarem impedidos" deve ser traduzida, segundo Robertson, como "continuavam fechados". E, em seguida, há o modo ablativo do infinitivo articular "ἐπι-γνῶναι/*conhecessem*", ou "*conhecessem plenamente*" ("ἐπι-γνῶναι", ingressivo aoristo do verbo "ἐπιγινώσκω/*conhecer*"). O advérbio "μὴ/*não*" é uma negativa redundante depois da ideia negativa de "ἐκρατοῦντο/ *continuavam fechados*" (Robertson, 2013, p. 392).

Já na passagem "Interpretava nas Escrituras tudo o que lhe dizia respeito", v. 27: "διερμήνευσεν/*interpretava*", primeiro indicativo aoristo de "διερμηνεύω/ *interpretar*", verbo proveniente de "Ερμης/*Hermes*", o mensageiro dos deuses. Os discípulos ouvem uma exegese de Jesus (Robertson, 2013, p. 393-394).

Chegados ao destino, Jesus "προσεποιήσατο/*fez como*", v. 28c, indicativo aoristo de "προσποιέω/*agir de acordo com, pretender*". É encontrado somente aqui no Novo Testamento: "Naturalmente, ele teria ido, se os discípulos não tivessem insistido para que ele ficasse" (Robertson, 2013, p. 394).

Em Lc 24,31a, "αὐτῶν δὲ διηνοίχθησαν οἱ ὀφθαλμοί/*abriram-se os seus olhos*", indicativo aoristo passivo de "διανοίγω/*abrir*". Na sequência, "ἐπέγνωσαν αὐτόν/*e o conheceram*", v. 31b, indicativo aoristo ativo efetivo: "e o reconheceram completamente". Robertson sublinha que se trata da mesma palavra usada no v. 16, na mesma perícope. E "αὐτὸς ἄφαντος ἐγένετο ἀπ᾽ αὐτῶν/*ele desapareceu--lhes*", tornou-se invisível, v. 31c. A palavra "ἄφαντος/*invisível*" se origina da partícula α privativa e "φαίνω/*aparecer*", a qual somente é encontrada aqui no Novo Testamento (Robertson, 2013, p. 394).

O coração dos discípulos ardia enquanto Jesus lhes falava no caminho, "ὡς διήνοιγεν/*enquanto abria*" a eles as Escrituras, v. 32d, "indicativo imperfeito do mesmo verbo usado a respeito dos olhos no v. 31" (Robertson, 2013, p. 395).

Como ocorre com boa parte dos autores, Robertson não traz, em suas reflexões a respeito de Emaús, nenhuma referência à queda original, ao Éden, ou mesmo ao Gênesis.

1.29 Rainer Dillman e César Mora Paz

Em 2006, Rainer Dillman e César Mora Paz publicam a sua obra *Comentario al Evangelio de Lucas* (Comentário ao Evangelho de Lucas), no qual articulam o relato de Emaús em quatro seções. Os v. 13-14 descrevem a situação e funcionam como introdução. A segunda seção, v. 15-27, assinala o diálogo de Jesus com os discípulos; começa ao mostrar que Jesus se aproxima deles no caminho, e termina com a explicação das Escrituras. Com a chegada ao destino, começa a terceira parte, v. 28-32, na qual Jesus age à mesa, na ceia; tal atuação está demarcada pelas palavras dos discípulos, que antes o convidam a permanecer, e depois falam do seu reconhecimento na fração do pão. Na parte conclusiva, v. 33-35, os discípulos retornam a Jerusalém, onde lhes é anunciada a mensagem pascal e onde têm a oportunidade de narrar o ocorrido no caminho (Dillman; Mora Paz, 2006, p. 563).

Os autores observam que, nas aparições referidas por Lucas e João, os discípulos não reconhecem logo o Senhor, mas apenas depois de uma palavra ou sinal. Segundo eles, isso se dá porque, ainda que mantendo-se idêntico a si mesmo, o corpo do ressuscitado se encontra em um estado novo que modifica sua figura exterior (Mc 16,12) e o liberta dos condicionamentos sensíveis deste mundo (Jo 20,19; 1Cor 15,44) (Dillman; Mora Paz, 2006, p. 564).

Ao se considerar os conceitos greco-helenísticos, a ressurreição não deve ser comparada com a vida posterior de uma alma imortal, pois abarca todo o ser humano, alma e corpo. Por isso, refletem Dillman e Mora Paz, Lucas sublinha que as mulheres não encontraram o corpo, a realidade física corporal de Jesus (Dillman; Mora Paz, 2006, p. 565).

Na resposta de Jesus, o relato assinala a dificuldade de reconhecer um Messias sofredor e crucificado, o que, por conseguinte contraria a lógica humana de glória e reinado. Ao final, o convite dos discípulos para que o forasteiro permaneça com eles é sinal da típica hospitalidade judaica, mas o interesse deles vai além desta virtude: seus corações ardiam enquanto ele lhes falava. À mesa, o comportamento de Jesus assemelha-se tanto à refeição para os cinco mil quanto à última ceia (Dillman; Mora Paz, 2006, p. 566).

Quanto aos olhos que se abrem, os autores destacam que, segundo a apresentação bíblica oriental, o ser humano percebe com os olhos a verdade divina (Sl 19,9; 119,82; 141,8; Lc 2,30-32). Contemplar a Deus é a forma intensiva do encontro com ele (Jó 42,5). Por isso, o ser humano pode estar cego (Is 6,10), e o ato de "abrir os olhos" a um cego é para o reconhecimento da realidade divina (Sl 119,18; At 26,18) (Dillman; Mora Paz, 2006, p. 567). Note-se que Dillman e Mora Paz citam alguns textos do Antigo Testamento, como Isaías ou os Salmos, mas não fazem nenhuma referência ao Gênesis, tampouco à queda original.

Para que chegassem à fé, os discípulos precisaram de um encontro pessoal. Somente na comunhão da ceia e na fração do pão se lhes abriram os olhos e reconheceram o Senhor Jesus. A aprendizagem da fé se dá em processo mais amplo, ao longo da vida do leitor, sempre encontrando o Senhor na fração do pão. Nas primeiras comunidades se vê sem dificuldade alguma a continuidade dessa liturgia cristã, com a celebração da Palavra e a ceia eucarística como pontos básicos nos quais os discípulos encontram o ressuscitado (Dillman; Mora Paz, 2006, p. 568).

Os leitores do relato devem se sentir interpelados a assumir não apenas o papel dos discípulos, mas também o de Jesus. É preciso ir ao encontro dos tristes e conduzi-los, pela Palavra e pela partilha, à renovação de suas esperanças (Dillman; Mora Paz, 2006, p. 569).

1.30 Dane C. Ortlund

Decorridos 30 anos da publicação do artigo de Xavier Thévenot, *Emmaüs: une nouvelle Genèse?* (Emaús: nova gênese?), em 1980, na revista Mélange de Science Religieuse (Miscelânea de ciência religiosa) (supra, 2.10), um outro autor reconhece de maneira clara a alusão a Gn 3,7 em Lc 24,31, nos olhos que se abrem e reconhecem Jesus, tal como consta no relato de Emaús. Trata-se de Dane C. Ortlund, o qual, em dezembro de 2010, publica no periódico *Journal of the evangelical theological society* (Revista da Sociedade Teológica Evangélica) um artigo no qual não apenas registra a semelhança entre os textos, mas também faz notar a negligência dos estudiosos até então a respeito de tal semelhança. No artigo, cujo título é "And their eyes were opened, and they knew: an inter-canonical note on Luke 24:31" (Abriram-se os olhos deles e reconheceram-no: uma nota intercanônica acerca de Lucas 24,31), Ortlund percebe e destaca as afinidades entre o relato da queda no Gênesis e o episódio de Emaús.

Ortlund não faz menção à publicação de Thévenot, tampouco à obra de Chenu, que o cita, mas aponta outros autores que sinalizaram a alusão a Gn 3 em Lc 24, ainda que discretamente, a saber: Luke Timothy Johnson, Arthur Just e N.T. Wright (Ortlund, 2010, p. 722-723), cujas reflexões também estão supramencionadas (cf. 2.19, 2.22 e 2.27, respectivamente).

Segundo Ortlund, quando a Adão e Eva foi oferecido alimento pela serpente e eles o comeram, seus olhos se abriram e eles conheceram o bem e o mal. Quando aos dois discípulos de Emaús foi oferecido alimento pelo Jesus ressurreto e eles comeram, seus olhos também se abriram e eles conheceram quem era o viajante que os acompanhava, que ele havia ressuscitado e era o ponto focal de todas as Escrituras (Ortlund, 2010, p. 717).

No seu artigo, Ortlund indica e descreve razões de ordem linguística, narrativa, interpretativa e histórico-redentora para a referida alusão. No âmbito linguístico, a similaridade das palavras dos dois textos é impressionante. Gn 3,7 traz "και διηνοίχθησαν οί οφθαλμοί των δύο και εγνωσαν/*e se abriram os olhos dos dois e souberam*". A frase correspondente em Lc 24,31 traz "αὐτῶν δέ διηνοίχθησαν οί οφθαλμοί και ἐπέγνωσαν αὐτόν/*e seus olhos se abriram e o conheceram*") (Ortlund, 2010, p. 723)".

Quanto ao aspecto narrativo, Ortlund destaca paralelos ainda mais amplos nos eventos narrados em Gn 3 e Lc 24, na medida em que em ambos os textos:

(1) duas pessoas estão envolvidas e são interpeladas (Gn 3,6; Lc 24,13);[6]

---

6. "Wright acredita que os dois peregrinos de Emaús são Cléofas e sua esposa (*Luke for Everyone*, 296); se ele tem razão, acrescente-se ainda o paralelismo de serem, em ambos os episódios, marido e mulher" (Ortlund, 2010, p. 725, tradução nossa).

(2) ao par é oferecido alimento (Gn 3,1-5; Lc 24,30);

(3) aquele que oferece o alimento é um ser sobrenatural (note-se Ap 12,9; 20,2 sobre Gn 3,1-15; Lc 24,52);

(4) a comida é oferecida de um modo inesperado: em Gn 3, não era prerrogativa da serpente desempenhar o papel de "anfitriã" e mediar de maneira subversiva o fruto a Adão e Eva; e em Lc 24,30 Jesus assume o papel de "anfitrião", embora sendo claramente, até aquele ponto, o convidado (notar v. 29);

(5) o alimento é aceito (Gn 3,6; Lc 24,30b-31a);

(6) o par humano não reconhece aquele que lhes oferece alimento como quem realmente é (Gn 3,1-7; Lc 24,16);

(7) o ato de comer o alimento resulta em nova e profunda percepção de uma realidade espiritual (Gn 3,7-10; Lc 24,32);

(8) essa nova compreensão é descrita com a frase "e seus olhos se abriram, e souberam" (Gn 3,7; Lc 24,31; ver acima);

(9) o par humano agora compreende de modo retrospectivo algo que Deus já lhes disse: Adão e Eva, então, entendem verdadeiramente o que Deus quis dizer quando lhes falou que conheceriam o bem e o mal; do mesmo modo, Cléofas e sua companhia entendem verdadeiramente o que Jesus quis dizer quando abriu as Escrituras para eles na estrada (Gn 3,7b; Lc 24,32);

(10) o par humano é fisicamente separado de Deus no exato momento em que tomam o alimento oferecido: em Gênesis 3, Adão e Eva tentam se esconder de Deus (v.8); em Lucas 24, Jesus prontamente "desapareceu da vista deles" (v. 31);

(11) Deus vem e se faz presente entre os seus no momento da abertura dos olhos, e diante do medo deles faz algumas perguntas (Gn 3,9-13; Lc 24,36-41);

(12) o par humano é, de imediato, relocado fisicamente; Adão e Eva deixam o local de especial residência de Deus (Éden), ao passo que Cléofas e sua companhia retornando ao local da especial residência de Deus (Jerusalém); (Gn 3,23; Lc 24,33) (Ortlund, 2010, p. 725). Segundo Ortlund, esses diversos paralelos sutis e cumulativos confirmam uma alusão ao Éden em Lc 24.

A razão de ordem interpretativa é que, no entendimento de Ortlund, a alusão ao Gênesis no relato de Emaús ajuda a explicar a demora dos discípulos em reconhecer que era Jesus quem lhes falava. De fato, não foi durante a explicação do próprio Jesus que o reconheceram, mas apenas mais tarde, na refeição à mesa. Do mesmo modo, apenas a refeição de Gn 3 foi o momento crítico da abertura dos olhos para Adão e Eva (Ortlund, 2010, p. 726).

Ortlund destaca razões de ordem histórico-redentora, de modo que considera o relato de Emaús como a inauguração de todas as antigas esperanças e promessas da história da salvação. Para ele, a conexão edênica em Lc 24 encaixa naturalmente com o fluxo da narrativa bíblica inteira:

> A alusão constitui mais uma peça pequena do quebra-cabeça que nos auxilia a compor toda a Bíblia como um drama coerente no qual se desdobram os poderosos feitos de Deus na história, os quais visam a desfazer o desastre do Éden e, por meio de um ato culminante de graça operado em seu Filho, restaurar a criação ao Éden e a um estado superior ao do Éden (Ortlund, 2010, p. 726, tradução nossa).

Ortlund nota ainda que é próprio de Lucas situar seu relato no fluxo da história da salvação orquestrada por Deus, cujo apogeu se dá em Cristo. Ademais, o contexto de Lc 24 destaca tais preocupações histórico-salvíficas na medida em que, pouco antes dos olhos abertos, Jesus, começando por Moisés e percorrendo todos os profetas, interpreta as Escrituras a seu respeito (v. 27); e, mais tarde, ainda naquela noite, Jesus reitera, para um grupo maior de discípulos, o que estava escrito a respeito de si mesmo na Lei de Moisés, nos profetas e nos salmos, de modo que abre a inteligência deles para que compreendam as Escrituras, segundo as quais o Cristo deveria sofrer e no terceiro dia levantar-se dos mortos (v. 44-46).

Por fim, Ortlund destaca que uma alusão edênica em Lc 24 "cinge a Bíblia como uma narrativa coerente, que se estende da queda na criação à consumação na nova criação" (Ortlund, 2010, p. 727, tradução nossa). Lc 24,31 fornece um ângulo a partir do qual se vê a transição da queda para a nova criação; Jesus reverte a maldição da queda.

> A catastrófica "abertura de olhos" de Gênesis 3 (que é, ironicamente, uma "cegueira", cf. Is 42,18; 2Cor 4,4; 1Jo 2,11) foi decisivamente revertida por Jesus, que agora restaura a visão para os seus seguidores. Isso não nos deve surpreender, visto que tal "abertura de olhos" é exatamente o que ele mesmo disse que veio para fazer: mais cedo em Lucas, Jesus lê os primeiros versículos de Isaías 61 na sinagoga e anuncia que ele veio, dentre outras coisas, para proclamar "a restauração da visão aos cegos" (Lc 4,18) (Ortlund, 2010, p. 727).

Em outras palavras, segundo Ortlund, quando Lucas conta, a respeito dos dois discípulos de Emaús, que ao receberem o alimento das mãos de Jesus, "seus olhos se abriram e o reconheceram", o evangelista quer conduzir o leitor a recuar para o antigo relato no qual outro par de humanos recebe alimento e, concomitantemente, nova visão.

A primeira abertura de olhos com seu conhecimento anexo introduziu a humanidade em uma nova moral universal de escuridão, exílio, pecado e morte. A segunda abertura de olhos com seu conhecimento anexo puxou a cortina escatológica para permitir que os distraídos discípulos de Jesus percebessem que ele mesmo havia inaugurado o longamente esperado novo mundo de esperança, ressurreição, restauração e nova criação (Ortlund, 2010, p. 728).

Como se vê, o artigo de Ortlund vai ao cerne do tema proposto no presente trabalho, e, por isso, suas reflexões serão bastante utilizadas, seja no sentido de desenvolvê-las ou de, eventualmente, confrontá-las. Note-se, entretanto, que o artigo de Ortlund destaca mais os paralelos e não tanto os contrastes entre os textos. O que parece ainda ausente na reflexão de Ortlund é a profunda conexão entre o final do relato da queda e o início do relato de Emaús. Essa marcante semelhança, ainda não percebida em seu artigo, reforça a noção de que Emaús retoma o relato da queda e narra o fim da maldição a que os filhos de Adão e Eva estavam sujeitos desde o princípio. Também parece ausente a reflexão a respeito do convite dos discípulos a Jesus para entrar e permanecer, que não deve ser visto apenas à luz da hospitalidade, mas como a reversão do escondimento do primitivo casal, na medida em que, em Emaús, o casal manifesta o interesse de retomar o convívio com o Senhor.

1.31 Giovanni Claudio Bottini

No ano de 2011, Giovanni Claudio Bottini publica sua obra *Introduzione all'opera di Luca* (Introdução à obra de Lucas). Segundo ele, a expressão do v. 19c, "ἀνὴρ προφήτης δυνατὸς ἐν ἔργῳ καὶ λόγῳ/*profeta poderoso em obras e palavras*", logo evoca a figura de Moisés, "δυνατὸς ἐν λόγοις καὶ ἔργοις/*poderoso em palavras e obras*", como apresentado por Estêvão, em At 7,22, o que, por conseguinte, levou alguns autores a sustentar que Lucas quer apresentar Moisés como um tipo de Cristo. Tal associação não se dá somente em virtude de Moisés ser profeta, mas por ser um "tipo do redentor investido de uma missão e de uma autoridade divina e que o povo eleito rejeita com incredulidade". Portanto, se Jesus é o novo Moisés, não é somente porque este foi profeta, mas também porque foi salvador do povo (Bottini, 2011, p. 64-65).

Bottini não desenvolve o tema dos olhos abertos na fração do pão, muito menos traz alguma alusão ao relato do Gênesis ou à queda original.

1.32 Santiago García

Segundo Santiago García, na obra *Evangelio de Lucas* (Evangelho de Lucas), de 2012, a narrativa de Emaús se distingue das demais aparições do ressuscitado e está mais próxima do episódio de Filipe e do eunuco, narrado em At 8,26-40: em ambos os casos, a perplexidade inicial é resolvida pela instrução, de modo que cada relato é concluído com uma ação sacramental (García, 2012, p. 676-677).

Quanto à fração do pão na conclusão da narrativa, os autores discordam acerca do sentido eucarístico neste caso, de modo que formulam diversas interpretações. García entende que há no relato um claro ensinamento acerca da eucaristia como encontro dos crentes com Jesus ressuscitado. Lucas dá importância à refeição e a apresenta como o sinal mediante o qual os discípulos reconhecem o Senhor ressuscitado. Além disso, deve-se recordar a semelhança com o relato do eunuco etíope: como At 8 conduz ao batismo, Emaús conduz à eucaristia. De fato, na igreja primitiva a catequese conduzia sempre ao sacramento (García, 2012, p. 678-679).

Como outros autores, García vê semelhanças entre Emaús e o relato do eunuco etíope em Atos; mas não há nenhuma alusão aos olhos que se abrem depois do pecado original, ao Éden ou ao Gênesis em geral.

1.33 Isidoro Mazzarolo

Em 2013, Isidoro Mazzarolo publica no Brasil sua obra *Lucas – a antropologia da salvação*. Mazzarolo entende que os dois discípulos são um casal, Cléofas e sua esposa, e inclusive a nomeia: Maria, aquela que esteve aos pés da cruz, junto com Maria, a mãe de Jesus, e Maria Madalena (Jo 19,25). Ressalta que não é possível saber em que momento se tornaram discípulos: "Teriam, antecipadamente, chegado a Jerusalém e presenciado os ensinamentos de Jesus? Teriam eles acompanhado apenas os fatos finais da condenação e crucificação?". O fato é que são "um casal de judeus, que falava de Jesus, mas não com grande intimidade (Lc 24,19)" (Mazzarolo, 2013, p. 291). Também Mazzarolo não faz nenhuma referência ao Gênesis em seu comentário acerca de Emaús.

1.34 João Alberto de Sousa Correia

Ainda em 2013, João Alberto de Sousa Correia defende, pela Universidade Católica Portuguesa, sua tese de doutorado com o título *A hospitalidade na construção da identidade cristã: uma leitura de Lc 24,13-35 em chave narrativa*. Como se vê, a tese explora e desenvolve a perícope dos discípulos de Emaús, com especial destaque ao tema da hospitalidade na condição de realidade típica da identidade cristã.

Ao analisar os estudos até então, Correia reconhece os méritos dos primeiros estudiosos do episódio, os Padres da Igreja, e analisa algumas de suas reflexões. Em seguida, considera os esforços dos métodos histórico-críticos dos séculos XVIII e XIX, bem como suas limitações, e arrola suas principais conquistas. Por fim, registra a análise estrutural a que o texto foi submetido a partir de meados do século XX, na tentativa de reconhecer seus pontos centrais e mensagem principal, porquanto leva em conta suas simetrias, inclusões e quiasmos. Correia nota, porém, que alguns autores percebem em tais métodos uma "sobrevalorização dos aspectos formais em detrimento das tensões narrativas que conferem ao relato em causa um significado mais profundo" (Correia, 2013, p. 47). Correia propõe, então, o estudo do relato de Emaús segundo o método da análise narrativa.

Tal método, de caráter sincrônico, leva em conta a importância da narração, modalidade frequente de comunicação entre pessoas humanas. Propõe saborear a própria leitura do texto e reconhece a narração tanto como um instrumento pedagógico quanto como um instrumento teológico. Em sua tese, o autor explora os recursos da narrativa, tais como o tempo, o espaço, as personagens, a intriga, o narrador, o narratário (destinatário) e a focalização (perspectiva) (Correia, 2013, p. 107-214).

Vale destacar que, ao tratar dos inúmeros personagens direta e indiretamente envolvidos no relato, Correia sublinha a importância central dos dois discípulos de Emaús, mas atribui o protagonismo do relato ao Senhor Jesus, uma vez que é ele que em todos os momentos conduz as ações (Correia, 2013, p. 215-262).

Por fim, o autor desenvolve bastante o tema da hospitalidade, a qual considera uma conduta característica e essencial da fé e da vivência cristãs. Ele utiliza o texto de Emaús como principal subsídio para explorar e desenvolver esse assunto. É Jesus quem primeiro oferece acolhida, na medida em que se aproxima e acompanha os peregrinos, dando-lhes a chance de abrir o coração e, em seguida, esclarecendo-os. Tal interpelação de Jesus motiva os discípulos a, ao chegarem a Emaús, oferecerem-lhe hospedagem, por seu turno (Correia, 2013, p. 263-348).

Ao tratar do momento em que, instado pelos discípulos, Jesus entra com eles na casa e se senta à mesa, Correia entende que, ali, o hóspede logo se assume como anfitrião. E ao partir e dar a eles o pão, dá-se a si mesmo, remetendo os discípulos novamente à oferta na cruz. Cessa, assim, o motivo de sua tristeza, e reconhecem que estão continuamente na presença de Jesus (Correia, 2013, p. 359).

O relato de Emaús, com o destaque ao caminho e à comensalidade, mostra que a hospitalidade constitui, na expressão de Correia, "uma das melhores ferramentas para a construção da identidade cristã" (Correia, 2013, p. 367).

> Num processo humano longo e complexo, o acolhimento desenvolve-se em momentos sucessivos e gradativos. Tudo começa, no caminho, com o

encontro, o diálogo e a escuta da Palavra; continua, em casa, com a comensalidade; para terminar em Jerusalém com o anúncio. Eis os momentos da hospitalidade que registram entre si uma exigência e iluminação mútuas: o encontro que acontece no caminho assinala o início de todo um processo em que Jesus é o acolhido, mas é sobretudo o que acolhe; possibilita o diálogo e a escuta da Palavra, situando a hospitalidade no horizonte da comunicação; provoca e potencia a comensalidade, expressão concreta e visível da hospitalidade e momento ideal do reconhecimento; projeta para Jerusalém, a partir da qual os discípulos hão de anunciar a mensagem «por toda a Judeia e Samaria e até aos confins do mundo» (At 1,8) (Correia, 2013, p. 368).

Como um exemplo aos fiéis cristãos, a hospitalidade revela-se como um importante caminho para a construção da identidade cristã: "Além de testemunho eloquente para os de fora, a hospitalidade cria um ambiente caloroso para os de dentro. Estes não pretenderão sair e aqueles talvez coloquem a hipótese de entrar" (Correia, 2013, p. 370).

Ampliando ainda mais a noção da hospitalidade, e ainda com base no relato de Emaús, Correia reflete que escutar com atenção a palavra que nos é dirigida é já acolher os outros e deixar-se moldar por eles. Do mesmo modo, não há caminho cristão sem o acolhimento e a escuta atenta da Palavra de Deus. Jesus acolheu os discípulos de Emaús na medida em que os escutou. Escutar "é como acolher um hóspede invisível e arranjar-lhe lugar na nossa casa" (Correia, 2013, p. 371).

Por fim, Correia destaca mais um aspecto da hospitalidade do qual o episódio de Emaús é modelo, a saber, a noção de caminho, ou de viagem: "Sente a necessidade de ser acolhido e sabe acolher quem faz a experiência do caminho" (Correia, 2013, p. 372). Correia cita Torralba, que reflete:

> Jesus, os seus discípulos, todo o que o segue depois e a própria Igreja, são gente que está de viagem, gente de hospitalidade, tanto dada como recebida. A eucaristia é a expressão suprema desta hospitalidade; sustenta-os na sua viagem para o reino de Deus» (Torralba, 2010, p. 27 apud Correia, 2013, p. 372).

Trata-se de uma tese ampla, robusta, com uma análise metódica do episódio de Emaús. Correia vê tal relato como um exemplo de cristologia narrativa; "a sua densidade teológica confere-lhe o estatuto de (quase) síntese da globalidade do Evangelho de Lucas" (Correia, 2013, p. 15). Ademais, Correia apresenta-o, na linha de outros autores, como um relato especular e aberto, como uma dobradiça que une as duas obras lucanas, relato de transição (ou texto-ponte) que constitui resumo do Evangelho de Lucas e preparação para os Atos dos Apóstolos (Correia, 2013, p. 88-89).

Além disso, a tese desenvolve a distinção entre visão e reconhecimento na medida em que os discípulos de Emaús veem Jesus mas não o reconhecem; e quando o reconhecem, deixam de vê-lo. Correia mostra como essa dissociação entre visão e reconhecimento acompanha, em certa medida, toda a Escritura, e, então, faz referência a Gn 18, quando Abraão acolhe os três peregrinos e lhes dá hospedagem; com efeito, o patriarca os vê, mas não os reconhece (Correia, 2013, p. 194). Além dessa ocorrência, a tese de Correia também faz referência ao Gênesis quando comenta o supracitado artigo de Xavier Thévenot (2.11), com o qual concorda quanto ao fato de que o desencontro de Adão e Eva, quando seus olhos se abrem, é restaurado pelo encontro com Jesus, diante de quem os olhos dos discípulos se abrem para a redenção que o Senhor operou em favor da humanidade (Correia, 2013, p. 359-360).

1.35 Bogdan G. Bucur

Em 2014, Bogdan G. Bucur publica na revista *Ephemerides Theologicae Lovanienses* (Efemérides Teológicas de Lovaina) o artigo "Blinded by invisible light – revisiting the Emmaus story" (Cegos pela luz invisível – revisitando a história de Emaús), no qual desenvolve com profundidade o não reconhecimento do Senhor e atribui tal incapacidade à "incompatibilidade fundamental entre o estado 'já' glorificado do Cristo ressuscitado e o estado 'ainda não' glorificado dos dois discípulos" (Bucur, 2014, p. 686, tradução nossa).

Bucur vê afinidades entre a estrutura de Emaús e a do Éden: "certa incapacidade ou insuficiência dos protagonistas, seguida pela 'abertura dos olhos', a qual indica que o sujeito passou a conhecer algo anteriormente desconhecido" (Bucur, 2014, p. 698, tradução nossa) Bucur nota as semelhanças entre as ações de "ter os olhos abertos" e, então, "reconhecer", em Lc 24,31 como em Gn 3,7, mas também entre as ações imediatamente anteriores de "tomar" e "dar" o alimento, tanto em Lc 24,30 como em Gn 3,6 (Bucur, 2014, p. 699).

O autor elabora uma explicação para um problema que ele vê entre a falta de paralelismo e o estado inicial dos discípulos de Emaús, de não reconhecerem o Senhor, e o casal do Éden, que estão nus e não se envergonham. Bucur entende que o problema desaparece ao se ler "nus, mas revestidos da veste luminosa de glória" ("*luminous garment of glory*") (Bucur, 2014, p. 700), aquela luminescência originária perdida pela desobediência, mas recuperada por Moisés no Sinai e, no Cristianismo, por Jesus radiante no monte, ao transfigurar-se perante Pedro, João e Tiago. Assim, Bucur entende que Adão e Eva reconheceram não que haviam estado nus todo o tempo, mas, antes, que tinham acabado de ficar destituídos da veste luminosa de glória (Bucur, 2014, p. 699-700).

Considerado sob esta luz, o episódio de Emaús parece construir um paralelo antitético entre Gênesis e Emaús, destinado, de modo tipicamente cristão (e lucano), a estabelecer a ressurreição de Jesus com o desfazimento daquilo que deu errado no Éden (Bucur, 2014, p. 700).

Ainda sob este aspecto de um paralelo antitético, Bucur nota uma importante distinção: Adão e Eva provaram o fruto do conhecimento do modo errado, na hora errada e a partir do fornecedor errado; já os discípulos de Emaús o receberam das próprias mãos do Senhor. Seus olhos se abriram – não para reconhecer a perda da glória, mas para reconhecer o Cristo glorificado: "Os discípulos tornam-se novamente 'compatíveis' ("*compatible*") com Deus – embora não ainda completamente: a visão não pode se sustentar por mais que um instante, e o Jesus ressuscitado, se bem que presente, torna-se invisível para eles" (Bucur, 2014, p. 702).

A incapacidade dos discípulos de reconhecer a Cristo suscita divergências entre os autores. Tal incapacidade se dá por falha dos discípulos (cristologia defeituosa, dureza de coração etc.) ou é provocada pela intervenção de Deus? A esse respeito, Bucur faz uma interessante reflexão no sentido de não ser apropriado escolher entre ação divina ou incapacidade humana. A sofisticação narrativa (e teológica) de Lucas sugere que a relação entre a glória divina e a acolhida dos homens deve ser situada em um processo dinâmico e sinérgico, isto é, numa pedagogia divina de acordo com as capacidades humanas (Bucur, 2014, p. 705).

Segundo Bucur, apesar de reafirmar o princípio da exegese da Escritura à luz de Cristo, o relato de Emaús não deixa resultados exegéticos sólidos para os leitores de Lucas. A questão não é quais textos são cristológicos, mas o fato de que a Escritura versa a respeito de Cristo, e que toda ela o faz: "tudo o que disseram os profetas" (24,25), "por Moisés e por todos os profetas, interpretou-lhes em todas as Escrituras" (24,27) (Bucur, 2014, p. 706).

Como se vê, o artigo traz interessantes contribuições ao tema deste trabalho, mormente no que se refere aos olhos que se abrem e ao reconhecimento, bem como à relação desse dado com os olhos que se abrem no Éden, de modo que as reflexões de Bucur nos serão de grande valia.

1.36 Marc Rastoin

Ainda no ano de 2014, Marc Rastoin publica na revista *Biblica* um interessante artigo com o título "Cléophas et Lydie: un 'couple' lucanien hautement théologique" (Cléopas e Lídia: um "casal" lucano altamente teológico) que aponta para as afinidades entre o relato de Emaús e o episódio de Paulo em Filipos, com Lídia e suas companheiras, narrado em At 16,11-15. Neste último, Paulo anuncia o Evangelho a Lídia, batiza-a e, em seguida, é por ela acolhido em sua casa.

O autor nota a ocorrência de um verbo raro e que só ocorre precisamente nessas duas ocasiões, em Emaús e no encontro de Paulo com Lídia em Filipos, a saber, "παραβιάζομαι/*constranger*". Tal verbo significa que alguém exerce forte pressão sobre outro para que faça o que se lhe pede, e só ocorre em Lc 24,29 e em At 16,15. Dificilmente a ocorrência do mesmo verbo apenas nesses dois textos é meramente acidental. Lucas une-os a partir dessa ação (Rastoin, 2014, p. 372-373).

Há diversos paralelos, mas também alguns contrastes. Quanto aos paralelos, em ambos os textos há, no início, uma longa troca de palavras ("enquanto conversavam e discutiam", Lc 24,15; "começamos a falar às mulheres que se tinham reunido", At 16,13); em ambos, nomeia-se um dos evangelizados, Cléofas em Lc 24,18, e Lídia, em At 16,14; ambos ocorrem fora das aldeias ("aproximaram-se do lugarejo para onde iam, e ele fez menção de passar mais além", Lc 24,28; "saímos fora da porta, junto à margem do rio", At 16,13) (Rastoin, 2014, p. 379).

Quanto aos contrastes, estão sobretudo na sequência dos eventos: em Emaús, o convite a entrar e a permanência na casa precedem a abertura dos olhos; já nos Atos, é depois de ouvir e acolher o anúncio de Jesus que Lídia convida Paulo e seus companheiros a entrar. Assim também, em Emaús, o momento quase sacramental da fração do pão precede a fé e o reconhecimento; já em Filipos, é depois do batismo que se dá a refeição (Rastoin, 2014, p. 380-381).

Rastoin reflete, ainda, que Lídia pode ser considerada como um paralelo feminino a Cornélio, no próprio livro dos Atos, ou a Marta, no Evangelho de Lucas (Rastoin, 2014, p. 376-378). Quanto a Cornélio, o autor nota também o fato de serem os primeiros não judeus a acolherem o Evangelho e a hospedarem os evangelizadores. Se Cornélio é – excetuado o eunuco etíope, de quem temos poucos dados – o primeiro não judeu admitido ao batismo por Pedro, Lídia é a primeira europeia admitida ao batismo por Paulo. O paralelismo entre Pedro e Paulo é mais uma vez reforçado, porquanto também leva em consideração que os neófitos em questão hospedaram os referidos apóstolos (Rastoin, 2014, p. 383). Ademais, a análise de tais passagens demonstra que a técnica lucana do paralelismo é onipresente em seus textos, e não se restringe às figuras eminentes da Igreja primitiva, como Pedro e Paulo, mas alcança até mesmo os próprios discípulos de Jesus (Rastoin, 2014, p. 386).

Por fim, Rastoin destaca que Lucas, que recorre com frequência a tais paralelismos entre o seu Evangelho e os Atos, tem um "projeto teológico profundamente inclusivo" ("*deeply theologically inclusive agenda*") e os paralelos entre Cléofas, o judeu que conheceu o ressuscitado, e Lídia, a pagã que conheceu o apóstolo Paulo, ilustram-no bem" (Rastoin, 2014, p. 387).

Apesar de destacar a presença das mulheres nos relatos lucanos[7], Rastoin não faz, em seu artigo, nenhuma alusão ao casal primitivo do Gênesis nem à queda original.

1.37 James R. Edwards

Em 2015, James R. Edwards publica nos Estados Unidos sua obra acerca do Evangelho de Lucas, traduzida para o português e publicada em 2019 com o título *O Comentário de Lucas* pela editora Shedd. Depois de um capítulo introdutório que trata de questões preliminares, tais como data e local de composição, fontes de Lucas e estrutura narrativa, dentre outras, o autor tece suas considerações a respeito do texto. Edwards vê no Evangelho de Lucas um tríptico no qual o ministério de Jesus, no centro do texto, é franqueado por uma narrativa introdutória da infância que o antecipa e uma narrativa da ressurreição ao final que o interpreta. Na narrativa da infância, a história de Israel é prefiguração da vinda de Jesus; na narrativa da ressurreição, a vida de Jesus é o cumprimento da história de Israel (Edwards, 2019, p. 890).

O autor discorre sobre algumas hipóteses a respeito da localização de Emaús, e também a respeito dos dois caminhantes. Aponta teorias acerca da companhia de Cléofas e até mesmo aventa a possibilidade de que fosse sua esposa, ou o outro Simão, com base em outros documentos, ou ainda Natanael ou Tiago, irmão de Jesus. Mas põe em dúvida tais possibilidades, advertindo que não é possível avançar muito nessas especulações (Edwards, 2019, p. 895).

Ante a explicação de Jesus aos discípulos, com base em Moisés e nos profetas, Edwards reflete que "o testemunho plenário da Escritura, em outras palavras, é uma metanarrativa do evento Cristo" (Edwards, 2019, p. 899). O dado descreve o uso por Lucas do Antigo Testamento e o apresenta como *preparatio evangelica*. O autor assinala como a ideia de um Messias sofredor não fazia parte das tradições de Israel, e como o judaísmo nunca entendeu os textos do Servo do Senhor referindo-se ao Messias (Edwards, 2019, p. 899).

Quanto à insistência dos peregrinos para que Jesus entrasse e permanecesse com eles, Edwards a associa a outros textos (At 16,15; Gn 18,3; 19,2), e chama a atenção para o costume do Oriente Médio de praticamente compelir os convidados a aceitarem a hospitalidade, como atesta até mesmo uma parábola de Jesus ("ἀνάγκασον εἰσελθεῖν/*compele a entrar*" (Lc 14,23) (Edwards, 2019, p. 901). O

---

7. "Como no Evangelho, Lucas gosta (nos Atos) de fazer um episódio concernente a um homem ser sucedido por uma passagem análoga concernente a uma mulher (ou vice-versa)" (Rastoin, 2014, p. 382, tradução nossa).

convite sugere que fosse para a casa deles; se isso é incerto, o certo e relevante é a tripla repetição do "conosco" nos v. 29-30, a qual atesta a crescente conexão entre os dois e Jesus (Edwards, 2019, p. 901).

Quanto aos olhos abertos, Edwards entende que os discípulos não eram culpados por sua cegueira, bem como sua posterior percepção não foi uma realização deles, mas tais fatos são "resultado das dimensões espirituais além das habilidades e capacidades humanas" (Edwards, 2019, p. 902). O autor trata também do verbo "διανοίγω/*abrir*", de Lc 24,31, e mostra como ocorre seis vezes na obra lucana (Lucas e Atos), em geral com referência à revelação divina, mas também às Escrituras ou ao querigma. Assim, essa palavra compreende a Palavra e os sacramentos: os olhos são abertos para reconhecer Jesus como Senhor quando parte o pão (Lc 24,30-31) e interpreta – ou abre – a Escritura (Lc 24,32) (Edwards, 2019, p. 902). Apesar das interessantes reflexões quanto aos olhos abertos, Edwards não faz nenhuma alusão ao Gênesis ou aos olhos abertos de Adão e Eva no Éden.

1.38 Samuel Pérez Millos

Em 2017, Samuel Pérez Millos publica sua obra intitulada *Lucas – Comentario exegético al texto griego del Nuevo Testamento* (Lucas – Comentário exegético ao texto grego do Novo Testamento). Nela, o referido autor registra que não se diz no texto de Emaús se eram dois homens ou um homem e uma mulher, de modo que tratar de estabelecê-lo é entrar no campo da mera hipótese, sem base bíblica alguma (Pérez Millos, 2017, p. 2497).

Os discípulos viam o peregrino, mas não reconheceram que era o próprio Jesus. Marcos dá uma chave a respeito deste fato quando diz que apareceu "de outra forma" (Mc 16,12). É possível que seja a manifestação própria do corpo de ressurreição, que não é o mesmo enterrado, mas outro transformado, conforme 1Cor 15,42-44. Também Madalena o confundiu com o jardineiro (Jo 20,15). Além disso, seus olhos estavam com o coração saturado com o fracasso proveniente da morte do Messias, que viera para estabelecer o reino prometido aos antepassados (Pérez Millos, 2017, p. 2501).

Depois do relato de Cléofas, Jesus responde já com dois vocativos fortes: "ὦ ἀνόητοι καὶ βραδεῖς τῇ καρδίᾳ/*ó insensatos e lentos de coração*", v. 25b. O primeiro, "ἀνόητοι/*insensatos*", pode ser traduzido também como "néscio, ignorante". O segundo, "βραδεῖς τῇ καρδίᾳ/*lentos de coração*", expressa a ideia de um coração duro, incapaz de entender. Ignoravam as Escrituras, sobretudo quanto aos sofrimentos do Messias. A palavra faz do simples, sábio (Sl 19,8), mas para isso deve ser aceita sem nenhuma reserva. Eles acreditavam, mas não "em tudo o que disseram os profetas", v. 25b (Pérez Millos, 2017, p. 2513).

Pérez Millos sugere que, se reconheceram Jesus ao partir o pão, foi porque puderam ver as marcas das mãos ou os pulsos perfurados. As mãos de Jesus estavam ocultas sob as vestes durante a viagem; os discípulos centraram sua atenção na pessoa, nas suas palavras e seu rosto. Logo ao estender as mãos, as marcas dos cravos ficaram visíveis e eles discerniram que realmente era o Senhor (Pérez Millos, 2017, p. 2524).

> A grande necessidade nossa é descobrir continuamente a presença de Jesus no caminho de nossa vida. Caminhar junto a ele no diálogo natural com quem nos conduz à Palavra, porque ele mesmo é Palavra, verdade e vida. Jesus é, muitas vezes, o grande desconhecido para os cristãos (Pérez Millos, 2017, p. 2529).

Pérez Millos trata do tema do caminho, da Palavra que esclarece os discípulos e do reconhecimento deles na fração do pão, como os demais autores; mas não faz referência alguma ao Éden, tampouco ao relato da queda original narrada no Gênesis.

1.39 Santi Grasso

Em 2019, Santi Grasso publica sua obra *Il Vangelo di Luca*, na qual qualifica o episódio de Emaús como uma "pérola de arte narrativa exclusivamente lucana" (Grasso, 2019, p. 880), de modo que nele se vê um duplo movimento de partida de Jerusalém e de retorno à cidade; na primeira parte, vêm registradas separação e divisão, afastamento do lugar de morte que produziu tristeza; na segunda parte, a situação se inverte quando Jesus toma o comando das ações: explica-lhes os eventos à luz das Escrituras e parte com eles o pão. Voltam, então, à comunidade dos fiéis para receber o anúncio pascal e narrar sua experiência. Todo o relato é perpassado pela tensão que surge quando não reconhecem o peregrino que os acompanha, até que, ao final, ele se identifique (Grasso, 2019, p. 880).

Jerusalém deveria ser a cidade de Messias, onde Jesus seria revelado; mas tornou-se o local da sua perseguição e morte. Não faz mais sentido para os discípulos continuarem ali; ir embora significa voltar à vida de antes. Fazem o percurso inverso ao de Jesus, numa viagem sob o sinal da "antissequela" (Grasso, 2019, p. 883).

Quando Jesus se aproxima, não o reconhecem; em Lucas, os olhos são ligados à capacidade de ver na fé (Lc 4,20; 6,20.41-42; 16,23; 18,13), com frequência associados à experiência salvífica: "meus olhos viram vossa salvação" (Lc 2,30; 19,42); "felizes os olhos que veem o que vós vedes" (Lc 10,23). São também o reflexo da condição existencial ou espiritual da pessoa: "A lâmpada do corpo é o teu olho; se o teu olho for são, todo o teu corpo é iluminado; se for mau, também teu corpo será tenebroso" (Lc 11,34). Os verbos "κρατέω/*estar impedido*", na forma média, e "ἐπιγινώσκω/*conhecer completamente, reconhecer*", mostram que o evangelista escolheu uma expressão que ilustrasse um processo de identificação. Este último verbo aparece seis vezes no Evangelho segundo Lucas e treze vezes nos Atos, mas sempre em sentido positivo, para indicar conhecimento ou reconhecimento (como em Lc 1,4); a exceção é precisamente este relato de Emaús, no qual os discípulos não reconhecem o ressuscitado (Grasso, 2019, p. 883-884).

Poderia soar estranho que os discípulos não tenham conseguido reconhecer Jesus no rosto daquele desconhecido. Mas este reconhecimento pendente é extremamente relevante para o propósito do relato, tornando-se paradigmático. A sequência da narração fornece as motivações dessa falta de reconhecimento, ao que parece incongruente, e que poderia levar os leitores a supor que o corpo ressuscitado teria características diversas do Jesus terreno. O processo de conhecimento do relato, além de apresentar uma técnica segundo a qual os leitores sabem o que os personagens ainda ignoram, tem, na realidade, uma função teológica. Não basta ter olhos para reconhecer Jesus; os discípulos não estão em condições de fazê-lo porque ainda não entraram na perspectiva da ressurreição. Presos ainda a uma lógica de morte, não conseguem, apesar do anúncio das mulheres, acreditar que ele está vivo (Grasso, 2019, p. 884).

A narrativa de Cléofas a respeito da morte e do sepultamento de Jesus, nos v. 21-24, aparece aos discípulos como a contradição de suas esperanças de libertação. Por isso não reconhecem Jesus; exibem uma falsa esperança, procuram um Messias glorioso e conquistador. Somente a morte na cruz pode purificar esse falso sonho patriótico, que esvaziaria a experiência religiosa em uma ideologia e veria a história como se fosse absoluta. Os três dias passados, se, por um lado, indicam o tempo em que o espírito deixa em definitivo o corpo, por outro, aludem ao anúncio da Paixão, morte e ressurreição, com base na profecia de Oseias que proclama a imediata ação revitalizante de Deus com essa expressão "terceiro dia" (Os 6,2). Há aqui uma ironia: falam do corpo de Jesus irreversivelmente sem vida, mas, de maneira irrefletida, aludem à sua ressurreição que se deu no terceiro dia (Grasso, 2019, p. 886).

Terminado o discurso de Cléofas, o desconhecido passa à comunicação, e começa com uma reprovação. Ele denuncia sua incapacidade de reconhecer a ação de Deus, de interpretar a palavra dos profetas. No terceiro anúncio da Paixão, Jesus vai a Jerusalém para cumprir sua missão como foi predito pelos profetas (Lc 18,31). Com uma interrogação ("Não era necessário...?"), v. 26ab, Jesus refere sua sorte dramática e dolorosa que corresponde não tanto ao plano divino, mas a projetos humanos que são transformados por Deus em ocasião de vida e ressurreição. Sua morte não é aniquilamento, mas o trampolim para sua exaltação (Grasso, 2019, p. 888).

Enquanto para os discípulos que abandonam Jerusalém Jesus é profeta poderoso em palavras e obras (v. 19c), para o peregrino anônimo, ele é o Cristo (v. 26a); é o apelativo que melhor interpreta sua missão. Tal é a principal razão de sua acusação pelos chefes dos judeus (Lc 23,2), conteúdo da zombaria na cruz, até mesmo de um dos malfeitores (Lc 23,35.39), de modo que o título de Cristo é autoatribuído por Jesus por ser o que melhor descreve seu destino de morto e ressuscitado (Grasso, 2019, p. 889).

O desconhecido começa a interpretar as Escrituras, como depois fará a Igreja primitiva nos Atos dos Apóstolos, recorrendo ao Antigo Testamento para reconhecer ali Jesus como o Cristo. Assim, se a Escritura serve para interpretar o evento Cristo, por outro lado é a vida de Jesus que orienta a leitura das Escrituras (Grasso, 2019, p. 889).

Ao chegar a Emaús, o convite insistente dos discípulos para que o peregrino permanecesse com eles, já que a noite se aproximava, torna-se uma invocação paradigmática da comunidade dos discípulos, que constantemente faz apelo à presença do ressuscitado (Grasso, 2019, p. 889).

À mesa, no contexto de convívio fraterno e de fração do pão, os discípulos se tornam aptos a abrir os olhos e reconhecer o companheiro de caminhada. O verbo "διανοίγω/*abrir*", no v. 31a, e que retorna no v. 32d, é usado para indicar o ato de compreensão que acompanha os termos "mente" (Lc 24,45) e "coração" (At 16,14), e tem valor de revelação, sobretudo em relação às Escrituras. Mas no exato momento do reconhecimento, Jesus se torna invisível. A descrição indica como sua presença se torna perceptível na fé dos que reconhecem a realidade invisível do ressuscitado (Grasso, 2019, p. 891).

Os discípulos voltam a conversar entre si, mas a relação entre eles mudou; se antes estavam divididos ("discutiam", v. 15a), agora partilham sua experiência. Seu coração ardia, como no Sl 39,4. De fato, antes de abrir-lhes os olhos (v. 31a), Jesus lhes abre as Escrituras (v. 32d). O verbo "διανοίγω/*abrir*" significa que algo obscuro ou incompreensível é aclarado: neste caso, a palavra de Deus que prenuncia a salvação da morte do messias (Grasso, 2019, p. 891).

A volta a Jerusalém marca a mudança de direção, típica em Lucas (Lc 1,56), mas também a transformação existencial: se o afastamento de Jerusalém significava a antissequela, o retorno sublinha o seguimento, mas agora do ressuscitado. É no reencontro com os discípulos que os dois peregrinos de Emaús recebem a confirmação da ressurreição do Senhor. A plena consciência dessa ressurreição vem unicamente do encontro e do confronto com a comunidade. Somente depois de receber o anúncio pascal é que os discípulos estão em condições de interpretar ("ἐξηγέομαι/*interpretar*", v. 35a) as ações do ressuscitado (Grasso, 2019, p. 893).

A análise de Grasso acerca de Emaús é ampla e minuciosa, uma vez que aporta interessantes reflexões, em diversos aspectos, como os olhos impedidos e a dificuldade de reconhecer o Senhor, ou o contraste entre os discursos de Cléofas e de Jesus, mas não traz qualquer menção ao Éden ou mesmo ao Gênesis.

1.40 Josep Boira Sales

Em 2020 é publicada em espanhol a obra *Comenzando desde Moisés – la obra de Lucas y el Antiguo Testamento* (*Começando de Moisés – a obra de Lucas e o Antigo Testamento*), editada por N.F. Zaragoza e por L.S. Navarro. A obra conta com diversos artigos, um dos quais é "Jerusalém no Evangelho de Lucas", de Josep Boira Sales.

Em seu artigo, Boira Sales comenta alguns textos, o último dos quais é precisamente o dos discípulos de Emaús. Na linha de outros autores, Boira Sales vê um paralelismo com a primeira peregrinação de Jesus adolescente à cidade santa: naquela ocasião, Maria e José, depois de um dia de caminhada de regresso, tiveram de voltar a Jerusalém à procura do filho. Mas se trata de um paralelismo antagônico: para os pais, o regresso a Jerusalém foi doloroso, mas para os discípulos de Emaús foi fonte de alegria (Boira Sales, 2020, p. 50).

> Jerusalém tem em toda obra lucana este papel paradoxal: sofrimento e alegria, condenação e bênção. No fundo, Jerusalém se parece com Jesus, é a cidade santa, que como Jesus, com palavras do ancião Simeão, 'foi posta para que muitos em Israel caiam e se levantem; e será como um sinal de contradição' (Lc 2,34) (Boira Sales, 2020, p. 50-51).

Levando em conta que o tema de seu artigo é a cidade de Jerusalém, em diversas passagens lucanas o autor não aprofunda a temática dos olhos que se abrem na fração do pão em Emaús, tampouco faz nenhuma menção ao Gênesis.

1.41 Benedito Antônio Bueno Almeida

Também em 2020, Benedito Antônio Bueno Almeida apresenta, na PUC-SP, sua dissertação de mestrado com o título *Caminho da fé pascal*, na qual estuda a perícope dos discípulos de Emaús segundo o método da pragmalinguística. No primeiro capítulo, desenvolve em demasia o tema do caminho desde o Antigo Testamento. Sua análise começa com o Êxodo, quando os hebreus são libertados da opressão no Egito e partem, ao longo do deserto, para a terra prometida, sob a liderança de Moisés. Depois trata também da volta do exílio na Babilônia, grande maravilha de Deus em favor do povo eleito (Almeida, 2020, p. 19-41).

Em seu trabalho, Almeida arrola interessantes reflexões a partir do relato de Emaús, no qual vê um texto atual e comovente, através das gerações, para todo cristão, convidado a identificar-se como aquele que caminha junto a Cléofas, disposto a ouvir as explicações do Senhor (Almeida, 2020, p. 100-101). Enfatiza o retorno dos discípulos a Jerusalém, para partilhar a experiência que viveram, e que foi ocasião para receberem o anúncio confirmatório de que Jesus ressuscitou e apareceu a Simão (Almeida, 2020, p. 102-104). A partir daí, tira conclusões pastorais acerca da importância da ação evangelizadora do fiel na condição de discípulo-missionário e acerca do conceito de "Igreja em saída", conforme a exortação apostólica *Evangelii Gaudium* (A alegria do Evangelho), do Papa Francisco (Almeida, 2020, p. 104-110).

Apesar da sua extensa análise a respeito do motivo do caminho no Antigo Testamento, sobretudo no Êxodo pelo deserto e na volta do exílio da Babilônia, Almeida não tece nenhuma consideração quanto ao Gênesis ou ao jardim do Éden em sua dissertação.

1.42 Harold A. Laurence V

Ainda em 2020, Harold A. Laurence V publicou sua tese apresentada na Seattle Pacific University, nos Estados Unidos, tendo por objeto formal a diálogo entre fé e ciência, e como objeto material a perícope dos discípulos de Emaús, em Lc 24,13-35. Apesar de não ser o foco de sua pesquisa, o autor trata do tema da criação e reconhece afinidades entre os primeiros livros da Escritura, a saber, o Gênesis e o Êxodo, e os dois volumes da obra lucana, Evangelho de Lucas e Atos dos Apóstolos, os quais retratam, então, a nova criação (Laurence, 2020, p. 78).

O autor arrola as seguintes correspondências:

• Em Lc 24, descobre-se o túmulo vazio "no alvorecer do primeiro dia da semana", em relação com a criação da luz no primeiro dia.

• O encontro de Emaús também se dá no primeiro dia. Quando Jesus oferece pão aos discípulos, "seus olhos se abrem", e reconhecem que era Jesus quem estava com eles, revertendo a maldição do primeiro homem e da primeira mulher no jardim. Ademais, tal perspectiva talvez seja o melhor argumento para sustentar que a companhia de Cléofas seja sua esposa. Quando Jesus aparece ao grupo, promete-lhes que serão "revestidos" com a "força do Alto", revertendo o dano aos animais mortos para vestir Adão e Eva.

• Em At 2, o Espírito Santo desce sobre os apóstolos e une temporariamente as línguas dos homens, revertendo a maldição da Torre de Babel.

• Também em At 2, três mil pessoas de todo o mundo foram batizadas, e recebem a vida no nome de Jesus, revertendo a maldição das águas do dilúvio. Em At 1,5, Jesus dissera que a vinda do Espírito Santo seria um batismo.

• Em At 10, Pedro tem uma visão de um lençol vindo do céu trazendo todas as espécies de animais impuros, especificando de que modo ele seria uma bênção para as nações. Essa visão tem paralelos com a visão de Abraão, a qual antecipava uma bênção global; nota-se uma conexão entre a promessa de Jesus a Simão Pedro, "sobre esta pedra edificarei a minha Igreja", e a promessa a Abraão, de ser o princípio do povo de Deus.

• Em At 15, o concílio dos apóstolos estabelece para os fiéis não judeus uma lei, que o texto conecta diretamente com Moisés, recordando que a Torá ainda era lida nas sinagogas em todo lugar. A decisão de não perturbar os fiéis gentios com a lei mosaica é uma reversão (embora também uma reafirmação) da entrega da Lei no monte Sinai.

• Em At 7, e em outras ocasiões mais breves, os personagens de Lucas narram uma síntese do Antigo Testamento, de modo que asseguram que os leitores estão preparados para identificar relações intertextuais e analogias entre o Antigo Testamento e os eventos de Lucas e dos Atos (Laurence, 2020, p. 79).

Laurence nota também que Lc 24, incluindo o episódio de Emaús, utiliza linguagens e conceitos de Gn 1-3 para estabelecer uma narração paralela à história da criação (Laurence, 2020, p. 80). Sobressaem os seguintes aspectos:

• No começo, está o amanhecer do primeiro dia da semana, e no final, é no entardecer que os peregrinos terminam o caminho.

• O ressurgimento de Jesus do túmulo ecoa a criação do homem a partir do solo. Lucas trabalha a palavra "solo" em Lc 24,5, com as mulheres que olhavam para o chão. Trata-se também de uma clara reversão da advertência de Deus de que, no "dia" em que o homem comesse da árvore, ele "morreria".

• Os discípulos não acreditam nas mulheres, mas deveriam acreditar, na direção oposta da narrativa de Gn 3. Na nova criação, o testemunho das mulheres é fidedigno.

• É clássica a descrição de Jesus como a árvore da vida, cujo fruto (o pão) pode abrir os olhos dos discípulos. É o seu Senhor que reconhecem, e não sua própria nudez. Como Deus diz no Gênesis: comer da árvore da vida assegura vida para sempre.

• A fração do pão, tão próxima à última ceia, aponta para o corpo de Jesus sendo partido. Em contraste com João, no qual Jesus mostra aos discípulos as mãos e o lado, em Lucas Jesus comprova sua identidade mostrando-lhes as mãos e os pés. Por aí se vê a conexão com a profecia de Gn 3: o calcanhar de Jesus foi ferido.

- A profecia de Jesus quanto à proclamação do perdão dos pecados para o mundo inteiro ecoa o mandamento de Deus: "sede fecundos, multiplicai-vos, submetei a terra e dominai-a", especialmente à luz de como os primeiros cristãos viam seu papel como coerdeiros com Cristo.
- As palavras finais de Jesus em Lc 24,49 são uma inversão direta do fim de Gênesis 3. A promessa de Deus é uma boa promessa e se cumprirá logo, ao contrário daquelas proclamações de Deus em Gn 3. Jesus não condena os discípulos, mas ao invés disso diz a eles que permaneçam (note-se o contraste com o exílio) e sejam revestidos com a força. O revestir-se é agora um sinal da força de Deus, não da fraqueza humana, como foi em Gn 3 (Laurence, 2020, p. 80-81).

Como se vê, as recentes reflexões de Laurence se aproximam das propostas do presente estudo na medida em que assinalam as afinidades entre o Gênesis e o desfecho do Evangelho de Lucas. O autor nota, como visto, a alusão de Lc 24,31 aos olhos que se abrem em Gn 3,7 e reconhece o contraste entre as consequências: Adão e Eva veem sua nudez, Cléofas e sua companhia veem seu Senhor. Os primeiros pais têm os olhos abertos para "o bem e o mal", já os discípulos de Emaús os abriram para reconhecer Jesus em meio ao mal que o cercava (Lc 24,26). O autor entende também que tal aproximação reforça a teoria de que a companhia de Cléofas fosse sua esposa. O encontro na estrada de Emaús narra o reinício da narrativa da criação (Laurence, 2020, p. 81).

Aquilo de que ele não trata, porém, até porque não é seu objetivo, é a coesão entre o fim do relato do Éden e início do relato de Emaús; em ambos os episódios, os dois se afastam tristes e desanimados, de modo que o segundo relato retoma o primeiro; o autor também não faz menção ao convite dos dois peregrinos de Emaús para que Jesus entrasse e permanecesse com eles, iniciativa que reverte o escondimento do primitivo casal logo após sua desobediência.

No foco de sua tese está o diálogo entre fé e ciência, com destaque para a teoria da evolução de Darwin. A partir da interpretação de Jesus a Cléofas (Laurence, 2020, p. 114-118), Laurence demonstra com sagacidade que as descobertas científicas não põem em xeque os dados da fé, mas devem ser avaliadas à luz das Escrituras. Jesus não contestou os fatos narrados por Cléofas, mas ampliou-lhes o alcance com base em Moisés e nos profetas. Assim também, quando qualquer conhecimento científico parece desafiar ou contestar os dados da fé, a avaliação apropriada, a fim de afastar a suposta oposição, deve ser feita a partir das Escrituras, e não de outra fonte de informação, seja ela qual for, pois é a partir dos textos sagrados que Deus se revela (Laurence, 2020, p. 118-127).

1.43 Isaac Moreno Sanz

Em 2021, Isaac Moreno Sanz publica a obra *Jesús y Moisés en diálogo – significado y función de la figura de Moisés en la obra lucana* (Jesus e Moisés em diálogo – significado e função da figura de Moisés na obra lucana). Moreno Sanz destaca um aspecto interessante do caminho de Emaús: a situação de privilégio do leitor, que já conhece Jesus, ao passo que os discípulos ainda o ignoram (Lc 24,15-16), muda no v. 27 na medida em que os discípulos têm o privilégio de ouvir a interpretação de toda a Escritura feita por Jesus, e tal explicação é desconhecida para o leitor. O que este conhece é a coerência e a continuidade da história da salvação (Moreno Sanz, 2021, p. 197). O tema prosseguirá no livro dos Atos, que narra "a continuidade entre as Escrituras de Israel, Jesus Messias-Ressuscitado e seus discípulos" (Moreno Sanz, 2021, p. 198).

Como outros autores, Moreno Sanz ressalta que a reprovação de Jesus, nos v. 25-27, não provoca distanciamento, mas sim hospitalidade e proximidade. E o verbo "ἐγγίζω/*aproximar-se*", no v. 28, já presente no v. 15 quanto a Jesus ("aproximou-se"), contribui para sublinhar a importância de estar juntos (Moreno Sanz, 2021, p. 198).

A fração do pão, em correspondência com a última ceia, com a multiplicação dos pães e outros textos (Nm 11,21-23; 2Rs 4,42-44), confirma que realmente houve uma vitória: Jesus ressuscitado, o Vivente, convida a compartilhar sua vida (Moreno Sanz, 2021, p. 198).

No que tange aos olhos que se abrem, Moreno Sanz entende que o gesto (de partir o pão) não é a causa do reconhecimento, mas a ocasião. Destaca-se a ação divina, e o verbo "διηνοίχθησαν/*abriram-se*" (v. 31) comporta um passivo teológico: como a incapacidade dos discípulos para ver, no início do relato (v. 16), foi obra de Deus, assim o seu reconhecimento, ao final, é também obra de Deus. Quando os olhos se abrem, tal abertura é total, como a incompreensão era total e a explicação também foi total. Abre-se a inteligência e também o coração: antes insensatos e lentos para crer (v. 25), agora estão ardentes (v. 32) (Moreno Sanz, 2021, p. 198-199).

Não há nenhuma referência aos olhos que se abrem no relato da queda original; mas a noção de que em Emaús os olhos se abrem por completo pode ajudar a refletir acerca do que teriam sido os olhos abertos no relato das origens.

1.44 José Luis Sicre

Também em 2021, José Luis Sicre publica a obra *El Evangelio de Lucas – una imagen distinta de Jesús* (O Evangelho de Lucas – uma imagem distinta de Jesus).

Sicre destaca a extensão do relato de Emaús, exclusivamente lucano, com seus 23 versículos, e suas qualidades literárias: "É um relato simples, direto, com uma mescla de humor e ironia em certo momento, um exórdio politicamente incorreto na boca de Jesus, um toque dramático e um final surpreendente" (Sicre, 2021, p. 518).

Quanto aos caminhantes, Sicre nota que, a partir do século XX, alguns autores pensam que o peregrino anônimo seria a mulher de Cléofas, o que é coerente na medida em que se entende que ambos caminhavam para sua casa. Mais importante é a motivação para marcharem: a desilusão com aquele que esperavam ser o libertador de Israel (Sicre, 2021, p. 518).

Quanto à catequese de Jesus, nos v. 25-27, Sicre se dispõe a propor uma resposta baseada precisamente nas obras lucanas, Evangelho e Atos. Apresenta citações da Torá, dos primeiros profetas e dos profetas posteriores, e dos demais escritos (Salmos e Daniel). Ao final, recapitula os textos principais tomando como limite o tema do sofrimento do Messias para entrar na glória: Is 53 e Sl 22 para a necessidade de padecer, Sl 16 para a ressurreição, e Sl 110 e Sl 118 para a glorificação (Sicre, 2021, p. 524-525).

Quando chega o momento da ceia à mesa, Sicre destaca dois mistérios: primeiro, como não reconheceram Jesus no caminho; agora, o oposto: como o reconhecem na fração do pão. Parecem chegar à sua casa, pois não se diz que o local era uma hospedagem. Jesus não é o anfitrião, mas age como um pai de família e procede à bênção; terá sido este gesto de autoridade, reflete Sicre, que abre os olhos aos peregrinos? "É um mistério que essa simples ação provoque o que não conseguiram as explicações durante o caminho" (Sicre, 2021, p. 525-526).

Apesar da interessante contribuição quanto aos discípulos de Emaús serem um casal, Sicre não faz nenhuma alusão ao Éden, ao primitivo casal, ou à queda original.

1.45 Tiago João Martins Costa

Ainda em 2021, Tiago João Martins Costa publica sua dissertação de mestrado em teologia pela Universidade Católica Portuguesa, com o título Emaús: *A idolatria dos discípulos, a distância salutar e a pedagogia de Jesus*. O objeto material é a perícope dos discípulos de Emaús, e o objeto formal é uma provocativa reflexão a respeito da pedagogia de Jesus para afastar a falsa imagem que os discípulos construíram dele, a fim de se converterem de fato e abraçarem a fé verdadeira.

Nesse sentido, o autor considera como o discurso de Cléofas mostra que suas expectativas acerca de Jesus eram errôneas, por isso foram frustradas e levaram à fuga. O Senhor corrige a percepção idolátrica dos discípulos; com efeito, eles tinham em Jesus a imagem de um ídolo (Costa, 2021, p. 39-44). A devida distância é então necessária para que o relacionamento com Jesus seja saudável e seu reconhecimento ocorra da maneira devida, não como um ídolo, mas como o Senhor ressuscitado (Costa, 2021, p. 44-48). Na sequência, o autor discorre a respeito de como a pedagogia da Igreja deve seguir a pedagogia do próprio Jesus (Costa, 2021, p. 53-73).

Ao tratar de algumas intertextualidades, o autor descreve um paralelismo antitético entre a refeição em Emaús e o primeiro alimento que os humanos ingerem, conforme narrado em Gn 3,6. Referindo-se às reflexões de Wright, o autor registra que, ao comerem do fruto proibido, Adão e Eva adquirem um conhecimento novo, efeito de sua transgressão, e se sentem nus e envergonhados de sua condição (Gn 3,7). Já à mesa em Emaús, acontece a nova criação com Cléofas e seu companheiro: "A verdadeira comida é aquela que foi dada por Jesus aos discípulos, para sempre saciados" (Costa, 2021, p. 31).

Como se vê, o autor reconhece a alusão a Gn 3,7 em Lc 24,31, e descreve a antítese entre tais refeições, mas apenas retoma as contribuições de autores anteriores, nomeadamente de Wright, e não chega a aprofundar o aspecto dos olhos que se abrem de modo novo em Emaús.

1.46 Avaliação final

Chegando ao final dos comentários dos autores, convém elaborar um relatório acerca da pesquisa desenvolvida, a fim de observar eventuais linhas de aprofundamento da exegese, reconhecer as principais tendências dos autores, e avaliar a influência de uns sobre os outros, especialmente no que diz respeito ao tema do presente estudo.

De início, nota-se que o episódio de Emaús, no qual alguns autores veem uma síntese da catequese primitiva (Chenu, 2005, p. 39) e de todo o Evangelho (Correia, 2013, p. 15), despertou interesse e gerou apreço desde os primeiros séculos da fé cristã. Apesar disso, dentre os Padres da Igreja, apenas Leão Magno faz alusão à queda original nos olhos que se abrem em Emaús (Magnus, 1849, p. 335). Tal referência não aparece nos escritos escolásticos, nomeadamente em Tomás de Aquino, tampouco nos comentários dos reformadores. Com efeito, será apenas na segunda metade do século XX que tal alusão será percebida e mencionada com mais clareza.

Pela riqueza do texto, os comentários dos autores variam quanto à ênfase, uma vez que destacam um ou outro aspecto. Alguns notam a semelhança estilística, narrativa e literária entre o relato de Emaús e outros textos lucanos, mormente o batismo do eunuco etíope, em At 8,26-40 (L'Eplattenier, 1993, p. 258-259;

Robinson, 1984, p. 483; Correia, 2001, p. 380-382; García, 2012, p. 676-677), e o reencontro do menino Jesus no Templo aos doze anos, em Lc 2,41-52 (Rossé, 1992, p. 1018-1020; Wright, 2013, p. 895; Sales, 2020, p. 50-51), dentre outros (Chenu, 2005, p. 37-41). Tais semelhanças serão desenvolvidas à frente, no capítulo acerca dos dados formais do texto, quando se tratar do estilo literário de Lucas.

No que se refere ao relato de Emaús propriamente, diversos autores destacam a importância do caminho, que aponta para a vida cotidiana de cada fiel (Radermakers; Bossuyt, 1983, p. 471; Robinson, 1984, p. 482; Fitzmyer, 2006, p. 577; Rossé, 1992, p. 1015-1018; Brown, 2012, p. 370; Chenu, 2005, p. 96-97; Pérez Millos, 2017, p. 2529; Almeida, 2020, p. 19-41), mas também para a necessidade de esclarecimento e de conversão (Meynet, 1994, p. 694; Correia, 2013, p. 368-372). Muitos ressaltam o fato de os discípulos não reconhecerem o seu Senhor, e para esses olhos impedidos de vê-lo as explicações são diversas e até mesmo antagônicas. Para alguns, a culpa é dos discípulos (Correia, 2013, p. 119; 190); outros, apoiando-se no texto de Marcos (Mc 16,12), entendem que o Senhor se apresentou "de forma diferente" (Pérez Millos, 2017, p. 2501); outros ainda atribuem a falta de reconhecimento a Satanás (Tomás de Aquino, 2020, p. 679; Nolland, 1993, p. 1201); mas a maciça maioria, pelo contrário, entende que estavam impedidos por uma ação divina, até o momento oportuno (Lagrange, 1948, p. 602-603; Rienecker, 2005, p. 469; Robinson, 1984, p. 484; Fitzmyer, 2006, p. 584; Chenu, 2005, p. 47; Bucur, 2014, p. 687; Edwards, 2019, p. 893; Moreno Sanz, 2021, p. 198-199). Também há quem reflita a respeito da repreensão do Senhor aos dois: são insensatos e lentos de coração porque creram em algumas coisas que disseram os profetas, mas descuraram outras (Lenski, 1955, p. 1187-1188; Meynet, 1994, p. 694-695; Barreiro, 2001, p. 38).

Quanto à companhia de Cléofas, a maioria dos autores prefere não aprofundar o tema (Edwards, 2019, p. 895; Pérez Millos, 2017, p. 2497), mas alguns trazem um ou outro comentário. Lenski menciona que poderia ser Tiago Menor, e, assim, pai e filho estariam voltando para a casa (Lenski, 1955, p. 1183). Outros reconhecem que pode ser a sua esposa (Wright, 2013, p. 897; Mazzarolo, 2013, p. 291; Sicre, 2021, p. 518). Nessa direção, Bovon destaca que é do gosto de Lucas apresentar juntos um homem e uma mulher (Lc 1,5-38; 15,3-10), o que é um indício de que a companhia de Cléofas seria mesmo sua esposa (Bovon, 2012, p. 370). Vale notar que razoável número de autores, mesmo sem evidenciar que se trata de um casal, sustenta que os discípulos voltavam para sua casa (Hendriksen, 2003, p. 647; L'Eplattenier, 1993, p. 256; Edwards, 2019, p. 901), ou ao menos para a casa de um deles (Fitzmyer, 2006, p. 592). A identidade desse segundo discípulo, ainda que não explicitada no relato, tem importantes incidências no presente estudo na medida em que a alusão ao texto da queda, que defendemos, reforça a teoria de que a companhia de Cléofas fosse sua esposa: como a queda se deu com o primitivo casal, de modo semelhante, no relato que indica a restauração da humanidade, é também um casal que representa toda a raça humana reconciliada com Deus a partir de então.

Um tema importante e bastante abordado diz respeito às profecias que, a começar por Moisés, o Senhor teria recordado na sua interpretação aos dois discípulos. Alguns se dispõem a arrolar alguns textos específicos do Antigo Testamento (Lagrange, 1948, p. 607; Hendriksen, 2003, p. 653; Fitzmyer, 2006, p. 591; Sicre, 2021, p. 524-525), outros apontam para o livro dos Atos dos Apóstolos, que portará tais citações em diversas passagens (Robinson, 1984, p. 482; Brown, 2012, p. 370; Correia, 2001, p. 379; Grasso, 2019, p. 889; Moreno Sanz, 2021, p. 198). A maioria dos autores considera, porém, que a questão é especulativa, e entende que o mais importante é reconhecer Jesus Cristo morto e ressuscitado como chave de interpretação da totalidade das Escrituras (Stöger, 1974, p. 311; Morris, 1983, p. 318; L'Eplattenier, 1993, p. 254-255; Fitzmyer, 2006, p. 578; Craddock, 2002, p. 366-367; Rossé, 1992, p. 1027-1028; Chenu, 2005, p. 69; Bucur, 2014, p. 706; Edwards, 2019, p. 899).

Outro aspecto frequentemente comentado é o fato de Jesus ter feito menção de passar adiante. A maioria dos autores compreende que não houve fingimento nem simulação de Jesus; caso não fosse convidado a entrar, não entraria (Morris, 1983, p. 318; Hendriksen, 2003, p. 653). Há autores que ressaltam na ocasião a hospitalidade dos discípulos (Robinson, 1984, p. 485; Nolland, 1993, p. 1205; Chenu, 2005, p. 100-101), típica dos judeus (Edwards, 2019, p. 901) e que servirá de modelo para os cristãos (Correia, 2013, p. 263-348; 367-371). Parece-nos, porém, que há algo mais nesse detalhe: o convite dos discípulos a Jesus para entrar e permanecer tem implicações no presente estudo, na medida em que, assim como foi de Adão e Eva a iniciativa de se esconderem e de se afastarem do convívio com Deus, era fundamental que também fosse dos discípulos a iniciativa de reatar o convívio com o Senhor. Outros autores destacam o papel de anfitrião que o Senhor passa a exercer quando se senta à mesa (Lenski, 1955, p. 1191-1192; L'Eplattenier, 1993, p. 256; Robinson, 1984, p. 486; Fitzmyer, 2006, p. 592).

No que tange à fração do pão, tratada por praticamente todos os autores, há os que a identificam o rito com a eucaristia (Barreiro, 2001, p. 54-55); outros assinalam diferenças e não acolhem essa identificação (Robinson, 1984, p. 490-494), mas a maioria reconhece que o gestual do Senhor alude claramente ao sacramento celebrado pelas primeiras comunidades cristãs (Stöger, 1974, p. 313; Fitzmyer, 2006, p. 596; Brown, 2012, p. 370; Chenu, 2005, p. 109-111;

García, 2012, p. 678-679). Há consenso entre os autores de que o Senhor, na medida em que se torna invisível logo que é reconhecido, ensina aos discípulos e aos leitores de que maneira estará presente entre eles dali em diante (Lenski, 1955, p. 1192-1193; Barreiro, 2001, p. 53; Bucur, 2014, p. 702; Grasso, 2019, p. 891). E muitos destacam também a inversão da lógica ao final do relato: quando encontram os apóstolos, antes de anunciar que o Senhor vive, recebem a confirmação de que o Senhor ressuscitou e foi visto por Simão; preserva-se, assim, a primazia do anúncio dos apóstolos, e, em primeiro lugar, a Simão, como era próprio do querigma primitivo (Fitzmyer, 2006, p. 595; Correia, 2001, p. 362; Grasso, 2019, p. 893).

No que se refere mais precisamente ao tema de nosso trabalho, quanto aos olhos que se abrem há quem apresente argumentos mais concretos para o reconhecimento do Senhor. Alguns autores sugerem que talvez os discípulos tenham visto, no momento da partilha e da distribuição do pão, as marcas dos cravos nas mãos de Jesus (Morris, 1983, p. 319; Pérez Millos, 2017, p. 2524). Mas a maioria atribui tal reconhecimento às ações do Senhor, que recordam as refeições em comum e o seu ministério como um todo, bem como ao momento apropriado segundo a vontade de Deus para tal revelação (Fitzmyer; Chenu, 2006, p. 593; 2005, p. 101-102). Nesse sentido, Dillman e Mora Paz registram que o gesto de abrir os olhos equivale a predispor o homem a reconhecer a realidade divina, sem a qual estaria cego (Dillman; Mora Paz, 2006, p. 567). L'Eplattenier vê nessa abertura dos olhos o cumprimento da cura dos cegos prevista em Lc 4,18, e que se expandirá, na figura de Paulo em Atos dos Apóstolos, o qual, tendo seus olhos abertos (Lc 9,18), é enviado para abrir os olhos das nações (At 26,18) (L'Eplattenier, 1993, p. 256). De modo semelhante, Grasso registra que, em Lucas, a visão traduz a fé (Lc 4,20; 6,20.41-42; 16,23; 18,13), expressa a salvação (Lc 2,30; 19,42) (Grasso, 2019, p. 883-884). Para Moreno Sanz, o reconhecimento dos discípulos, ao final, é obra de Deus. Sua incompreensão era completa; mas diante da completa abertura das Escrituras empreendida pelo Senhor, seus olhos se abriram por completo, e assim também foram abertos sua inteligência e seu coração: eram insensatos e lentos de coração para crer (v. 25), e, por fim, têm o coração ardente (v. 32) (Moreno Sanz, 2021, p. 198-199). Quanto à alusão ao Gênesis propriamente dita, no entanto, é bem pequeno o número dos autores que a citam, ainda que brevemente, como se verá a seguir.

1.46.1 Alusões a Gn 3,7

Dentre as 45 obras arroladas no *Status Quaestionis* do presente estudo, apenas onze autores mencionam a alusão lucana a Gn 3,7 em Lc 24,31, a saber, em ordem cronológica: Leão Magno, Xavier Thévenot, Luke Timothy Johnson, Arthur

A. Just Jr., Bruno Chenu, Nicholas Thomas Wright, Dane Ortlund, João Alberto de Sousa Correia, Bogdan G. Bucur, Harold A. Laurence V e Tiago João Martins Costa. Ainda assim, alguns o fazem de maneira indireta, ou de modo discreto.

O primeiro que compara os olhos que se abrem em Emaús com os olhos que se abrem no Éden é Leão Magno no século V d.C., em um sermão a respeito da ascensão do Senhor no qual descreve e analisa a interação de Jesus com seus discípulos, logo depois de sua ressurreição e antes de sua ascensão (Magnus, 1849, p. 335). O autor nota a semelhança dos olhos abertos, mas ressalta a diferença marcante entre as consequências: a vergonha de Adão e Eva diante do próprio pecado e a felicidade de Cléofas e sua companhia diante da natureza humana glorificada em Cristo (Magnus, 1849, p. 335). A comparação, ainda que breve, é interessante e tem o mérito da originalidade, mas ficou sem aprofundamento posterior de outros autores.

Transcorridos vários séculos, apenas no século XX tal alusão será desenvolvida, por Thévenot, em artigo publicado em 1980 na revista francesa Mélange de Science Religieuse. Percebendo a semelhança entre as expressões usadas em Lc 24,31 e Gn 3,7, "διηνοίχθησαν οἱ ὀφθαλμοί/*seus olhos se abriram*", o autor vê o relato de Emaús como uma recriação, com uma estrutura inversa ao texto do pecado original. Ao inverter a lógica do Éden na qual Adão e Eva passaram da escuta de Deus à visão do fruto apetecível, em Emaús os discípulos passam da vontade de ver à alegria de escutar e crer. Não querem mais "ser como deuses" (Gn 3,5), mas reconhecem o Deus verdadeiro (Thévenot, 1980, p. 3). Antes incapazes de acreditar nas mulheres e na palavra dos anjos, porque a ele não viram, passam então a acreditar na explicação do Senhor e nas Escrituras, e, então, o reconhecem (Thévenot, 1980, p. 15). E, se o pecado levou à dissociação (Gn 3,12), o encontro com o ressuscitado os leva à comunhão com os companheiros, à comunicação da alegria reencontrada (Thévenot, 1980, p. 15). Thévenot apresenta reflexões originais e abre caminho para outros autores aprofundarem o tema.

Em 1991, Johnson afirma, em sua obra acerca do Evangelho de Lucas, que a frase "seus olhos se abriram" ecoa a linguagem bíblica a respeito de Adão e Eva em Gn 3,7, "seus olhos se abriram e reconheceram que estavam nus" (Johnson, 1991, p. 397), mas não vai além desse comentário.

Dois anos depois, em 1993, Just Jr. entende que os olhos abertos em Lucas não se restringem à visão física, mas se referem à compreensão escatológica da obra redentora de Cristo. Ele aponta o paralelo impressionante entre os olhos abertos no Éden, primeira expressão da humanidade decaída pela desobediência, e os olhos abertos em Emaús, quando expressam por primeiro a nova criação, restaurada no novo Adão, o Cristo morto e ressuscitado (Just Jr., 1993, p. 66-67). Just Jr.

sustenta que a refeição em Emaús reverte a primeira refeição do fruto proibido do paraíso. Os olhos abertos podem então reconhecer em Cristo a semente da mulher prometida em Gn 3,15 (Just Jr., 1993, p. 67). Como se vê, o autor avança um pouco nas reflexões quanto à referida alusão.

Passados dez anos, em 2003 Chenu faz referência, em sua obra sobre Emaús, à leitura psicanalítica de Thévenot, e menciona também, no comentário metódico dos versículos, a abertura dos olhos de Adão e Eva no jardim logo depois da queda original, quando se percebem nus, reconhecendo que tal passagem primordial é evocada no relato lucano (Chenu, 2005, p. 62). Assim, o autor enriquece um pouco mais a alusão ao Éden nos olhos abertos em Emaús, quando reconhecem o Senhor.

No mesmo ano de 2003, Wright traça uma marcante comparação: a primeira refeição da Bíblia leva Adão e Eva, que comeram do fruto proibido, a um conhecimento novo e indesejável, quando seus olhos se abrem e se veem nus. Em Emaús, Cléofas e sua companhia adquirem um conhecimento novo profundamente bem-vindo: reconhecem Jesus. Lucas descreve assim a redenção final, na qual finda o longo exílio da raça humana e surge a nova criação (Wright, 2013, p. 897-898).

Em 2010, em seu artigo "And their eyes were opened, and they knew", Ortlund reconhece de maneira nítida a alusão a Gn 3,7 em Lc 24,31, e desenvolve bastante o tema. Já no início do artigo, o autor manifesta sua admiração com o fato de que a maciça maioria dos autores não percebe a alusão, e os pouquíssimos que a notam tecem apenas breves comentários a seu respeito. Ortlund traça vários paralelos entre os textos: são dois interpelados por um ser sobrenatural que lhes fala e por fim lhes oferece alimento; quando o tomam, seus olhos se abrem e têm uma nova percepção espiritual; então, entendem algo que já lhes fora dito e não tinham compreendido até aquele momento, de modo que são fisicamente separados de Deus (Ortlund, 2010, p. 725).

Note-se que, ao final, Ortlund traça o seguinte paralelo: os pares são relocados fisicamente, na medida em que Adão e Eva deixam o local de residência de Deus, o jardim do Éden, e Cléofas e sua companhia voltam ao local de residência de Deus, Jerusalém (Ortlund, 2010, p. 725). Mas parece-nos que a comparação não deve ser a partir da conclusão dos dois relatos. Se o segundo é continuação e desfazimento do primeiro, devem, pois, estar em sequência, e a semelhança deve então ser encontrada entre o fim do primeiro relato e o início do segundo, como pretendemos demonstrar.

Ortlund aprofunda o tema dos olhos que se abrem e entende que, no Éden, a abertura dos olhos constituiu na verdade uma cegueira a partir da qual a humanidade se viu enredada em um contexto de escuridão, exílio e morte. Em Emaús, os olhos se abrem de verdade e para a verdade, e em Jesus vivo os discípulos reencontram a restauração, a esperança e a vida nova (Ortlund, 2010, p. 72).

Em 2013, Correia cita muito brevemente, em nota de rodapé, as reflexões de Thévenot, com as quais concorda no que tange à sua tese acerca da hospitalidade a partir do episódio de Emaús: o desencontro de Adão e Eva, quando seus olhos se abrem, é restaurado pelo encontro com Jesus, diante do qual os olhos dos discípulos se abrem para a redenção que o Senhor operou em favor da humanidade (Correia, 2013, p. 359-360).

Bucur, em artigo de 2014, vê afinidades estruturais entre o Éden e Emaús nas quais a incapacidade dos protagonistas é seguida pela abertura dos olhos; ele nota também semelhanças entre as ações anteriores de tomar e dar o alimento (Bucur, 2014, p. 699). Bucur também se admira da falta de paralelismo entre o início de ambos os relatos, já que Adão e Eva estão nus e não se envergonham, ao passo que os discípulos de Emaús não reconhecem o Senhor. Para tanto, elabora uma explicação, no sentido de que o casal primitivo estava, antes da queda, revestido da veste luminosa de glória, e foi só a partir do pecado original que ficaram nus (Bucur, 2014, p. 700). Parece-nos, entretanto, como já referimos, que tal afinidade ou semelhança deve ser percebida não entre os inícios de ambos os relatos, e sim entre o final do relato da queda e o início do episódio de Emaús em razão da continuidade entre os dois relatos, apesar da dilatada distância temporal.

Bucur elabora bem a distinção entre o alimento oferecido no Éden do modo errado, na hora errada e pelo fornecedor errado – a serpente –, e o alimento oferecido em Emaús do modo certo, na hora certa e pelo fornecedor certo – o próprio Senhor ressuscitado. As consequências serão, por óbvio, opostas, e, assim, Emaús configura a antítese do Éden, de modo que a ressurreição de Jesus desfaz o que dera errado nos primórdios (Bucur, 2014, p. 700-702).

Mais recentemente, já em 2020, em sua tese acerca do diálogo entre fé e razão, Laurence assinala afinidades da obra lucana (Lucas e Atos) com os primeiros livros da Escritura, o Gênesis e o Êxodo. Sustenta que, quando Jesus oferece o pão aos discípulos de Emaús, seus olhos se abrem, em referência aos olhos que se abriram no Éden. Assim, Jesus reverte a maldição dos primeiros pais no jardim; e tal alusão reforça a teoria de que a companhia de Cléofas fosse sua esposa (Laurence, 2020, p. 79).

E em 2021, Tiago João Martins Costa menciona as reflexões de Wright em sua dissertação e compara a primeira refeição de Adão e Eva, que os levou a perceber sua nudez, com a refeição de Emaús, imagem da nova criação e fonte de um conhecimento novo e feliz, na medida em que, na fração do pão, reconhecem o Senhor ressuscitado (Costa, 2021, p. 31).

Além dos autores referidos, há ainda uma aproximação que é digna de nota, apesar de não ser exatamente a respeito dos olhos que se abrem no Éden. É Bovon quem assinala uma interessante semelhança entre as primeiras palavras de Jesus ressuscitado: "O que discutis entre vós enquanto caminhais?" (Lc 24,17) e as primeiras palavras que Deus dirige a Adão logo após seus olhos se abrirem no Éden: "δαμ ποῦ ει;/*Adão, onde estás?*" (Gn 3,9). Do mesmo modo, a tristeza e o abatimento dos discípulos de Emaús também recordam a vergonha dos primeiros pais, que se escondem de Deus entre as árvores (Gn 3,8) (Bovon, 2012, p. 372).

Como se vê, a percepção da alusão a Gn 3,7 em Lc 24,31 é discreta, mas não ausente. O que fica patente é a conveniência de aprofundar tais reflexões, como é o objetivo deste trabalho, até mesmo com a pretensão de oferecer novas contribuições. Por exemplo, vê-se que alguns autores, sobretudo Ortlund e Bucur, admiram-se com a falta de paralelismo entre os inícios dos relatos nos quais se vê a expressão "seus olhos se abriram", ou seja, o episódio da queda no Éden e o de Emaús. Sustentamos, no entanto, que tal paralelo não deve ser buscado entre os inícios dos relatos, e nem entre o final deles. Pelo contrário, como o caso é de uma retomada ou continuação, a semelhança se nota entre o final do primeiro relato e o início do segundo. Essa reflexão não foi percebida entre os autores estudados, ou talvez o tenha sido apenas de maneira muito tímida[8]. As passagens devem ser comparadas não em estrito paralelo, mas em contraste, de modo espelhado, uma no início e outra ao final, ou em outras palavras, como balizas ou molduras, nos extremos da história da salvação.

Comparando o final do relato do Éden e o início do relato de Emaús, consequentemente se percebe melhor também uma outra semelhança, entre o início do relato do Éden e o final de Emaús. Com efeito, ao final da queda o primitivo casal é expulso do jardim e precisa recomeçar a vida sem nada; e no início do Emaús é o mesmo quadro que se vê nos discípulos abatidos voltando para casa sem esperança. Por outro lado, no início do relato do Éden, antes ainda da queda, o primitivo casal goza das delícias do jardim e desfruta do convívio com Deus; do mesmo modo, ao final de Emaús, o casal de discípulos recupera todas as esperanças ao reconhecer Jesus vivo, e com alegria e exultação volta ao convívio e amizade com Deus.

---

8. "O pecado é sempre originado a partir de uma incapacidade de suportar a decepção. [...] É por isso que um relato de recriação, como o de Emaús, não poderia partir senão de uma decepção" (Thévenot, 1980, p. 14, tradução nossa).

Outros dois aspectos, já comentados por alguns autores, mas que se veem reforçados pela alusão lucana a Gn 3,7, são a hipótese de que a companhia de Cléofas seja sua esposa, de modo que o paralelo com o primitivo casal se torna mais robusto, e o destaque à iniciativa dos discípulos de convidar o forasteiro a entrar na casa. Com efeito, já que no Éden a iniciativa do afastamento fora de Adão e Eva (Gn 3,8), era essencial que, em Emaús, fosse de Cléofas e de sua esposa a iniciativa da reaproximação e do retorno ao convívio com o Senhor (Lc 24,29), embora eles mesmos não tivessem ainda plena consciência de que, por meio do convite ao forasteiro, retomavam o convívio com o próprio Senhor. Tais temas serão abordados e aprofundados no decurso deste estudo.

Capítulo 2 | Segmentação, tradução e crítica textual de Lc 24,13-35

Neste capítulo, apresenta-se a delimitação, a segmentação e a tradução da perícope em estudo (Lc 24,13-35). Em seguida, procede-se à crítica textual, por meio da análise de algumas variantes, e se justifica a tradução de algumas palavras e expressões. Tais etapas preliminares são essenciais para a compreensão do texto, tanto no aspecto linguístico como também no âmbito teológico.

2.1 Segmentação e tradução de Lc 24,13-35

Καὶ ἰδοὺ δύο ἐξ αὐτῶν ἐν αὐτῇ τῇ ἡμέρᾳ ἦσαν πορευόμενοι εἰς κώμην ἀπέχουσαν σταδίους ἑξήκοντα ἀπὸ Ἰερουσαλήμ, ᾗ ὄνομα Ἐμμαοῦς,	13	E eis que dois deles nesse mesmo dia caminhavam para um lugarejo distante sessenta estádios de Jerusalém, cujo nome é Emaús,
καὶ αὐτοὶ ὡμίλουν πρὸς ἀλλήλους περὶ πάντων τῶν συμβεβηκότων τούτων.	14	e eles conversavam um com o outro sobre todos esses acontecimentos.
καὶ ἐγένετο ἐν τῷ ὁμιλεῖν αὐτοὺς	15a	E aconteceu que, enquanto conversavam
καὶ συζητεῖν	15b	e discutiam,
καὶ αὐτὸς Ἰησοῦς ἐγγίσας συνεπορεύετο αὐτοῖς,	15c	o próprio Jesus, tendo-se aproximado, caminhava com eles,
οἱ δὲ ὀφθαλμοὶ αὐτῶν ἐκρατοῦντο τοῦ μὴ ἐπιγνῶναι αὐτόν.	16	mas os seus olhos estavam impedidos de reconhecê-lo.
εἶπεν δὲ πρὸς αὐτούς·	17a	Então lhes perguntou:
τίνες οἱ λόγοι οὗτοι οὓς ἀντιβάλλετε πρὸς ἀλλήλους περιπατοῦντες;	17b	"O que discutis entre vós enquanto caminhais?"
καὶ ἐστάθησαν σκυθρωποί.	17c	E pararam entristecidos.

ἀποκριθεὶς δὲ εἷς ὀνόματι Κλεοπᾶς εἶπεν πρὸς αὐτόν·	18a	Um deles, chamado Cléofas, tendo respondido disse-lhe:
σὺ μόνος παροικεῖς Ἰερουσαλὴμ	18b	"És tu o único peregrino em Jerusalém
καὶ οὐκ ἔγνως τὰ γενόμενα ἐν αὐτῇ ἐν ταῖς ἡμέραις ταύταις;	18c	que não soubeste o que nela aconteceu nesses dias?"
καὶ εἶπεν αὐτοῖς· ποῖα;	19a	Disse-lhes: "O quê?"
οἱ δὲ εἶπαν αὐτῷ·	19b	Responderam-lhe:
τὰ περὶ Ἰησοῦ τοῦ Ναζαρηνοῦ, ὃς ἐγένετο ἀνὴρ προφήτης δυνατὸς ἐν ἔργῳ καὶ λόγῳ ἐναντίον τοῦ θεοῦ καὶ παντὸς τοῦ λαοῦ,	19c	"Sobre Jesus de Nazaré, que foi profeta poderoso em obras e palavras diante de Deus e de todo o povo;
ὅπως τε παρέδωκαν αὐτὸν οἱ ἀρχιερεῖς καὶ οἱ ἄρχοντες ἡμῶν εἰς κρίμα θανάτου	20a	como os nossos sumo sacerdotes e chefes o entregaram para ser condenado à morte
καὶ ἐσταύρωσαν αὐτόν.	20b	e o crucificaram.
ἡμεῖς δὲ ἠλπίζομεν	21a	Nós esperávamos
ὅτι αὐτός ἐστιν ὁ μέλλων λυτροῦσθαι τὸν Ἰσραήλ·	21b	que estivesse ele para redimir Israel,
ἀλλά γε καὶ σὺν πᾶσιν τούτοις τρίτην ταύτην ἡμέραν ἄγει	21c	mas com tudo isso este é o terceiro dia
ἀφ᾽ οὗ ταῦτα ἐγένετο.	21d	desde que isso aconteceu.
ἀλλὰ καὶ γυναῖκές τινες ἐξ ἡμῶν ἐξέστησαν ἡμᾶς, γενόμεναι ὀρθριναὶ ἐπὶ τὸ μνημεῖον,	22	Também algumas mulheres das nossas nos assustaram; tendo ido de manhã bem cedo ao túmulo,
καὶ μὴ εὑροῦσαι τὸ σῶμα αὐτοῦ ἦλθον	23a	e não tendo encontrado o corpo dele, vieram
λέγουσαι καὶ ὀπτασίαν ἀγγέλων ἑωρακέναι,	23b	dizendo que tiveram uma visão de anjos,
οἳ λέγουσιν αὐτὸν ζῆν.	23c	os quais dizem que ele vive.
καὶ ἀπῆλθόν τινες τῶν σὺν ἡμῖν ἐπὶ τὸ μνημεῖον	24a	Alguns dos nossos foram ao túmulo
καὶ εὗρον οὕτως	24b	e encontraram as coisas
καθὼς καὶ αἱ γυναῖκες εἶπον,	24c	como as mulheres disseram,
αὐτὸν δὲ οὐκ εἶδον.	24d	mas a ele não viram".
καὶ αὐτὸς εἶπεν πρὸς αὐτούς·	25a	Então ele lhes disse:

ὦ ἀνόητοι καὶ βραδεῖς τῇ καρδίᾳ τοῦ πιστεύειν ἐπὶ πᾶσιν οἷς ἐλάλησαν οἱ προφῆται·	25b	"Ó insensatos e lentos de coração para crer em tudo o que disseram os profetas!
οὐχὶ ταῦτα ἔδει παθεῖν τὸν χριστὸν	26a	Não era necessário o Cristo sofrer isso
καὶ εἰσελθεῖν εἰς τὴν δόξαν αὐτοῦ;	26b	para entrar na sua glória?"
καὶ ἀρξάμενος ἀπὸ Μωϋσέως καὶ ἀπὸ πάντων τῶν προφητῶν διερμήνευσεν αὐτοῖς ἐν πάσαις ταῖς γραφαῖς τὰ περὶ ἑαυτοῦ.	27	E tendo começado por Moisés e por todos os profetas, interpretou-lhes em todas as Escrituras o que dizia respeito a ele.
Καὶ ἤγγισαν εἰς τὴν κώμην	28a	E aproximaram-se do lugarejo
οὗ ἐπορεύοντο,	28b	para onde iam,
καὶ αὐτὸς προσεποιήσατο	28c	e ele fez menção
πορρώτερον πορεύεσθαι.	28d	de passar mais além.
καὶ παρεβιάσαντο αὐτὸν λέγοντες·	29a	Mas insistiram com ele dizendo:
μεῖνον μεθ᾽ ἡμῶν,	29b	"Permanece conosco,
ὅτι πρὸς ἑσπέραν ἐστὶν	29c	porque é tarde
καὶ κέκλικεν ἤδη ἡ ἡμέρα.	29d	e já declinou o dia".
καὶ εἰσῆλθεν τοῦ μεῖναι σὺν αὐτοῖς.	29e	E entrou para permanecer com eles.
καὶ ἐγένετο ἐν τῷ κατακλιθῆναι αὐτὸν μετ᾽ αὐτῶν	30a	E aconteceu que, ao sentar-se ele à mesa com eles,
λαβὼν τὸν ἄρτον εὐλόγησεν	30b	tendo tomado o pão, abençoou-o
καὶ κλάσας ἐπεδίδου αὐτοῖς,	30c	e, tendo-o partido, dava-lhes;
αὐτῶν δὲ διηνοίχθησαν οἱ ὀφθαλμοὶ	31a	então se abriram[9] os seus olhos
καὶ ἐπέγνωσαν αὐτόν·	31b	e o reconheceram.
καὶ αὐτὸς ἄφαντος ἐγένετο ἀπ᾽ αὐτῶν.	31c	E ele tornou-se invisível diante deles.
καὶ εἶπαν πρὸς ἀλλήλους·	32a	E disseram um ao outro:
οὐχὶ ἡ καρδία ἡμῶν καιομένη ἦν ἐν ἡμῖν	32b	"Não estava ardente em nós o nosso coração
ὡς ἐλάλει ἡμῖν ἐν τῇ ὁδῷ,	32c	enquanto nos falava no caminho,

---

9. O verbo διηνοίχθησαν, no indicativo aoristo, 3ª pessoa do plural, está na voz passiva; uma tradução possível seria, portanto, "foram abertos"; preferimos, porém, "(então) se abriram", conforme explicação em 2.3, Justificativas da tradução.

ὡς διήνοιγεν ἡμῖν τὰς γραφάς;	32d	enquanto nos abria as Escrituras?"
Καὶ ἀναστάντες αὐτῇ τῇ ὥρᾳ ὑπέστρεψαν εἰς Ἰερουσαλὴμ	33a	Nessa hora, tendo-se levantado, voltaram para Jerusalém
καὶ εὗρον ἠθροισμένους τοὺς ἕνδεκα καὶ τοὺς σὺν αὐτοῖς,	33b	e encontraram reunidos os Onze e os que estavam com eles,
λέγοντας ὅτι ὄντως ἠγέρθη ὁ κύριος	34a	que diziam: "De fato o Senhor ressuscitou
καὶ ὤφθη Σίμωνι.	34b	e foi visto por Simão.
καὶ αὐτοὶ ἐξηγοῦντο τὰ ἐν τῇ ὁδῷ	35a	E eles relatavam o ocorrido no caminho
καὶ ὡς ἐγνώσθη αὐτοῖς ἐν τῇ κλάσει τοῦ ἄρτου.	35b	e como fora reconhecido por eles na fração do pão.

2.2 Crítica textual[10]

No v. 13, a respeito da distância até Emaús, alguns testemunhos trazem "ἑκατὸν/cem, cento" antes de "ἐξήκοντα/sessenta", a saber, os unciais א, K, N, Θ, 079[vid], além de alguns lecionários e alguns manuscritos das versões Vulgata (Weber; Gryson, 2007, p. 1656) e siríaca Harklense. Mas a crítica externa inclina-se sem dificuldades em favor da palavra "ἐξήκοντα/sessenta", apenas, sem o acréscimo anterior "ἑκατὸν/cem, cento". Ademais, tal acréscimo configuraria uma distância de cento e sessenta estádios, quase impossível de percorrer duas vezes, ida e volta, no mesmo dia. Assim, a crítica interna confirma a crítica externa na opção pela variante "ἐξήκοντα/sessenta"[11].

No v. 19c, o título aplicado a Jesus por Cléofas é "Ναζαρηνοῦ/Nazareno", um genitivo referente à cidade de Nazaré. Mas um razoável número de testemunhos traz a variante "Ναζωραιου", a saber: A, D, K, N, P, W, Γ, Δ, Θ, Ψ, além de diversos outros manuscritos, inclusive o 33. Mas a atestação de "Ναζαρηνοῦ" é mais robusta, com testemunhos mais importantes e numerosos, como o 𝔓75, os códices א, B, L, 070, 079, dentre outros manuscritos e lecionários, razão pela qual esta leitura "Ναζαρηνοῦ/Nazareno" deve prevalecer.

---

10. Conforme Nestle-Aland (2012, p. 287-290).

11. Reece (1999, p. 262-266), nesse artigo breve, mas esclarecedor, comenta uma variante única bem distinta, a saber, "sete estádios" (stadia septem), de uma antiga versão do séc. IV ou V, Old Latin Codex Palatinus, e defende que o equívoco se deu em razão da incorporação de uma glosa com a medida latina, a milha (60 estádios = 7 milhas).

No v. 21a, a maciça maioria dos testemunhos traz o verbo "ἠλπίζομεν/*esperávamos*" no imperfeito do indicativo, e, portanto, os critérios da crítica externa não deixam muita dúvida quanto a essa opção. Uma das variantes, "ἐλπίζομεν", presente em alguns importantes manuscritos, como o Códice ℵ, pode ser fruto de equívoco auditivo, já que a pronúncia é a mesma de "ἠλπίζομεν". Já a variante "ηλπικαμεν" merece um pouco mais de atenção. Nesta variante, o verbo está no perfeito, tempo que combina o presente e o aoristo, denotando assim a "continuidade de uma ação completa" (Blass; Debrunner, 1961, § 340, p. 175). Assim, segundo tal variante, a ação dos discípulos de Emaús não estaria no imperfeito, "esperávamos" (como quem perdeu a esperança e não mais espera), mas sim no tempo perfeito, com sentido mais forte, algo como "pusemos/depositamos nele nossa esperança". De alguma maneira, continuaria a característica da esperança formada ou depositada (Blass; Debrunner, 1961, § 340, p. 175). No entanto, a crítica externa considera frágil essa variante, pois apesar de estar em um documento antigo e robusto, a saber, o 𝔓[75], a atestação é isolada. Prevalece, então, a opção pela variante "ἠλπίζομεν/*esperávamos*", de ampla atestação, segundo os critérios da crítica externa, e coerente com o relato, de acordo com a crítica interna.

Exatamente entre os segmentos v. 21c e v. 21d, um considerável número de testemunhos traz a palavra "σημερον/*hoje*". ("Mas com tudo isso *hoje* é o terceiro dia desde que isso aconteceu", numa possível tradução omitindo a palavra "ταύτην/*este*", na expressão "τρίτην ταύτην ἡμέραν/*este [é] o terceiro dia*"). Tal palavra está presente em diversos códices e manuscritos, bem como em algumas versões[12]. Contudo, a crítica externa se inclina para a ausência dessa palavra "σημερον/*hoje*", que não consta em importantes documentos, tais como o 𝔓[75], e os Códices ℵ, B, além de outros tantos testemunhos. Os critérios de crítica interna corroboram tal opção pela exclusão, considerando a *lectio brevior* e a *lectio difficilior* (Gonzaga, 2013, p. 221; Paroschi, 2012, p. 183-184). De fato, caso constasse no texto original, não teria sentido excluir a referida palavra. Mais provável é que tenha sido acrescentada por copistas a fim de sofisticar um pouco mais o texto, elaborando melhor a informação narrada. Por isso, prevalece a opção pela exclusão de "σημερον/*hoje*".

No v. 26b, vale registrar uma leitura alternativa interessante, e atestada por um documento de peso. O 𝔓[75], em vez de "δόξαν/*glória*", traz a variante "βασιλείαν/*reino*". Assim, de acordo com essa leitura alternativa, fora necessário que Jesus sofresse para entrar não na sua glória, mas no seu reino. No entanto,

---

12. A, (D), K, P, W, Γ, Δ, Θ, Ψ, *f*[13], 33, 565, 700, 892, 1241, 1424, Û, lat, sy[h], sa, bo[ms].

como dito acima, tal variante é apresentada aqui apenas a título de registro, pois os testemunhos são praticamente unânimes em favor da palavra "δόξαν/*glória*".

No v. 27, há uma variante com significativa atestação, uma vez que apresenta o verbo "διερμενευεν/*interpretava*", no imperfeito, em vez de "διερμήνευσεν/*interpretou*", no indicativo aoristo. Assim, em vez de "interpretou", ter-se-ia "interpretava". Tal variante tem peso razoável, na medida em que é atestada por A, K, P, Γ, Δ, Θ, Ψ, $f^{1.13}$, 33. 565. 579. 700. 892. 1241. 1424. *l* 844. *l* 2211, 𝕸, bo. Há também uma terceira variante, mais frágil, "διερμενευειν/*interpretar*", presente em ℵ, D, W, sa^{mss}; além da atestação bem reduzida, a crítica interna não favorece a utilização do verbo no infinitivo nesse caso. Mas a variante que deve prevalecer é mesmo "διερμήνευσεν/*interpretou*", no indicativo aoristo, apesar de estar presente em menos documentos; ocorre que tais documentos têm peso maior, a saber, o 𝕻^{75}, ℵ^2, B, L. Ademais, pelos critérios de crítica interna é possível reconhecer que o verbo no imperfeito ("interpretava") seria um pouco mais sofisticado por levar em conta o caminho percorrido pelos peregrinos. Por isso mesmo, "διερμήνευσεν/*interpretou*" atende, ainda que ligeiramente, ao critério da *lectio difficilior*. É a opção da NA^{28}.

No v. 28a, dois documentos importantes, a saber, o 𝕻^{75} e o Códice B, trazem a variante "εγγικαν". Apesar de serem testemunhos de peso, estão em número bem reduzido: apenas dois. Ademais, tal verbo nessa forma não tem nenhuma ocorrência nem no Novo Testamento nem na LXX. Parece ser uma grafia imprecisa do indicativo perfeito ativo "ἤγγικεν/*aproximou-se*"; mas note-se que essa forma é própria da terceira pessoa do singular. Como eram três os peregrinos, o verbo deveria estar conjugado no plural, "ἠγγίκασιν/*aproximaram-se*", na referida variante. Corroborando a recusa a essa variante, todos os demais documentos atestam "ἤγγισαν/*aproximaram-se*", no indicativo aoristo ativo. Além da ampla atestação, os critérios de crítica interna não deixam margem a dúvida, na medida em que tal verbo deve estar no plural, como visto, e é o caso dessa variante. Portanto, é esta a opção que acaba por prevalecer em razão da quantidade e qualidade de testemunhos.

No v. 28c, há também uma variante que merece destaque. Considerável número de documentos atesta a variante "προσεποιειτο", a saber: K, P, W, Γ, Δ, Θ, Ψ, f^{13}, 33. 700. 892. 1241. 1424, 𝕸, a. Mas a variante "προσεποιήσατο/*fez menção de*" deve ser a que prevalece já que tem atestação mais robusta, a saber: 𝕻^{75}, ℵ, A, B, D, L, f^1, 565. 579. *l* 844. *l* 2211, bo.

No segmento v. 28d, um bom número de testemunhos traz a variante "πορροτερω", a saber: ℵ, D, K, L, P, W, Γ, Δ, Θ, Ψ, $f^{1.13}$, 33. 565. 700. 892. 1241. 1424. *l* 844. 2211, 𝕸. Mas a atestação de "πορρώτερον/*mais além*" deve ser a preferida, constando no $\mathfrak{P}^{75}$, dos códices A e B e do manuscrito 579. São menos testemunhos, mas prevalecem segundo os critérios da crítica externa. A opção da NA[28] é também "πορρώτερον/*mais além*".

No v. 29d, considerável número de testemunhos omite a palavra "ἤδη/*já*", a saber: A, D, K, P, W, Γ, Δ, Θ, f^{13}, 565. 579. 700. 892. 1241. 1424, $\mathfrak{M}$, e algumas versões (c, l, sy[s.c.h], as). Trata-se do advérbio "já", na expressão "já declinou o dia". Como se vê, não há mudança significativa na compreensão do texto diante de tal ausência. De qualquer modo, a palavra "ἤδη/*já*" deve ser mantida em razão de sua presença constante em testemunhos robustos, tais como o $\mathfrak{P}^{75}$, ℵ, B, L, T, Ψ, f^1, 33. *l* 844. 2211, lat, sy[p], bo.

No v. 32b, alguns testemunhos trazem, ao final, a expressão "ἐν ἡμῖν/*em nós*". Assim, a frase estaria da seguinte maneira: "Não estava ardente o nosso coração em nós enquanto nos falava no caminho, enquanto nos abria as Escrituras?". Vale notar que a variante em questão não compromete a compreensão ou interpretação da passagem. Os testemunhos que omitem tal variante têm peso, mas são poucos, a saber: o $\mathfrak{P}^{75}$, os códices Vaticano (B) e Beza (D), bem como algumas versões latinas e siríacas. Como se vê, a crítica externa favorece a manutenção da referida expressão.

No segmento v. 33b, diversos testemunhos atestam a variante "συνηθροισμένους", nos quais o verbo "ἠθροισμένους/*reunidos*" aparece com a preposição "συν/*com*" funcionando como prefixo, a saber: A, K, L, P, W, G, D, Q, Y, $f^{1.13}$, 565. 579. 700. 892. 1241. 1424. *l* 844. *l* 2211 e $\mathfrak{M}$. Mas a crítica externa se inclina para a variante "ἠθροισμένους/*reunidos*", que traz testemunhos mais robustos: $\mathfrak{P}^{75}$, ℵ, B, D e 33.

Apenas a título de registro, considerável número de manuscritos apresenta uma mudança na ordem das palavras em v. 34a: "ἠγέρθη ὁ κύριος ὄντως/*ressuscitou o Senhor de fato*", a saber, A, K, W[c], G, D, Q, f^{13}, 33. 565. 700. 892. 1241. 1424, $\mathfrak{M}$, aur, vg, sy[h]. Mas a variante "ὄντως ἠγέρθη ὁ κύριος/*de fato ressuscitou o Senhor*", prevalece, com base nos testemunhos de $\mathfrak{P}^{75}$, ℵ, B, D, L, P, Y, f^1, 579. *l* 844. *l* 2211, it, vg[mss], co. Note-se que, como dito, tal variante é trazida apenas a título de registro, pois não porta nenhuma mudança na compreensão do texto.

2.3 Justificativas da tradução

No v. 17b, a pergunta de Jesus aos discípulos, logo que deles se aproxima, é a seguinte: "τίνες οἱ λόγοι οὗτοι οὓς ἀντιβάλλετε πρὸς ἀλλήλους περιπατοῦντες" Optamos por traduzir: "O que discutis entre vós enquanto caminhais?". A expressão "πρὸς ἀλλήλους/*entre vós*" e o particípio presente "περιπατοῦντες/*enquanto caminhais*" não trazem dificuldade. Mas o detalhe que merece atenção é o verbo no indicativo presente ativo, na 2ª pessoa do plural, "ἀντιβάλλετε/*trocar, discutir*". Trata-se do verbo "βάλλω/*lançar, atirar*", bastante frequente e com utilização variada, precedido pelo prefixo "ἀντι", o qual transmite a ideia de oposição ou confronto entre partes frente a frente (Bailly, 2012, p. 176). Assim, o verbo "ἀντιβάλλετε/*trocais*", cuja única ocorrência no Novo Testamento é neste versículo em análise, no contexto da frase, "τίνες οἱ λόγοι οὗτοι οὓς ἀντιβάλλετε/*que palavras são essas que trocais*", pode transmitir a ideia de palavras trocadas em confronto ou oposição; portanto, uma tradução de fácil compreensão e adequada à pergunta, em vez de "que palavras são essas que trocais", parece ser simplesmente "o que discutis". Alcança-se, assim, segundo o nosso parecer, uma tradução não somente de acordo com o texto grego, mas ao mesmo tempo bem compreensível em português.

No v. 18b, consta a expressão "σὺ μόνος παροικεῖς Ἰερουσαλὴμ/*tu és o único peregrino em Jerusalém*". Vale a pena notar que o adjetivo "μόνος/*único*" não está com o artigo, o que favoreceria a tradução do adjetivo em questão como substantivo (Blass; Debrunner, 1961, § 263 (a), p. 138), a saber, "o único", e deixaria tal tradução mais segura. A palavra que costuma ser traduzida como "peregrino (ou forasteiro)" na verdade é o verbo "παροικέω/*habitar como estrangeiro*", conjugado no indicativo presente, 2ª pessoa do singular: "παροικεῖς/*peregrinas*". E, por fim, a palavra Jerusalém está no acusativo, e não no dativo. Assim, uma proposta de tradução mais estritamente vinculada ao texto grego poderia ser algo como: "Tu peregrinas/visitas sozinho Jerusalém (e não sabes o que ocorreu...)". A ideia seria então a de um peregrino desatento, que em sua solidão não percebe o que ocorre ao seu redor.

Tal proposta daria melhor sentido também à palavra "καί/*e*" logo na sequência da expressão por uma questão de paralelismo, visto que, assim, tal partícula estaria unindo dois verbos, "παροικεῖς/*peregrinas*" e "ἔγνως/*(não) soubeste*". Apesar dessa possibilidade que queremos assinalar, levamos em conta a tradução praticamente consagrada da expressão, de modo que preferimos seguir o costume e assim traduzi-la: "És tu o único peregrino em Jerusalém...".

No segmento v. 20a, traduzimos a expressão "οἱ ἀρχιερεῖς καὶ οἱ ἄρχοντες ἡμῶν/*os nossos sumo sacerdotes e chefes*". Apesar de o texto trazer o pronome "ἡμῶν/*nossos*" ao final, fica claro que tal qualificativo se refere tanto aos sumos sacerdotes quanto aos chefes; e em atenção à língua de chegada, ou seja, o português, pareceu-nos melhor situá-lo antes dos substantivos a deixá-lo ao final, como no texto grego.

No v. 24bc fizemos a opção por traduzir "εὗρον οὕτως καθὼς καὶ αἱ γυναῖκες εἶπον/*encontraram as coisas como as mulheres disseram*", por "coisas" ser um termo bem genérico. Algumas traduções optam por "tudo", o que também poderia ser uma boa opção, porém nos parece uma palavra um pouco mais específica e que não se aplica ao caso com precisão.

No segmento v. 25b, traduzimos a expressão "τοῦ πιστεύειν/*para crer*"; trata-se do genitivo com infinitivo, que tem "ampla variedade de emprego em Paulo e mormente em Lucas" (Blass; Debrunner, 1961, p. 206). O sentido consecutivo é estabelecido mediante esta combinação entre o artigo no genitivo "τοῦ" e o verbo no infinitivo (Blass; Debrunner, 1961, p. 206).

No v. 26b, optamos por traduzir a partícula "καί/*e, também*" não como tão somente um "e", com caráter meramente aditivo, mas sim como "para", na medida em que a conjunção em questão pode também ter esse caráter consecutivo (Blass; Debrunner, 1961, § 442, p. 227-228). A composição da sentença passa, então, a ter uma elaboração que parece mais adequada à pergunta de Jesus aos discípulos: "οὐχὶ ταῦτα ἔδει παθεῖν τὸν χριστὸν καὶ εἰσελθεῖν εἰς τὴν δόξαν αὐτοῦ;/*não era necessário o Cristo sofrer isso para entrar na sua glória?*" (Correia, 2013, p. 400).

No segmento v. 28c há um dado relevante no âmbito teológico, e parece-nos que a tradução deve dar conta dessa questão. Trata-se do verbo "προσποιέω/*agir como, fazer menção*", no indicativo aoristo médio, "προσεποιήσατο/*fez menção de*". Preferimos traduzir "προσεποιήσατο/*fez menção de*", em vez de simulou ou até fingiu, como é costume ver em algumas traduções. Primeiro porque, com efeito, é estranho à fé imaginar que Jesus fosse capaz de simular ou, ainda pior, fingir qualquer conduta que fosse. Aquele que é identificado pela fé cristã como a própria verdade (Jo 14,6) não agiria de tal modo. E, de fato, o verbo utilizado por Lucas não insinua simulação ou fingimento na medida em que apenas sugere que Jesus fazia menção de seguir adiante, ou dava a impressão de continuar adiante, caso os peregrinos não o convidassem a entrar. E por mais que tal gesto de Jesus possa desconcertar a alguns (Costa, 2021, p. 66), é perfeitamente plausível que Jesus realmente seguiria adiante caso não fosse convidado a permanecer com eles. Tal noção está alinhada com a do Cristo que está à porta e bate (Ap 3,20), e só entra no caso de a porta lhe ser aberta. Ainda quanto a este tema que nos parece teologicamente relevante, note-se que em Lc 20,47 (de acordo também com Mc 12,40), Jesus censura os fariseus por simularem longas orações, e o verbo utilizado pelo evangelista é outro; trata-se da expressão "προφάσει μακρὰ προσεύχονται/*simulam longas orações*". De fato, a ideia de simulação ou fingimento está nítida na oração dos fariseus denunciada por Jesus, mas não na perícope de Emaús, no que tange ao próprio Jesus.

No v. 30a optamos pela tradução "καὶ ἐγένετο ἐν τῷ κατακλιθῆναι αὐτὸν μετ᾽ αὐτῶν/*e aconteceu que, ao sentar-se ele à mesa com eles*", repetindo propositalmente o pronome pessoal, no singular para Jesus ("αὐτὸν/*ele*") e no plural para os peregrinos ("αὐτῶν/[com] eles"), na medida em que o referido pronome vem repetido também no texto grego, com ampla atestação. Note-se que tais pronomes são bem comuns, mas sua repetição não é tão frequente com tal proximidade, como é o caso de "αὐτὸν μετ᾽ αὐτῶν/ele com eles". Por isso mesmo, parece-nos que tal repetição é proposital e, portanto, deve ser mantida na tradução.

No v. 31a, segmento fundamental para o presente estudo, e que até mesmo compõe o título do trabalho, vale notar que o verbo "διανοίγω/abrir", conjugado no indicativo aoristo, encontra-se na voz passiva: "διηνοίχθησαν/abriram(-se)". Assim, uma tradução possível, e talvez até mais rigorosa seria "foram abertos" (os seus olhos). No entanto, vale registrar que a opção pela tradução "abriram-se" (os seus olhos) mantém, no domínio semântico, o aspecto da voz passiva, ou ao menos médio-passiva. Ou seja, o leitor compreende bem que, quando os olhos dos discípulos foram abertos, tal ação não se deu em virtude deles próprios: não significa que eles abriram ativamente os olhos, como efetivos sujeitos da ação em questão. Ao contrário, constata-se, sem dificuldades, que eles foram os beneficiários privilegiados desse fenômeno: seus olhos se abriram, ou seja, seus olhos foram abertos logo depois da ação do Senhor. A gramática do texto confirma essa percepção uma vez que o sujeito da sentença não são os discípulos, mas "αὐτῶν οἱ ὀφθαλμοὶ/os seus olhos". Por fim, ao levar em conta o destacado aspecto narrativo do episódio, e na medida em que não há prejuízo semântico, a tradução "διηνοίχθησαν/abriram(-se)" soa mais simples e direta, e, sem perder conteúdo, mantém a dramática densidade da narração, pelo que nos parece ser uma boa opção para o presente caso.

No v. 32b, por uma questão de estilo, a considerar a língua de chegada da tradução, isto é, o português, preferimos dispor a tradução da expressão "ἐν ἡμῖν/ em nós" não ao final do segmento, mas no meio, de modo que o texto fica com a seguinte redação: "οὐχὶ ἡ καρδία ἡμῶν καιομένη ἦν ἐν ἡμῖν/não estava ardente em nós o nosso coração (?)".

No v. 32d, optou-se pela tradução "ὡς διήνοιγεν ἡμῖν τὰς γραφάς;/enquanto nos abria as Escrituras?", apesar de ser frequente a tradução explicava. Nossa escolha se dá em razão da identidade, que não nos parece sem propósito, entre o verbo em questão, "διανοίγω", e o mesmo verbo no versículo anterior, em 31a, "então se abriram os seus olhos". É razoável traçar esse paralelo: Jesus abriu as Escrituras aos discípulos enquanto falava, e por isso "seus olhos se abriram" na fração do pão[13].

No v. 34a optamos por traduzir "ὄντως" por "de fato", em vez de verdadeiramente ou realmente, os quais nos pareceriam mais adequados na hipótese da presença de palavras mais solenes ou expressivas, tais como "ἀμὴν", ou "ἀληθῶς",

---

13. "A abertura dos olhos corresponde à abertura das Escrituras" (Casalegno, 2013, p. 195). Na mesma direção: Green (2006, p. 516) e Meynet (1994, p. 688).

ou ainda da expressão "ἐν ἀληθείᾳ", que não ocorrem no texto. Por isso traduzimos "ὄντως" como "de fato".

No mesmo segmento v. 34a, traduzimos o verbo "ἠγέρθη" por "*ressuscitou*". Trata-se do indicativo aoristo de "ἐγείρω", verbo frequente na Escritura e que pode ser traduzido como *levanto, ergo*, até mesmo na forma intransitiva, com o sentido de *ressurgir*. É um dos verbos utilizados pelos evangelistas, ao lado de "ἀνίστημι", para anunciar a ressurreição de Jesus depois de sua morte (Mt 28,6-7; Mc 16,6; Lc 24,6). Poderíamos, portanto, traduzir "ἠγέρθη" como *ressurgiu*, ou *levantou-se* (dentre os mortos). Mas preferimos a palavra "ressuscitou" por ser uma tradução já consagrada, tradicional, e pela carga teológica de tal palavra, a qual aponta de maneira direta para a ressurreição de Cristo, centro da fé cristã.

No v. 34b, em vez de *apareceu* (a Simão), como é frequente em muitas traduções, preferimos traduzir o verbo "ὤφθη" como "*foi visto*" (por Simão), apenas por uma questão de literalidade, já que se trata do aoristo passivo do verbo "ὁράω/*ver*".

No v. 35a, preferimos manter o verbo "ἐξηγοῦντο" no imperfeito, como atestado de modo robusto pela crítica textual no texto grego, propondo a tradução: "(E eles) *relatavam* (o ocorrido no caminho)". Seria possível traduzir no pretérito perfeito, "(eles) relataram (o ocorrido)", o que ficaria talvez mais apropriado para o português. Mas mantemos a referida ação no imperfeito para destacar o sentido de continuidade; assim, fica mais claro "que a narrativa dos acontecimentos não foi apenas uma ação continuada no passado, mas a continuar no presente. E, a ser assim, mais uma janela se abre na narrativa" (Correia, 2013, p. 142).

No v. 35b, é comum encontrar traduções que trazem o verbo "ἐγνώσθη" traduzido como *reconheceram* (Jesus), mas a melhor opção parece ser traduzir como "*fora reconhecido*", até porque o referido verbo, no indicativo aoristo, está na voz passiva; os peregrinos falam de Jesus, e não de si mesmos. Ademais, o pronome pessoal no dativo plural "αὐτοῖς" confirma esta opção: o texto não diz que o reconheceram, mas sim que ele "*fora reconhecido* por eles".

No mesmo segmento, preferimos traduzir "κλάσει" como "*fração* (do pão)", em vez de *partir* do pão, como é comum em várias traduções. Levamos em conta que "κλάσει" é um substantivo, como *fração*, e não um verbo funcionando como substantivo, como no caso de *partir* na expressão "o partir do pão". Ademais, "fração do pão" é uma denominação antiga da celebração da Eucaristia, usada desde os primórdios da Igreja (At 2,42).

Capítulo 3 | Dados formais de Lc 24,13-35

Feitas a segmentação, a tradução e a crítica textual da perícope em estudo, o presente capítulo trata de algumas questões formais do texto. Depois da análise do gênero literário, desenvolve-se a noção de um estilo lucano no relato de Emaús a partir da comparação com outros textos do Evangelho de Lucas e dos Atos dos Apóstolos. De fato, apesar da presença de diversos elementos que apontam para o conhecimento e difusão do relato entre as primeiras comunidades, de modo que o próprio Lucas teve acesso ao episódio, há claros sinais de um estilo lucano na elaboração do relato. Por fim, o estudo das etapas em que o texto está organizado ajuda a extrair reflexões que haverão de auxiliar no comentário exegético e na análise do objeto formal da presente pesquisa.

3.1 Gênero literário

A própria posição do texto de Emaús no Evangelho de Lucas já oferece os primeiros indicativos a respeito de seu gênero literário: na medida em que o relato sucede a crucificação e o sepultamento de Jesus, fica patente que o texto em questão se insere nos chamados relatos da ressurreição (Fitzmyer, 2006, p. 590-591), ou relatos de aparição do ressuscitado. Tais relatos estão presentes nos quatro Evangelhos e, ainda que não sejam numerosos nem extensos, se comparados à totalidade dos Evangelhos têm uma importância fundamental, uma vez que se propõem, em primeiro lugar, a confirmar a ressurreição do Senhor, coroando toda a narrativa da vida e ministério de Jesus com sua vitória definitiva sobre a morte e o seu consequente senhorio sobre todas as coisas, de acordo com a intenção típica dos Evangelhos.

Dessa maneira, não se deve enxergar o episódio de Emaús apenas como uma história edificante – ainda que este aspecto possa estar presente[14] – ou ainda como

---

14. "A intriga é um dos grandes méritos do relato, e afasta a ideia de que seja exclusivamente histórico ou historicista. [...] A ambiguidade de muitos elementos do relato, como ver e não reconhecer, como tratar ao personagem misterioso que se lhes apresenta no caminho como um habitante de Jerusalém, mas estrangeiro, convidá-lo a permanecer e ao final comportar-se este como um *paterfamilias* que reparte o pão na ceia, reconhecê-lo e ele desaparecer [...] São ambiguidades, sem dúvida, mas que constroem este belo relato" (Núñez, 2007, p. 179-180).

uma mera criação piedosa das primeiras comunidades. Resguardada a primordial intenção teológica e querigmática do Evangelho, negar de maneira gratuita sua base histórica seria ignorar os propósitos do evangelista de convencer os leitores a respeito da veracidade da ressurreição[15].

Nesse sentido, Fitzmyer nota que Bultmann e outros aproximam o episódio das legendas: Cristo aparece como um viajante anônimo, como Deus costumava fazer no Antigo Testamento (Gn 16,7-14; 18,1-22), a passear entre os homens em figura humana (Léon-Dufour, 1971, p. 210). Mas apesar da semelhança entre o relato de Emaús e essa classe de legendas, não se pode, sustenta Fitzmyer, reduzir a isso tal passagem. Como disse Creed, não há nenhuma razão de peso para negar o fundamento histórico do episódio (Fitzmyer, 2006, p. 574).

Também seria limitado equiparar o relato às clássicas narrativas míticas gregas, como de Ulisses (Bovon, 2012, p. 372; Nolland, 1993, p. 1201; Costa, 2021, p. 28), ou aos contos que narravam aparições e desaparições de figuras tais como Rômulo, aos quais os helênicos estavam já habituados. Ainda que alguém pudesse ver nessas histórias que circulavam à época algum influxo sobre Lucas (Schweizer, 1988, p. 348), é preciso reconhecer que o frescor da descrição do evangelista é impressionante: "Ele combina elementos de uma 'história de reconhecimento' com uma sensibilidade para genuína emoção humana" (Johnson, 1991, p. 398; Rossé, 1992, p. 1015).

Deve-se notar que os relatos de aparição do ressuscitado não são uniformes. Pelo contrário, há divergências marcantes entre os diversos testemunhos, por exemplo, quanto ao local das aparições do Senhor ressuscitado, na Galileia (Mc 16,7; Mt 28,10.16) ou em Jerusalém (Lc 24,36; Jo 20,14.19.26), ou quanto ao fato de as testemunhas tocarem ou não no Senhor; a Maria Madalena o Senhor diz "não me retenhas, ainda não subi para o Pai" (Jo 20,17), a Tomé manda que toque no lugar dos cravos e ponha a mão no seu lado (Jo 20,27), dentre outras divergências. Com efeito, os relatos das aparições, tão diferentes por seu caráter pessoal e por seus detalhes característicos, não podem ser objeto de harmonização literária (Fitzmyer, 2006, p. 576). Registre-se, porém, que essas diferenças, em vez de deporem contra a ressurreição, atestam ainda mais a veracidade dos testemunhos justamente porque não são objeto de uma tentativa forçada de harmonização, mas dão conta da experiência de cada uma das testemunhas da ressurreição nos diversos contextos narrados, e segundo o que é atestado por cada evangelista.

---

15. Fitzmyer (1991, p. 38-44): em sentido diverso; Scheffler (2000, p. 260-261) entende que não está clara a historicidade do relato.

Nesse conjunto de relatos, Emaús parece se destacar; não por acaso "os leitores através dos séculos perceberam nesse texto primitivo um relato sincero e genuíno daquelas experiências nas quais a fé cristã foi alicerçada desde o começo" (Huffman, 2017, p. 224). O episódio, exclusivo de Lucas (Konings, 2012, p. 267-274), distingue-se das demais narrativas quanto à ressurreição na medida em que narra não propriamente uma aparição, mas uma caminhada de Jesus ressuscitado com dois discípulos, de início sem ser reconhecido, e que culmina, após as devidas explicações, com a fração do pão à mesa; e só então se dá o reconhecimento. Dentro das narrativas de Lc 24, o relato de Emaús está estrategicamente disposto de modo a apresentar a passagem do ministério de Jesus de Nazaré, como exposto por Cléofas em seu discurso, à obra redentora de Jesus ressuscitado, como explicado pelo próprio Cristo (Mainville, 2004, p. 199-201). A experiência dos dois discípulos se aproxima, de certo modo, da relação com o Senhor ressuscitado para as seguintes gerações cristãs, que ali se veem representadas (Rossé, 1992, p. 1015-1016).

Com efeito, nos relatos acerca da ressurreição, o foco costuma ser a aparição do Senhor ressuscitado, e a intenção é precisamente confirmar a vitória de Jesus sobre a morte. Entretanto, há quem entenda que o relato de Emaús não tem a finalidade de apresentar mais uma prova objetiva da ressurreição[16]. O interesse da narrativa de Emaús seria atingir o coração e as emoções do leitor, e não sua razão[17]. Assim, o relato de Emaús está na categoria de uma "história comovente ou edificante"[18], mas nem por isso deixa de ser persuasiva, pois não apenas apresenta fatos ao intelecto do leitor, mas "penetra nas profundezas da sua alma"[19].

Já segundo Fitzmyer, dentro da classificação sugerida por Dodd para os relatos da ressurreição, Emaús figura entre os relatos minuciosos, com destaque para a narrativa e o desenvolvimento dramático (Fitzmyer, 2006, p. 575; na mesma direção, Just Jr., 1993, p. 29). De fato, é inegável a ênfase que deve ser dada à trama narrativa de Emaús, com um enredo que logo desperta a curiosidade do leitor, e cujo drama, à medida que se desenrola, consegue manter vivo o interesse até o seu desfecho. "Toda a habilidade de Lucas como narrador e como artista se revelam neste gênero. Lucas escreve para alcançar a memória mais profunda, para despertar a fé que sutilmente nutriu através do Evangelho" (Just Jr., 1993, p. 29, tradução nossa).

---

16. "Se a intenção de Lucas fosse fornecer testemunhas oculares do Cristo ressuscitado, ele começa a narrativa por uma perspectiva oposta" (Just Jr., 1993, p. 28, tradução nossa).

17. "Lucas não quer somente instruir, procura também comover. O episódio dos peregrinos de Emaús testemunha um talento literário consumado. O relato está cheio de vida, de sutileza psicológica. Os efeitos são habilmente dirigidos. Na sua simplicidade despojada, a redação atinge, deste modo, um grau de emoção contida que perturba o leitor. É com uma grande sensibilidade que o evangelista introduz a mensagem pascal nos corações. Vive-se ao mesmo tempo que se aprende" (Dupont, 1979, p. 371 apud Correia, 2001, p. 365-366).

18. "the edifying or moving story" (Dupont, 1979, p. 111 apud Just Jr., 1993, p. 28).

19. "penetrate[s] into the depths of his soul" (Dupont, 1979, p. 111 apud Just Jr., 1993, p. 28).

Ainda uma palavra quanto ao gênero literário. Os inúmeros relatos de refeições de Jesus são típicos do seu ministério (Grasso, 2019, p. 448), e em certa medida chegam a caracterizá-lo (Lc 7,34). Jesus come com seus discípulos (Lc 22,14-20), com as multidões (Lc 9,12-17), com os que o convidam a hospedar-se, mesmo fariseus (Lc 7,36), e notadamente com pecadores (Lc 5,29-30; 15,2) (Maxey, 2014, p. 113-114). Entre os relatos da ressurreição também são diversos os textos que narram uma refeição de Jesus com as testemunhas que escolheu. Além do episódio de Emaús, que culmina com a fração do pão (Lc 24,30), registrem-se o episódio imediatamente seguinte, no qual o próprio Jesus aparece em meio aos seus e come um pedaço de peixe assado (Lc 24,41-43), além dos testemunhos do segundo volume da obra lucana, que mantém essa mesma dinâmica. Já no prólogo dos Atos dos Apóstolos, o autor recorda que durante quarenta dias o Senhor apareceu aos apóstolos e lhes falou, e no decurso de uma refeição com eles (At 1,4), ordenou que não se afastassem de Jerusalém, mas aguardassem a promessa do Pai. Em seu discurso na casa de Cornélio, Pedro atesta que Deus ressuscitou Jesus ao terceiro dia e concedeu que se manifestasse não a todo o povo, mas às testemunhas designadas por Deus, isto é, aos que comeram e beberam com ele, depois de sua ressurreição dentre os mortos (At 10,40-41). Também o evangelista João narra, depois de uma pesca, uma refeição do Senhor ressuscitado com seus discípulos, na qual comeram pães e peixes (Jo 21,12-13). Por tudo isso, é possível afirmar que a comunhão à mesa e as refeições pós-ressurreição são significativas na pregação apostólica, como uma atestação de que os discípulos estiveram, de fato, na presença do Senhor ressuscitado (Just Jr., 1993, p. 26). Não por acaso, os Atos dos Apóstolos confirmam que a partilha dos dons era marca fundamental das primeiras comunidades cristãs, "aprendida de Jesus nas tantas vezes que repetiu o gesto" (De Paiva; Torres; De Almeida Nogueira, 2016, p. 34).

3.2 Estilo lucano no relato de Emaús

Apesar de ser exclusivo de Lucas dentre os Evangelhos, o relato de Emaús apresenta inúmeros sinais que demonstram sua procedência das primeiras comunidades. Há um consenso entre os estudiosos quanto ao fato de que Lucas teve acesso a esse episódio, que remontava aos primeiros discípulos e chegou por tradição oral ao evangelista, conforme suas investigações (Lc 1,1-4) (Bovon, 2012, p. 369; Casalegno, 2013, p. 193-194; Núñez, 2007, p. 181). Não obstante, é inegável o estilo lucano do relato (Chenu, 2005, p. 37), o que se depreende da análise do texto em si, bem como da comparação com alguns outros textos do Evangelho de Lucas e dos Atos dos Apóstolos.

Em virtude disso, nota-se o talento artístico e literário de Lucas, o qual soube aproveitar uma história que circulava entre os primeiros grupos cristãos (Goldberg, 1995, p. 76-77), – sob o fundamento de um modesto testemunho (Chenu, 2005, p. 37), e que não fora registrada pelos demais evangelistas – para confeccionar essa página bela e profunda na conclusão do seu Evangelho[20]. É provável que o episódio fosse mais conhecido entre os discípulos de Jerusalém, e talvez às margens do ambiente oficial. Mas Lucas soube perceber o quanto o episódio seria edificante para a vida cristã e como seria apropriado para a catequese das primeiras comunidades (Fabris; Maggioni, 2014, p. 242; Do Nascimento Júnior, 2018, p. 26), em especial diante das tribulações e perseguições que provavam a fé e a constância dos primeiros cristãos (Scheffler, 2000, p. 263-264).

Quanto aos dados internos do relato, os quais apontam para tradições preexistentes, o texto de Emaús, como sublinha Fitzmyer, tem narrativa totalmente independente de Mc e apresenta, dentre outros, os seguintes elementos da tradição:

- No v. 34, "de fato o Senhor ressuscitou e foi visto por Simão", ressoa o querigma de 1Cor 15,4-5; ademais, a mão de Lucas teria quase com certeza optado pelo nome Pedro (como no v. 12), e não Simão.
- Os v. 22-24 podem ser um resumo autônomo do episódio anterior. Para alguns, não são um produto do trabalho de redação de Lucas, mas procedem da tradição. Note-se que os "dois homens com roupas refulgentes" (Lc 24,4) se transformam aqui em "anjos" (v. 23b).
- Os quatro verbos do v. 30bc ("tendo tomado o pão, deu graças e, tendo-o partido, dava-lhes") apresentam uma formulação tradicional que poderia ser eco de outras formulações lucanas (Lc 9,16) (Fitzmyer, 2006, p. 572).

Há também autores que chamam a atenção para o fato de que no texto de Emaús há quase cinquenta hebraísmos, "sugerindo firmemente a dependência de uma fonte hebraica" (Edwards, 2019, p. 889-890). De qualquer maneira, mesmo para esses autores é inegável o prodigioso trabalho de redação do evangelista: várias construções são próprias do terceiro Evangelho, "revelando a mão editorial de Lucas na transmissão do material da fonte hebraica" (Edwards, 2019, p. 890).

Portanto, se é indiscutível que Lucas toma elementos de tradições preexistente, também é certo que o evangelista retoca e reelabora o relato, e seu trabalho de redação e composição se detecta em inúmeros detalhes de construção gramatical e de vocabulário. Fitzmyer lista os seguintes:

---

20. "É universalmente aceito que o relato de Emaús é uma joia de arte literária" (Bucur, 2014, p. 685, tradução nossa).

- O infinitivo com artigo, nos v. 16.25.29.
- "τὰ περί/*sobre, a respeito de*" nos v. 19.27.
- "ἀνὴρ προφήτης/*homem profeta*" no v. 19c; expressão semelhante em Lc 5,8; 11,32; At 1,11.16; 2,14.22.29.37; 3,12.14; 5,35 etc.
- "ἐν τῇ κλάσει τοῦ ἄρτου/*na fração do pão*", no v. 35b, expressão exclusiva de Lucas (Fitzmyer, 2006, p. 573-574).

Além desses argumentos provenientes da análise interna do próprio texto, o estudo de outras perícopes lucanas, tanto no Evangelho de Lucas como nos Atos dos Apóstolos, aporta ainda mais indícios que confirmam a redação do evangelista. A comparação com esses outros textos revela um estilo lucano próprio de narrar e elaborar os episódios a que teve acesso, e esse estilo está presente claramente no relato de Emaús.

3.2.1 O menino Jesus reencontrado no Templo

Uma primeira perícope lucana que apresenta marcantes similaridades, especialmente no âmbito narrativo, com a de Emaús, é a do menino Jesus aos doze anos, quando se perde dos seus pais em Jerusalém (Lc 2,41-52). Único registro da vida de Jesus posterior à sua infância e anterior ao seu ministério público, é um relato exclusivo de Lucas assim como o de Emaús (Konings, 2012, p. 13). Nessa cena, aos doze anos está narrada a primeira palavra de Jesus assinalada por Lucas em seu Evangelho, o que, por si só, já merece atenção. Trata-se de uma pergunta retórica do menino aos seus pais, que o encontraram no Templo, em Jerusalém, para onde tinham voltado à sua procura: "τί ὅτι ἐζητεῖτέ με; οὐκ ᾔδειτε ὅτι ἐν τοῖς τοῦ πατρός μου δεῖ εἶναί με;/*por que me procuráveis? Não sabíeis que me é necessário estar nas coisas do meu Pai?*" (Lc 2,49)[21].

Se a palavra do menino aos seus pais, que o procuravam em Jerusalém, foi a primeira de Jesus no Evangelho de Lucas, a palavra de Jesus aos discípulos de Emaús foi, senão a última, uma das últimas, já concluída toda a sua obra salvífica depois de sua morte e ressurreição. Na sequência, quando aparece aos apóstolos e aos demais, o Senhor apenas confirma tudo aquilo que dissera durante o seu ministério e que recordara no caminho para Emaús.

---

21. É frequente as traduções trazerem a palavra *casa* (do meu Pai), também pelo fato de o episódio ter ocorrido no Templo em Jerusalém. Preferimos evitar tal termo, já que não consta do texto grego (NA 28), e substituir por "*nas coisas*", tradução que nos parece a melhor para "ἐν τοῖς", na medida em que, após a preposição, está o artigo no dativo plural. Optamos também pela expressão "*me é necessário*" para traduzir "δεῖ εἶναί με", justamente a fim de mostrar com mais nitidez a aproximação com o verbo "ἔδει/*era necessário*" (Lc 24,26a), da pergunta retórica do Senhor aos discípulos de Emaús: "οὐχὶ ταῦτα ἔδει παθεῖν τὸν χριστὸν καὶ εἰσελθεῖν εἰς τὴν δόξαν αὐτοῦ;/*Não era necessário o Cristo sofrer isso para entrar na sua glória?*" (Lc 24,26).

A comparação dos dois textos, Jesus aos doze anos e o episódio de Emaús, a primeira nos inícios do Evangelho e a outra no seu desfecho, apresenta semelhanças e contrastes quanto ao seu conteúdo, de modo que acaba por patentear um mesmo estilo narrativo, além de atender às intenções teológicas (James, 2010, p. 63) do evangelista. Quanto às semelhanças, nota-se que, nos dois episódios, dois peregrinos[22] vão embora de Jerusalém e se enganam quanto à presença de Jesus entre eles (Lc 2,43-44; 24,13); outra semelhança importante é que, quando se dão conta de que estão enganados, os peregrinos voltam às pressas[23] a Jerusalém. Ademais, nos dois textos as palavras são as mesmas: "ὑπέστρεψαν εἰς Ἰερουσαλὴμ/voltaram para Jerusalém" (Lc 2,45 = Lc 24,33). A expressão se repete sem diferença nos dois relatos, o que é significativo, pois parece ser uma alusão interna, na medida em que os textos se aproximam.

A diferença entre os episódios, e até mesmo a oposição, é que Maria e José se enganavam porque pensavam que o menino estava com eles; quando se deram conta de que na verdade não estava, voltaram a Jerusalém a fim de procurá-lo (Lc 2,45). Já no caso dos discípulos de Emaús, eles se enganavam porque pensavam que Jesus não estava mais com eles, já que fora morto e sepultado. Aliás, nem mesmo o seu corpo eles tinham mais, em razão do sepulcro vazio. Quando se deram conta de que na verdade Jesus estava com eles, e esteve durante todo o percurso, voltaram, então, a Jerusalém, mas não a fim de procurar Jesus, mas, ao contrário, justamente porque o encontraram e ansiavam por partilhar essa alegria com os demais discípulos (Lc 24,33) (Sales, 2020, p. 50). Considerados esses contrastes, é possível ver o Evangelho de Lucas como um caminho do discípulo para chegar a Cristo, que também está sempre a caminho (Costa, 2021, p. 32): no início, os peregrinos (seus pais) partem à sua procura; ao final, os peregrinos (seus discípulos) partem para anunciar que o encontraram.

Há ainda outros paralelos que podem ser traçados entre tais textos, como a referência em ambos ao terceiro dia, quando Maria e José encontram o meni-

---

22. No primeiro caso, não há dúvida de que os dois peregrinos sejam um casal, Maria e José; quanto aos discípulos de Emaús, não há como comprovar que se trate também de um casal. Mas a própria comparação dos referidos textos já constitui um argumento a mais em favor da hipótese de que, também no episódio de Emaús, sejam os peregrinos um casal, Cléofas e sua esposa, a se afastar e depois retornar a Jerusalém.

23. Nenhum dos dois textos registra formalmente que os referidos peregrinos retornaram às pressas; apenas se diz, nos dois casos, que "voltaram a Jerusalém" (Lc 2,45 = Lc 24,33). Mas não é difícil inferir, pelas circunstâncias, que o retorno se deu apressadamente, ainda que por motivos diferentes. Um pai e uma mãe que, durante uma peregrinação, perecebessem que seu filho de doze anos ficou para trás, certamente voltariam apressados à sua procura (e aflitos, como atesta sua mãe em Lc 2,48). Assim, também, ante o júbilo do reencontro com o Senhor que pensavam estar morto, decerto os peregrinos de Emaús retornaram às pressas a Jerusalém para partilhar tão grande alegria com os companheiros. Note-se também que, quando chegaram a Emaús, já era tarde, e tendo percorrido de volta sessenta estádios, ainda chegaram a Jerusalém a tempo de encontrar os demais acordados e reunidos.

no no Templo (Lc 2,46), e que é o lapso de tempo citado por Cléofas quanto aos acontecimentos que narra (Lc 24,21), numa latente alusão à ressurreição (James, 2010, p. 66). Considerando esse período de três dias, marcado pela ausência de Jesus, a aflição dos pais (Lc 2,48) pode ser comparada à tristeza e ao abatimento dos discípulos de Emaús (Lc 24,17) (Chenu, 2005, p. 39-40).

Não é difícil perceber também uma aproximação entre os questionamentos que Jesus faz aos seus pais, aos doze anos, e aos discípulos de Emaús, depois de ouvir a exposição de Cléofas e ao iniciar sua explicação. Ambas têm um aspecto de censura, na medida em que Jesus os repreende (seus pais e os discípulos de Emaús) por não saberem algo que deveriam saber. Aos seus pais, como visto, perguntou: "τί ὅτι ἐζητεῖτέ με; οὐκ ἤδειτε ὅτι ἐν τοῖς τοῦ πατρός μου δεῖ εἶναί με;/ *Por que me procuráveis? Não sabíeis que me é necessário estar nas coisas do meu Pai?*" (Lc 2,49); a Cléofas e sua companhia perguntou: "οὐχὶ ταῦτα ἔδει παθεῖν τὸν χριστὸν καὶ εἰσελθεῖν εἰς τὴν δόξαν αὐτοῦ;/*Não era necessário o Cristo sofrer isso para entrar na sua glória?*" (Lc 24,26). Note-se, ademais, que nas duas ocasiões a pergunta retórica de Jesus traz o mesmo verbo impessoal "δεῖ/*é necessário*", o que por si só une os dois questionamentos quanto a temas não apenas importantes, mas mais que isso, imprescindíveis. De início, Jesus previne seus pais quanto à necessidade de que ele cuide dos assuntos referentes a seu Pai; ao final, instrui os discípulos de Emaús quanto à necessidade de que o Cristo padecesse tudo o que enfrentou a fim de entrar na sua glória (Costa, 2021, p. 32).

Note-se também que, no relato dos doze anos, depois do reencontro dos pais com o menino Jesus, eles voltam para Nazaré, e o menino era-lhes submisso (Lc 2,51); assim, o episódio se conclui na Galileia, que haverá de ser o ponto de partida do ministério de Jesus até Jerusalém. O relato de Emaús está na conclusão do Evangelho de Lucas, mas também no tempo da inauguração da missão da Igreja, e depois do reconhecimento de Jesus, o relato se conclui em Jerusalém (Lc 24,33), ponto de partida da missão da Igreja a todo o mundo (Rossé, 1992, p. 1019-1022). A partir dessa comparação, é possível desenvolver a noção de que, aos doze anos, o menino Jesus afirmou, no Templo em Jerusalém, que lhe era necessário estar nas coisas do seu Pai; em Emaús, o Senhor deixa latente qual o local em que deve estar e ser reconhecido: nas casas dos discípulos (James, 2010, p. 69).

Há ainda mais pontos de aproximação entre os episódios. Na ocasião em que o menino Jesus tinha doze anos, quando seus pais, depois de voltarem a Jerusalém, finalmente o encontram ao terceiro dia no Templo entre os doutores, narra o texto que todos estavam perplexos e admirados com a sua sabedoria e suas respostas (Lc 2,47); entretanto, não temos acesso a essa sabedoria, tampouco às respostas dadas pelo menino depois de ter escutado os doutores. Do mesmo modo, no episódio de Emaús, também não temos acesso aos comentários e à interpretação de Jesus com base em Moisés e nos profetas aos peregrinos depois de os ter escutado (Lc 24,27). Só sabemos que os doutores ficaram admirados (Lc 2,47), e que os peregrinos ficaram com o coração ardente (Lc 24,32), mas não conhecemos as palavras que surtiram tais efeitos em nenhum dos dois relatos. De certo modo, a lacuna ou o mistério, em ambos os textos, confirmam mais uma vez um mesmo estilo narrativo lucano, e evidenciam um eficiente artifício literário seu para conhecer a referida sabedoria do menino Jesus, será preciso prosseguir na leitura do Evangelho de Lucas, que a mostrará; e para conhecer a interpretação da morte e ressurreição de Jesus, proferida por ele mesmo com base em Moisés e nos profetas, será preciso recorrer ao segundo volume da obra lucana, os Atos dos Apóstolos, que também a mostrará (Correia, 2001, p. 379).

Por fim, em ambos os casos há um reencontro ou recuperação do Jesus que estava perdido: seus pais o reencontram no Templo depois de três dias, e os discípulos de Emaús o reconhecem vivo e presente entre eles ao terceiro dia. Mas os dois episódios dão conta de uma certa perda ou ausência. Recuperam, mas parece que não por completo, ou pelo menos não da maneira como poderiam imaginar ou desejar. Com efeito, aos seus pais o menino adverte que deve cuidar das coisas do seu Pai (Lc 2,49). Ele volta com os pais e lhes é submisso (Lc 2,51), mas de certo modo já os previne a respeito de sua prioridade: o Pai. De modo semelhante, logo que os discípulos de Emaús reconhecem o Senhor na fração do pão, ele se torna invisível diante deles (Lc 24,31). Ou seja, nos dois relatos, recuperam o Senhor, mas não como antes. Sua presença se dará de um modo novo: estará com os pais, mas sobretudo junto do Pai; estará com os discípulos, mas entrou na glória. Como a mãe do menino, mesmo sem compreender, guardava todas aquelas palavras em seu coração (Lc 2,50-51), assim também devem fazer os discípulos para amadurecer na fé e compreender de que maneira o Senhor estará presente entre eles e os acompanhará (Legrand, 1978, p. 417 apud Chenu, 2005, p. 40).

3.2.2 O batismo do eunuco etíope

Outro relato lucano que traz inegáveis afinidades com o episódio de Emaús, e como tal é reconhecido por diversos autores, é o do eunuco etíope, evangelizado e batizado por Filipe na estrada de Gaza (At 8,26-40). Na medida em que está narrado nos Atos dos Apóstolos, trata-se também de um relato exclusivamente lucano. Como no caso de Emaús, a narrativa é extensa e bem elaborada, de acordo com o estilo do evangelista. O texto, desde o início, desperta o interesse e consegue prender a atenção do leitor, que aguarda pelo seu desfecho.

Se a narrativa de Emaús, no final do Evangelho de Lucas, enaltece dois discípulos, sem destacá-los, e sugere a presença de Jesus ressuscitado durante o caminho e em seguida na casa deles, como um sinal às seguintes gerações cristãs de que o Senhor estará presente também nas suas casas, o relato do batismo do eunuco etíope também está situado em um local que não parece meramente ocasional, mas, pelo contrário, é repleto de significado.

No início do livro dos Atos dos Apóstolos, o Senhor ressuscitado fala uma última vez aos apóstolos, mandando que permaneçam unidos em oração até que recebam a força do Espírito Santo, a fim de que sejam suas testemunhas em Jerusalém, em toda a Judeia, na Samaria e até os confins da terra (At 1,8). Nessa última palavra do Senhor aos seus apóstolos, pode-se vislumbrar sem dificuldades o programa da missão apostólica, bem como uma espécie de prólogo do que será narrado no decurso do livro. De fato, depois da vinda do Espírito Santo em Pentecostes, Pedro e os apóstolos enchem a cidade de Jerusalém com o nome de Jesus ressuscitado (At 5,28), e o número dos discípulos cresce exponencialmente (At 2,41; 6,7). Depois da morte de Estêvão, sob a aquiescência do jovem Saulo (At 7,58-60), a perseguição aos discípulos os leva a alcançar a Samaria (At 8,1), onde as multidões atendem unânimes ao Evangelho que lhes é anunciado, e experimentam grande alegria (At 8,6-8). Pedro e João são enviados, então, à região, e oram pelos samaritanos para que recebam o Espírito Santo (At 8,14-17). Depois do desfecho do episódio com Simão, o mago (At 8,18-24), o texto registra que Pedro e João deram testemunho e anunciaram a palavra do Senhor, de modo que só voltaram a Jerusalém depois de terem evangelizado muitos povos dos samaritanos (At 8,25)[24]. Não parece fortuito que justamente nesse momento do livro esteja situado o episódio do batismo do eunuco etíope (At 8,26-40).

Com efeito, somente depois de chegar de forma expressiva na Samaria, o Evangelho se expande para os outros povos e nações. E o primeiro cuja adesão a Cristo é registrada, com o consequente batismo, é precisamente um eunuco, que não podia fazer parte do povo judeu nem tinha acesso à assembleia do Senhor (Dt 23,2 LXX), mas que é contemplado nas profecias de Isaías, as quais aqui parecem se cumprir (Is 56,4-5). Note-se como, nesse texto de Isaías, a promessa de um nome aos eunucos que permanecem fiéis à aliança está conexa com a célebre profecia a respeito da casa do Senhor como casa de oração para todos os povos, que até mesmo é citada por Jesus em sua repreensão aos vendilhões do Templo

---

24. Para Ulloa (2010, p. 367-369), nesse momento, cessam a inimizade e a divisão entre judeus e samaritanos, na medida em que no seio da Igreja nascente se reconciliam esses povos irmãos. Bem de acordo com o programa de expansão traçado em At 1,8, só depois de chegar aos samaritanos e assim recuperar as doze tribos de Israel, a Igreja seguirá sua expansão e alcançará os outros povos e nações, com o Evangelho sendo anunciado e acolhido pelos povos pagãos.

(Lc 19,46). O batismo do eunuco, que não tinha acesso à circuncisão, é profundamente significativo, e já antecipa o alcance extremo do convite ao batismo, do qual ninguém será excluído, sejam quais forem suas condições pessoais (Kaunda, 2015, p. 44). Note-se, ademais, que o episódio vem narrado ainda antes da conversão de Paulo, o apóstolo dos gentios (At 9,1-19), e antes também do batismo do centurião Cornélio e de sua família pelo apóstolo Pedro (At 10).

Como se vê, por sua localização no conjunto da obra lucana, a perícope do eunuco etíope abre, em certo sentido, a expansão do seguimento de Cristo aos gentios, como se dará na sequência do livro dos Atos dos Apóstolos. Ao final do Evangelho de Lucas, o texto de Emaús aponta para o Senhor ressuscitado presente em todas as casas, à mesa com seus discípulos, mesmo os mais simples; nos Atos dos Apóstolos, o relato do eunuco etíope demonstra o alcance extremo dessa presença do Senhor, que alcançará todos os povos e não excluirá ninguém.

Além disso, a própria estrutura dos dois relatos, tipicamente lucanos, como visto, apresenta inúmeras semelhanças narrativas. Correia assinala as seguintes correlações entre o texto de Emaús (Lc 24,13-35) e o do batismo do eunuco etíope (At 8,26-40):

• A importância dada ao caminho, na medida em que ambos os relatos se desenvolvem, em parte (Lc) ou no todo (At), no caminho que vai de Jerusalém para Emaús e para Gaza, respectivamente (Lc 24,13; At 8,26).

• Como Jesus se aproxima e caminha com os discípulos de Emaús (Lc 24,15), também Filipe se aproxima e segue viagem com o eunuco etíope (At 8,30-31).

• Jesus faz aos discípulos uma pergunta, e Cléofas lhe responde com outra (Lc 24,17-18); também Filipe faz uma pergunta o eunuco, e este lhe responde com outra pergunta (At 8,30-31).

• Os discípulos viram Jesus, mas não o reconheceram (At 24,16); assim também, o eunuco lia o Profeta Isaías, mas não o compreendia (At 8,28.30-31.34).

• Jesus interpreta sua morte e ressurreição como cumprimento das Escrituras (Lc 24,25-27); Filipe, por sua vez, partindo das Escrituras (Is 53,7-8 LXX) anuncia Jesus ao eunuco (At 8,35)[25].

• Em Emaús, as Escrituras conduzem ao convite para o convívio e daí à fração do pão (Lc 24,29-30); no caminho de Gaza, as Escrituras levam ao pedido do batismo pelo eunuco e ao batismo propriamente, pelas mãos de

---

25. "Em Lc 24 parte-se do evento pascal para explicá-lo à luz da Escritura; em At 8 parte-se das Escrituras para anunciar Jesus" (Rossé, 1992, p. 1019-1020, tradução nossa); na mesma direção, L'Eplattenier (1993, p. 258-259).

Filipe (At 8,36-38). A Eucaristia e o batismo são realçados (Léon-Dufour, 1971, p. 214; L'Eplattenier, 1993, p. 258-259).

• Depois da fração o pão, Jesus tornou-se invisível diante deles (Lc 24,31); depois do batismo, Filipe foi arrebatado pelo Espírito do Senhor (At 8,39).

• Tendo reconhecido o Senhor, os discípulos de Emaús, com o coração ardente, voltam pelo caminho ao encontro dos companheiros (Lc 24,32-33); também o eunuco, depois de ser batizado, retoma seu caminho cheio de alegria (At 8,39) (Correia, 2001, p. 380-381).

É possível encontrar ainda outras afinidades narrativas, como o estado de ânimo dos viajantes. Os peregrinos de Emaús discutiam, entristecidos, acerca do recente drama da condenação e crucificação de Jesus (Lc 24,14); o eunuco etíope lia o Profeta Isaías, mas não encontrava explicação ou sentido para o texto, tampouco quem o ajudasse a interpretá-lo (At 8,30-33). Ou ainda: como os discípulos de Emaús pedem que Jesus permaneça com eles (Lc 24,29), o eunuco pede a Filipe o batismo (At 8,36) (Chenu, 2005, p. 38).

Por essas inúmeras semelhanças e aproximações, não é difícil traçar também correlações entre os textos, seja no âmbito teológico ou litúrgico[26]. Fitzmyer adverte, porém, que, apesar dos paralelismos, há suficientes diferenças para não ultrapassar os limites, nem forçar interpretações (Fitzmyer, 2006, p. 580). Robinson destaca, por exemplo, que o reconhecimento para o eunuco precede seu batismo (At 8,36), ao passo que na história de Emaús o reconhecimento não ocorre até a fração do pão (Lc 24,30-31) (Robinson, 1984, p. 483-484). Seja como for, a estrutura dos relatos é inegavelmente semelhante, e por isso a comparação dos textos evidencia um estilo lucano próprio de narrar as histórias. Percebe-se que o evangelista elaborou, segundo o seu feitio, os dados a que teve acesso mediante tradições já existentes entre as primeiras comunidades[27].

3.2.3 Outros textos lucanos

Além desses relatos do menino Jesus reencontrado no Templo aos doze anos e do batismo do eunuco etíope por Filipe, nos quais as convergências com o

---

26. "O caráter lucano da narrativa deduz-se também a partir da comparação com o relato do batismo do eunuco etíope pelo diácono Filipe (At 8,26-39). Ambas as passagens referem pessoas em viagem que, no caminho, encontram um misterioso viandante, o qual lhes explica o sentido do sofrimento e da morte de Jesus à luz das Escrituras. Por meio de tais episódios, Lucas mostra ao leitor que através do batismo e da eucaristia se entra em relação com Cristo ressuscitado" (Alves, 2018, p. 478).

27. "Lucas, que escreveu os dois relatos e os selou com o seu cunho, revela aqui um modo de narrar que lhe é próprio. Não foi nas fontes que ele encontrou o esquema dos seus relatos; construiu-os ele próprio" (Dupont, 1979, p. 362 apud Correia, 2001, p. 382).

episódio de Emaús estão mais nítidas, há ainda outros textos que aportam também interessantes aproximações, ainda que mais discretas. A análise de tais textos confirma, mais uma vez, um estilo lucano próprio de narrar.

Um primeiro texto que costuma ser mencionado é justamente o episódio que se segue de imediato ao de Emaús, e que será o último do Evangelho de Lucas, constituindo, portanto, o desfecho do primeiro volume da obra lucana: o Senhor ressuscitado aparece aos apóstolos reunidos e com eles interage pela última vez (Lc 24,36-52). Embora de maneira não tão explícita, vê-se uma sequência semelhante a Emaús: a) aparição de Jesus, sem que os seus o reconheçam; b) revelação mediante uma exegese da Escritura; c) ceia em comum; d) partida definitiva de Cristo ressuscitado (ascensão ao céu) (Fitzmyer, 2006, p. 580). Com efeito, esse discurso de despedida, o último de Jesus aos apóstolos, mostra vários paralelos com Emaús: "Nos dois, Jesus, de início, não é compreendido, suas instruções para os discípulos se baseiam na Escritura, sua instrução leva à revelação dele mesmo, ele come e parte de forma sobrenatural" (Edwards, 2019, p. 904).

Há ainda um importante paralelo que não é registrado pelos referidos autores (Fitzmyer e Edwards), mas parece significativo: ao final do relato em questão, também é relatado por Lucas que os apóstolos, depois de receberem as últimas instruções do Senhor (Lc 24,44-49), de serem por ele levados a Betânia, onde foram por ele abençoados e o viram ser elevado aos céus (Lc 24,50-51), "ὑπέστρεψαν εἰς Ἰερουσαλήμ/*voltaram para Jerusalém*" (Lc 24,52), com grande alegria. Como se vê, trata-se da mesma expressão do final do episódio de Emaús (Lc 24,33).

Assim, a referida expressão "ὑπέστρεψαν εἰς Ἰερουσαλήμ/*voltaram para Jerusalém*", tipicamente lucana, repete-se por três vezes no terceiro Evangelho (Lc 2,45; 24,33.52). E se é possível, como visto acima, estabelecer um contraste entre a primeira ocorrência, quando os pais do menino Jesus voltaram à procura do seu filho (Lc 2,45), e a segunda, quando os discípulos de Emaús voltaram a Jerusalém porque viram o Senhor (Lc 24,33), é possível também, por sua vez, traçar uma aproximação entre essa segunda ocorrência da expressão, em Emaús, e a terceira, ao final do Evangelho (Lc 24,52), já que em ambas os discípulos voltaram alegres a Jerusalém porque encontraram o Senhor e com ele se entretiveram.

É possível perceber também semelhanças entre o relato de Emaús, ao final do Evangelho de Lucas, e outro episódio nos inícios do mesmo Evangelho, a saber, a aparição e a mensagem do anjo aos pastores nos arredores de Belém, anunciando o nascimento do salvador, bem como o caminho que fazem às pressas à manjedoura (Lc 2,8-20). Diante do menino, o medo se transforma em alegria, e voltam louvando a Deus pelo que viram e ouviram. Robinson registra que, logo antes do relato de Emaús, anjos anunciam a ressurreição às amedrontadas mulheres (Lc 24,5); e depois de Emaús, o Senhor ressuscitado aparece aos discípulos reunidos, afastando-lhes o medo e enchendo-os de alegria. O autor conclui, então, que o cumprimento das profecias, explicado pelo Senhor no caminho de Emaús, fora prenunciado no episódio do nascimento do menino Jesus (Robinson, 1984, p. 482-483).

Outro texto que, apesar de bem conhecido, não costuma ser associado ao episódio dos discípulos de Emaús, é a parábola do bom samaritano (Lc 10,30-35), narrativa também exclusivamente lucana (Konings, 2012, p. 155). O mérito dessa comparação cabe a Jeanne d'Arc (D'Arc, 1973, p. 196-197; Chenu, 2005, p. 40; Correia, 2013, p. 100), o qual estabelece um interessante paralelo, como se depreende do seguinte quadro:

Lc 10,30-35	Lc 24,13-35
Bom samaritano	Emaús
Certo homem	Dois discípulos
descia	a caminho
de Jerusalém	de Jerusalém
para Jericó	para Emaús
ferido, despojado, abandonado	rosto triste, sem esperança
um sacerdote e um levita	os sumos sacerdotes e os chefes
O SAMARITANO	O PRÓPRIO JESUS
aproxima-se	aproxima-se
põe-no sobre a própria montaria	caminha com eles
cuida de suas feridas	interpreta as Escrituras
leva-o a uma hospedaria	entra para ficar com eles
azeite e vinho	parte o pão
dá dois denários ao hospedeiro	dava-lhes
vai embora	torna-se invisível

Já se notaram também afinidades entre o texto de Emaús e o relato da libertação de Pedro da prisão e do reencontro com os discípulos, conforme narrado nos Atos dos Apóstolos (At 12,6-17). Sendo episódio do segundo volume da obra lucana, por óbvio constitui uma narrativa exclusiva de Lucas. Neste caso, as afinidades não são tão óbvias, mas o desaparecimento do anjo depois da libertação de Pedro (At 12,10) tem semelhanças com o de Jesus ao final de Emaús (Lc 24,31), bem como com o de Filipe depois do batismo do eunuco etíope (At 8,39)[28]. Ademais, as aproximações se notam sobretudo no tema do reconhecimento, o qual é central no relato de Emaús. Robinson observa que tal reconhecimento no episódio da libertação de Pedro se dá de maneira dupla, ou em dois momentos: primeiro, a criada Rode reconhece sua voz (At 12,14); em um segundo momento, os discípulos, até então incrédulos, abrem-lhe a porta e finalmente o reconhecem (At 12,15-16). E depois de narrar aos companheiros como fora libertado da prisão, Pedro manda que o anunciem a Tiago e aos irmãos e, por fim, se retira para outro lugar (At 12,17) (Robinson, 1984, p. 483).

Ademais, Robinson arrola interessantes e significativos paralelos entre o episódio da libertação de Pedro e o de Emaús. E assim considera que, mais do que simplesmente confirmar o estilo narrativo lucano, uma correspondência deliberada entre os relatos é evidente:

> Ambas as narrativas ocorrem no período da Páscoa; Herodes foi responsável pela prisão de Pedro, como também o foi (ao menos em parte) pela prisão de Jesus; os portões da prisão abertos correspondem à pedra rolada do sepulcro na manhã da Páscoa; como Rode traz uma mensagem que parece desvario aos discípulos (At 12,15), assim também a descrição das mulheres sobre o túmulo vazio é considerada absurda pelos apóstolos (Lc 24,11); o reconhecimento de Pedro pelos discípulos depois que a porta é aberta (At 12,16) recorda o reconhecimento de Jesus em Emaús depois que os olhos dos discípulos se abriram (Lc 24,31); os discípulos na casa da mãe de João Marcos são instados a contar a notícia a Tiago e aos irmãos (At 12,17), como Cléofas e sua companhia contam a notícia aos Onze (Lc 24,34-35); a alegria de Rode (At 12,14) é paralela à alegria dos discípulos de Emaús (Lc 24,32) e dos Onze (Lc 24,41); e finalmente, o abrupto desaparecimento de Pedro segue o padrão daquele de Jesus em Emaús (Lc 24,31) e em Betânia (Lc 24,51) (Robinson, 1984, p. 483, tradução nossa).

Por fim, outro texto dos Atos dos Apóstolos que merece menção é o episódio de Paulo em Filipos, com Lídia e suas companheiras (At 16,11-15). O apóstolo anuncia-lhes o Evangelho, batiza Lídia e esta o recebe em sua casa. Rastoin nota

---

28. "O desaparecimento divinamente ordenado ocorre em todas as três circunstâncias após a realização de uma tarefa essencial" (Edwards, 2019, p. 903).

paralelos e contrastes (Rastoin, 2010, p. 371-387). Quanto aos paralelos, os textos começam com uma longa troca de palavras (Lc 24,15; At 16,13); um dos evangelizados é nomeado, Cléofas e Lídia, respectivamente (Lc 24,18; At 16,14); e ambos ocorrem fora das aldeias (Lc 24,28; At 16,13) (Rastoin, 2010, p. 379). Os contrastes notam-se na sequência dos eventos: em Emaús, primeiro há o convite a entrar na casa, e a fração do pão; só depois os olhos se abrem e reconhecem o Senhor. Já em Filipos, primeiro Lídia acolhe o anúncio de Jesus feito por Paulo e recebe o batismo; e depois o convida a entrar com seus companheiros, e fazem refeição juntos (Rastoin, 2010, p. 380-381).

Todos esses textos lucanos comparados, para além de intenções teológicas ou afins que possam ser discutidas, certamente dão conta, em âmbito literário, da autoria lucana de tais relatos, dentre eles o de Emaús. Além de comprovar o talento literário e a qualidade narrativa de Lucas, sua leitura evidencia a afinidade das feições narrativas dos referidos textos, e confirma, assim, sua autoria comum.

3.3 Emaús como um quiasmo

Ao se observar a estrutura do Evangelho lucano, vê-se que o relato de Emaús, que narra a interação de Jesus com dois discípulos, é o episódio central dos três narrados por Lucas depois da ressurreição do Senhor (Lc 24,1-52). Todos se desenrolam no intervalo de apenas um dia, o primeiro dia (Lc 24,1.13.36): "Todo o capítulo demora um dia, contudo, note-se o modo como ele se torna estonteante, emocionante, movimentado, surpreendente e capaz de despertar inquietação, tanto nas personagens como no leitor" (Costa, 2021, p. 16). No primeiro episódio, logo antes de Emaús, as mulheres vão ao túmulo e são dois homens com vestes fulgurantes que anunciam que Jesus vive, conforme ele mesmo havia dito (Lc 24,1-12). E no terceiro e último, depois de Emaús, o próprio Senhor aparece em meio aos apóstolos e demais discípulos reunidos, recorda suas palavras e as Escrituras, e confirma a missão dos discípulos (Lc 24,36-52). Portanto, o relato de Emaús, entre os dois (Lc 24,13-35), é o primeiro momento em que o próprio Jesus ressuscitado se faz presente e interage com seus discípulos, já que no primeiro episódio o anúncio às mulheres foi feito por mensageiros.

Outro autor que destaca a centralidade do episódio dos discípulos de Emaús entre os relatos de ressurreição no Evangelho de Lucas é Meynet, pois segundo o método da análise retórica bíblica semítica, tal centralidade realça a importância do texto em questão e enriquece ainda mais a compreensão de sua mensagem. O relato, descrito pelo autor como um sofisticado quiasmo, é a subsequência central da última sequência do Evangelho de Lucas (Meynet, 1994, p. 686).

Alguns contrastes são bem evidentes já em uma primeira leitura: no início do relato, os discípulos não reconhecem aquele (v. 16) que caminha com eles (v. 15c), e ao final, reconhecem aquele (v. 31ab) que se senta à mesa com eles (v. 30a) (Meynet, 1994, p. 409); no início do relato, partem de Jerusalém para Emaús (v. 13), e na conclusão, empreendem o caminho de volta, de Emaús para Jerusalém (v. 33a).

Há outros dados, entretanto, que também sobressaem após uma leitura mais atenta e rigorosa, conforme o método da análise retórica bíblica semítica. Observe-se o contraste entre os discursos de Cléofas e do próprio Jesus: o primeiro relata que o Profeta Jesus de Nazaré foi entregue às autoridades "para ser condenado à morte" (v. 20a); já o Senhor, por uma pergunta retórica, assevera que era necessário que o Cristo sofresse aquelas coisas "para entrar na sua glória" (v. 26). Note-se também o testemunho das mulheres (v. 22), que narram que "tiveram uma visão de anjos" (v. 23b) asseverando que o Senhor vive (v. 23c), em oposição aos discípulos que foram ao túmulo (v. 24a) e, mesmo constatando o que as mulheres disseram (v. 24bc), "a ele não viram" (v. 24d). Bem no centro do relato, o quiasmo realça, inserido no discurso de Cléofas, a verdade central do Evangelho, com o anúncio dos anjos atestado pelas mulheres: "ele vive" (v. 23c).

Há ainda outros elementos que podem ser encontrados, conforme o método supramencionado. O quadro seguinte, elaborado por Meynet (1994, p. 686), procura demonstrar o referido quiasmo, destacando os assinalados contrastes e espelhamentos do episódio.

[13] E eis que dois deles *nesse mesmo dia* caminhavam para um lugarejo distante sessenta estádios de Jerusalém, cujo nome é Emaús, [14] e eles conversavam *um com o outro* sobre todos esses acontecimentos.
[15] E aconteceu que, enquanto conversavam e discutiam, o próprio Jesus, tendo-se aproximado, caminhava **com eles**, [16] mas os seus olhos estavam impedidos de reconhecê-lo.
[17] Então lhes perguntou: "O que discutis *entre vós* enquanto caminhais?" E pararam entristecidos. [18] Um deles, chamado Cléofas, tendo respondido disse-lhe: "És tu o único peregrino em Jerusalém que não soubeste o que nela *aconteceu* nesses dias?" [19] Disse-lhes: "O quê?"
Responderam-lhe: "Sobre Jesus de Nazaré, que foi profeta poderoso em obras e palavras diante de Deus e de todo o povo; [20]como os nossos sumo sacerdotes e chefes o entregaram *para ser condenado à morte* e o crucificaram. [21]Nós esperávamos que estivesse ele para redimir Israel, mas com tudo isso este é o terceiro dia desde que isso *aconteceu*.

> ^{22} Também algumas mulheres das nossas nos assustaram; tendo ido de manhã bem cedo ao túmulo,
> ^{23} e não tendo encontrado o corpo dele, vieram dizendo que *tiveram uma visão de anjos*,
> os quais dizem que **ele vive**.
> ^{24} Alguns dos nossos foram ao túmulo e encontraram as coisas como as mulheres disseram, mas a ele *NÃO VIRAM*."

> ^{25} Então ele lhes disse: "Ó insensatos e lentos de coração para crer em tudo o que disseram os profetas!
> ^{26} Não era necessário o Cristo sofrer isso *para entrar na sua glória*?" ^{27} E tendo começado por Moisés e por todos os profetas, interpretou-lhes em todas *as Escrituras* o que dizia respeito a ele.

> ^{28} E aproximaram-se do lugarejo para onde iam, e ele fez menção de passar mais além. ^{29} Mas insistiram com ele dizendo: "Permanece **conosco**, porque é tarde e já declinou o dia." E entrou para permanecer **com eles**.

> ^{30} E aconteceu que, ao sentar-se ele à mesa **com eles**,
> Tendo tomado o pão, abençoou-o e, tendo-o partido, dava-lhes;
> ^{31} então se abriram os seus olhos e o reconheceram.

> E ele tornou-se invisível diante deles. ^{32} e disseram *um ao outro*: "não estava ardente em nós o nosso coração enquanto **nos** falava no caminho, enquanto nos abria *as Escrituras*?"
> ^{33a} *Nessa hora*, tendo-se levantado, voltaram para Jerusalém.

É preciso salientar que, conforme o método da análise retórica bíblica semítica, Meynet conclui a perícope no segmento v. 33a, quando os discípulos voltaram para Jerusalém; assim, fica claro o contraste com o início do episódio, quando partem de Jerusalém para Emaús (v. 13). Dessa forma, os demais segmentos do v. 33, bem como os v. 34-35 compõem, segundo tal autor, a perícope seguinte; com efeito, narram a interação dos dois discípulos de Emaús com os demais, a quem reencontram em Jerusalém. Sua percepção é bem razoável e instigante, na medida em que há uma mudança de local – Jerusalém – e novos personagens, a saber, os Onze e os demais discípulos (v. 33b), e, na sequência, o próprio Senhor, que lhes aparece de modo manifesto (v. 36). Por outro lado, tal segmentação proposta por Meynet deixa pendente a esperada conclusão da narração de Emaús, e não por acaso a maioria dos autores conclui o relato em Lc 24,35, quando os dois discípulos, depois de confirmados pelos Onze (v. 34), têm a oportunidade de relatar a experiência com o Senhor no caminho (v. 35). Como se vê, nenhum método isolado alcança toda a riqueza dos textos bíblicos. As considerações da análise narrativa, na sequência, aportam outras contribuições, ao realçar a magnífica trama do episódio.

3.4 Emaús como uma narração: as etapas do relato

Considerado segundo o seu aspecto narrativo, o episódio de Emaús divide-se em quatro seções (Fitzmyer, 2006, p. 579; Dillman; Mora Paz, 2006, p. 563; Almeida, 2020, p. 91-92), e está organizado nas seguintes etapas:

A. Aproximação de Jesus, v. 13-16;

B. Diálogo durante o caminho, v. 17-27;

C. Chegada a Emaús e refeição comum, v. 28-32;

D. Retorno dos dois aos demais discípulos, v. 33-35.

A bem da verdade, a análise dessa estrutura de Emaús, em suas quatro etapas, demonstra como o episódio pode ser considerado um resumo de toda a história da salvação, de todo o plano divino a fim de resgatar e reconciliar a humanidade perdida desde o início. Como sintetizado em Emaús, é possível dizer, em breves rasgos, que no transcurso da história Deus se aproxima dos homens, caminha e dialoga com eles, dá-se aos homens até que, por fim, é por eles reconhecido, de modo que passam da tristeza e abatimento para a alegria e vida nova. Em seguida, analisar-se-á cada uma dessas etapas.

3.4.1. A aproximação de Jesus

O relato começa com a informação de que dois discípulos partiam de Jerusalém rumo a Emaús. Enquanto conversavam, Jesus se aproximou e passou a caminhar com eles, mas não o reconheceram. Este início do relato costuma ser chamado de "encontro" pelos autores (Fitzmyer, 2006, p. 579; Almeida, 2020, p. 91), mas o título "aproximação de Jesus" sublinha a iniciativa do Senhor de vir ao encontro deles e se fazer próximo, característica que Lucas costuma realçar (Lc 7,14; 10,34; At 8,29). De fato, os discípulos, tristes e abatidos que estavam, como se verá, provavelmente não estavam muito dispostos a conversar com um estranho. Destaca-se o primeiro passo de Jesus nessa aproximação, promovendo a interação entre os três.

Καὶ ἰδοὺ δύο ἐξ αὐτῶν ἐν αὐτῇ τῇ ἡμέρᾳ ἦσαν πορευόμενοι εἰς κώμην ἀπέχουσαν σταδίους ἑξήκοντα ἀπὸ Ἰερουσαλήμ, ᾗ ὄνομα Ἐμμαοῦς,	**13**	E eis que dois deles nesse mesmo dia caminhavam para um lugarejo distante sessenta estádios de Jerusalém, cujo nome é Emaús,
καὶ αὐτοὶ ὡμίλουν πρὸς ἀλλήλους περὶ πάντων τῶν συμβεβηκότων τούτων.	**14**	e eles conversavam um com o outro sobre todos esses acontecimentos.
καὶ ἐγένετο ἐν τῷ ὁμιλεῖν αὐτοὺς	**15a**	E aconteceu que, enquanto conversavam

καὶ συζητεῖν	**15b**	e discutiam,
καὶ αὐτὸς Ἰησοῦς ἐγγίσας συνεπορεύετο αὐτοῖς,	**15c**	o próprio Jesus, tendo-se aproximado, caminhava com eles,
οἱ δὲ ὀφθαλμοὶ αὐτῶν ἐκρατοῦντο τοῦ μὴ ἐπιγνῶναι αὐτόν.	**16**	mas os seus olhos estavam impedidos de reconhecê-lo.

Essa primeira etapa já comporta verbos de diálogo ("conversavam", v. 14 "conversavam e discutiam", v. 15), mas ainda entre os dois peregrinos apenas. O foco está nos verbos de movimento e de aproximação: os discípulos "caminhavam", v. 13, Jesus "tendo-se aproximado, caminhava com eles", v. 15c (Costa, 2021, p. 56).

Essencial ao relato é a informação, logo nos inícios, de que os discípulos não reconhecem o Senhor quando este se aproxima. Pode-se dizer que se trata propriamente do enredo do episódio, pois é a partir desse dado que há de se desenrolar toda a narração. Esse é precisamente o nó a ser desfeito, ou o descompasso entre Deus e os homens, que foi reparado pela obra salvífica de Jesus, tal como se esclarecerá no desfecho do relato. Não o reconhecem porque seus olhos estavam impedidos (Lc 24,16). O que significará isso? Que espécie de impedimento é esse, e a que ou a quem deve-se atribuí-lo? À incapacidade dos discípulos (Correia, 2013, p. 119; 190) ou a uma ação divina? (Bowen, 2018, p. 236; Moreno Sanz, 2021, p. 198-199) A resposta não é explícita, e pode levar a diferentes interpretações, até contrárias entre si. A sequência da narrativa deverá oferecer pistas a esse respeito, até que eles consigam reconhecer o Senhor que deles se aproximou. Desde já sobressai a expectativa pelo que há de ocorrer: se, quando e como os discípulos se darão conta daquilo que de início não haviam percebido, isto é, quem os acompanhava.

Essa notícia inicial tem incidências na presente tese, pois configura uma imagem de toda a humanidade a caminho, desde os primórdios, acompanhada por Deus em seus dramas, mas sem se dar conta disso por completo. Desde a queda original, a partir de quando o homem, envergonhado e confundido, esconde-se da presença de Deus, o próprio Deus não o abandona e, pelo contrário, vai ao seu encontro e o procura (Gn 3,9), e não cessa sua busca até que recupere a humanidade perdida por meio da obra redentora de Cristo, o qual reconcilia em definitivo os homens com Deus. Essa aproximação de Deus em busca dos homens está presente nesse início do relato de Emaús quando Jesus se aproxima dos dois discípulos.

3.4.2. Diálogo durante o caminho

A segunda etapa, a mais extensa, narra a interação entre Jesus e os discípulos, isto é, o diálogo que se desenrola enquanto seguem para o seu destino. Jesus já tinha tomado a iniciativa de se aproximar, e, uma vez mais, é dele a iniciativa de começar o diálogo (De Paiva; Torres; De Almeida Nogueira, 2016, p. 29). Interpela-os com uma pergunta acerca do que conversavam. Dá-lhes a oportunidade de se expressar, para que reconheçam como estão suas mentes e seu espírito. E, depois de ouvi-los a respeito do que havia acontecido, começa a recordar seus ensinamentos e a demonstrar que tudo ocorrera como previsto nos profetas desde Moisés.

εἶπεν δὲ πρὸς αὐτούς·	17a	Então lhes perguntou:
τίνες οἱ λόγοι οὗτοι οὓς ἀντιβάλλετε πρὸς ἀλλήλους περιπατοῦντες;	17b	"O que discutis entre vós enquanto caminhais?"
καὶ ἐστάθησαν σκυθρωποί.	17c	E pararam entristecidos.
ἀποκριθεὶς δὲ εἷς ὀνόματι Κλεοπᾶς εἶπεν πρὸς αὐτόν·	18a	Um deles, chamado Cléofas, tendo respondido disse-lhe:
σὺ μόνος παροικεῖς Ἰερουσαλὴμ	18b	"És tu o único peregrino em Jerusalém
καὶ οὐκ ἔγνως τὰ γενόμενα ἐν αὐτῇ ἐν ταῖς ἡμέραις ταύταις;	18c	que não soubeste o que nela aconteceu nesses dias?"
καὶ εἶπεν αὐτοῖς· ποῖα;	19a	Disse-lhes: "O quê?"
οἱ δὲ εἶπαν αὐτῷ·	19b	Responderam-lhe:
τὰ περὶ Ἰησοῦ τοῦ Ναζαρηνοῦ, ὃς ἐγένετο ἀνὴρ προφήτης δυνατὸς ἐν ἔργῳ καὶ λόγῳ ἐναντίον τοῦ θεοῦ καὶ παντὸς τοῦ λαοῦ,	19c	"Sobre Jesus de Nazaré, que foi profeta poderoso em obras e palavras diante de Deus e de todo o povo;
ὅπως τε παρέδωκαν αὐτὸν οἱ ἀρχιερεῖς καὶ οἱ ἄρχοντες ἡμῶν εἰς κρίμα θανάτου	20a	como os nossos sumo sacerdotes e chefes o entregaram para ser condenado à morte
καὶ ἐσταύρωσαν αὐτόν.	20b	e o crucificaram.
ἡμεῖς δὲ ἠλπίζομεν	21a	Nós esperávamos
ὅτι αὐτός ἐστιν ὁ μέλλων λυτροῦσθαι τὸν Ἰσραήλ·	21b	que estivesse ele para redimir Israel,
ἀλλά γε καὶ σὺν πᾶσιν τούτοις τρίτην ταύτην ἡμέραν ἄγει	21c	mas com tudo isso este é o terceiro dia
ἀφ᾽ οὗ ταῦτα ἐγένετο.	21d	desde que isso aconteceu.
ἀλλὰ καὶ γυναῖκές τινες ἐξ ἡμῶν ἐξέστησαν ἡμᾶς, γενόμεναι ὀρθριναὶ ἐπὶ τὸ μνημεῖον,	22	Também algumas mulheres das nossas nos assustaram; tendo ido de manhã bem cedo ao túmulo,
καὶ μὴ εὑροῦσαι τὸ σῶμα αὐτοῦ ἦλθον	23a	e não tendo encontrado o corpo dele, vieram

λέγουσαι καὶ ὀπτασίαν ἀγγέλων ἑωρακέναι,	23b	dizendo que tiveram uma visão de anjos,
οἳ λέγουσιν αὐτὸν ζῆν.	23c	os quais dizem que ele vive.
καὶ ἀπῆλθόν τινες τῶν σὺν ἡμῖν ἐπὶ τὸ μνημεῖον	24a	Alguns dos nossos foram ao túmulo
καὶ εὗρον οὕτως	24b	e encontraram as coisas
καθὼς καὶ αἱ γυναῖκες εἶπον,	24c	como as mulheres disseram,
αὐτὸν δὲ οὐκ εἶδον.	24d	mas a ele não viram".
καὶ αὐτὸς εἶπεν πρὸς αὐτούς·	25a	Então ele lhes disse:
ὦ ἀνόητοι καὶ βραδεῖς τῇ καρδίᾳ τοῦ πιστεύειν ἐπὶ πᾶσιν οἷς ἐλάλησαν οἱ προφῆται·	25b	"Ó insensatos e lentos de coração para crer em tudo o que disseram os profetas!
οὐχὶ ταῦτα ἔδει παθεῖν τὸν χριστὸν	26a	Não era necessário o Cristo sofrer isso
καὶ εἰσελθεῖν εἰς τὴν δόξαν αὐτοῦ;	26b	para entrar na sua glória?"
καὶ ἀρξάμενος ἀπὸ Μωϋσέως καὶ ἀπὸ πάντων τῶν προφητῶν διερμήνευσεν αὐτοῖς ἐν πάσαις ταῖς γραφαῖς τὰ περὶ ἑαυτοῦ.	27	E tendo começado por Moisés e por todos os profetas, interpretou-lhes em todas as Escrituras o que dizia respeito a ele.

Durante toda a segunda etapa, os três caminham juntos rumo a Emaús, mas esse fato fica latente, uma vez que não é destacado. Os verbos que aparecem repetidamente são os próprios do diálogo: "perguntou", v. 17a, "tendo respondido disse-lhe", v. 18a, "disse-lhes", v. 19a, "responderam-lhe", v. 19b, "lhes disse", v. 25a, "interpretou-lhes", v. 27.

Note-se também que nesse trecho do relato veem-se os discursos dentro do discurso. Assim, Cléofas narra o testemunho das mulheres, que, por sua vez, narram o anúncio dos dois homens em vestes fulgurantes (Dinkler, 2017, p. 704); também aí estão presentes os verbos próprios do diálogo e dos discursos: "dizendo", v. 23b, "dizem", v. 23c, "disseram", v. 24c. E Jesus, por seu turno, responde com o que "disseram" os profetas, v. 25b.

Depois da interpelação inicial de Jesus com a pergunta quanto ao que conversavam (v. 17b), o espanto manifestado por Cléofas demonstra o peso e a relevância dos acontecimentos recentes, com a condenação e crucificação daquele que esperavam ser o redentor de Israel. Diante do novo questionamento de Jesus (v. 19a), o relato traz então um breve resumo de quem ele era e do que fazia, o que, de certa forma, apresenta o episódio de Emaús como uma espécie de síntese de todo o Evangelho (Gallazzi, 2007, p. 222), à guisa de conclusão[29]. Em poucas palavras, Cléofas condensa o ministério daquele que era considerado profeta poderoso em palavras e obras, diante de Deus e de todo o povo (v. 19c). Prossegue seu discurso voltando sua atenção para os eventos recentes, isto é, sua condenação pelas autoridades judaicas (v. 20) e a decepção pelo ocorrido, que deu fim às suas esperanças (v. 21ab)[30]. Narra também o espanto ante o túmulo vazio e o discurso das mulheres a respeito de dois mensageiros a afirmar que ele vive (v. 22-23). Conclui seu discurso com a confissão de que nenhum desses sinais foi suficiente: continuam tristes e sem esperança, pois alguns foram ao túmulo e constataram a veracidade do que as mulheres disseram, mas a ele não viram (v. 24).

Em sua resposta, Jesus não rejeita a "cristologia pouco desenvolvida"[31] de Cléofas, tampouco nega os eventos recentes por ele narrados, mas lhes dá o seu verdadeiro e profundo sentido. Depois de repreender os discípulos por sua estreiteza e falta de fé (v. 25b), mostra que era preciso que o Cristo passasse por tudo aquilo para entrar em sua glória (v. 26). Assim, a exposição de Jesus, ao contrário do discurso de Cléofas, não se restringirá aos acontecimentos recentes, mas ampliará o campo de visão e apontará para as profecias desde Moisés (v. 27).

A análise da estrutura do texto demonstra o contraste entre a percepção dos sumos sacerdotes e chefes, e mesmo dos frustrados discípulos, de um lado, e dos dois mensageiros, das mulheres (Price, 1997, p. 271-272), das Escrituras e de Jesus, do lado oposto (Green, 1995, p. 93). Os primeiros veem o fim vergonhoso daquele que era considerado profeta; os últimos veem a glorificação do Cristo.

Esse contraste entre as percepções a respeito de Jesus pode ser percebido em um quiasmo entre os v. 20a e v. 26b, os quais narram o seu destino de maneira diametralmente oposta. No v. 20a, Cléofas declara que as autoridades entregaram Jesus "εἰς κρίμα θανάτου/para ser condenado à morte"; no v. 26b, o Senhor lhes questiona, por uma pergunta retórica, se não era preciso que o Cristo sofresse tudo aquilo a fim de entrar "εἰς τὴν δόξαν αὐτοῦ/para entrar na sua glória". A preposição "εἰς/para" introduz os dois destinos narrados, de modo complementar, mas com sentidos bem diferentes, e até mesmo avessos. De fato, foi condenado à morte, mas, pela cruz, entrou na sua glória (Meynet, 1994, p. 688).

---

29. "Segundo as regras elementares da retórica da época, uma boa conclusão deve recapitular o conjunto de um discurso ou de uma narrativa" (Costa, 2021, p. 19).

30. "O verbo ἐλπίζω [...] ocorre outras duas vezes no Evangelho de Lucas e não traz uma acepção teológica significativa, mas indica simplesmente uma expectativa genérica e humana (Lc 6,34; 23,8)" (Grasso, 2019, p. 438, tradução nossa).

31. "Quando Jesus uniu-se à conversa deles, ele não rejeitou sua Cristologia pouco desenvolvida ('undeveloped Christology')" (Francis; Siôn, 2016, p. 15, tradução nossa).

Assim, a explicação de Jesus amplia o horizonte ante a noção restrita e obtusa de Cléofas e de sua companhia, que levam em conta apenas os últimos acontecimentos e desconsideram toda a história da salvação. Se o discurso de Cléofas traz uma boa síntese do ministério de Jesus com seu dramático desfecho na cruz, a resposta de Jesus ressuscitado, por seu turno, resume a obra da redenção empreendida por Deus em favor dos homens, conforme narrada nas Escrituras, desde os inícios até sua consumação com a vitória do Cristo sobre a morte.

Dessa maneira, a análise do diálogo entre Cléofas e Jesus contribui para a compreensão do relato de Emaús como um remate do Evangelho de Lucas (Maxey, 2014, p. 113) e, ainda mais, como um coroamento de toda a história da salvação, na qual o Senhor e redentor veio buscar e salvar o que estava perdido desde as origens. Essa percepção enaltece ainda mais a alusão ao relato da queda original, nos olhos dos discípulos que se abrem, logo à frente, no v. 31a. Lá no Éden, nos primórdios, abriram-se para a perdição; aqui em Emaús, abrem-se verdadeiramente para o reconhecimento do Senhor e do seu amor pelos homens, a quem veio resgatar.

Vale registrar ainda, bem no centro do relato, no v. 23c, a palavra de Cléofas a respeito de Jesus: segundo o anúncio dos dois mensageiros atestado pelas mulheres, "αὐτὸν ζῆν/*ele vive*". Curiosamente, o próprio narrador desses fatos recentes, a saber, Cléofas, duvida desse anúncio. Essa palavra central no relato, segundo a análise da estrutura do texto (Meynet, 2012, p. 249), também é central no seu conteúdo, de modo que é nítido que não se trata de um dado fortuito. Nesse momento dá-se a virada da narrativa; concluída a exposição de Cléofas, Jesus toma a palavra e esclarece os discípulos, o que amplia sua perspectiva e lhes favorece a compreensão[32].

3.4.3. Chegada a Emaús e refeição comum

A terceira etapa do relato engloba a chegada ao destino, Emaús, e a refeição à mesa. Não sendo uma etapa longa, desdobra-se, porém, em uma sequência de importantes ações, o que já denota uma marcante agilidade de movimentos: chegada, convite a permanecer, entrada na casa, acomodação à mesa para refeição, benção, fração do pão e reconhecimento. O esperado momento do reconhecimento se dá à mesa, durante a refeição, o que coincide com o destaque às refeições na obra lucana e nas Escrituras como um todo (Mendonça, 2017, p. 178).

---

32. "As mulheres não dizem senão o que lhes foi dito (v. 23cd). Jesus não diz senão o que foi escrito (v. 25-27). [...] Jesus conforme as Escrituras, as mulheres conforme os anjos" (Meynet, 2012, p. 428, tradução nossa).

Καὶ ἤγγισαν εἰς τὴν κώμην	**28a**	E aproximaram-se do lugarejo
οὗ ἐπορεύοντο,	**28b**	para onde iam,
καὶ αὐτὸς προσεποιήσατο	**28c**	e ele fez menção
πορρώτερον πορεύεσθαι.	**28d**	de passar mais além.
καὶ παρεβιάσαντο αὐτὸν λέγοντες·	**29a**	Mas insistiram com ele dizendo:
μεῖνον μεθ᾽ ἡμῶν,	**29b**	"Permanece conosco,
ὅτι πρὸς ἑσπέραν ἐστὶν	**29c**	porque é tarde
καὶ κέκλικεν ἤδη ἡ ἡμέρα.	**29d**	e já declinou o dia".
καὶ εἰσῆλθεν τοῦ μεῖναι σὺν αὐτοῖς.	**29e**	E entrou para permanecer com eles.
καὶ ἐγένετο ἐν τῷ κατακλιθῆναι αὐτὸν μετ᾽ αὐτῶν	**30a**	E aconteceu que, ao sentar-se ele à mesa com eles,
λαβὼν τὸν ἄρτον εὐλόγησεν	**30b**	tendo tomado o pão, abençoou-o
καὶ κλάσας ἐπεδίδου αὐτοῖς,	**30c**	e, tendo-o partido, dava-lhes;
αὐτῶν δὲ διηνοίχθησαν οἱ ὀφθαλμοὶ	**31a**	então se abriram os seus olhos
καὶ ἐπέγνωσαν αὐτόν·	**31b**	e o reconheceram.
καὶ αὐτὸς ἄφαντος ἐγένετο ἀπ᾽ αὐτῶν.	**31c**	E ele tornou-se invisível diante deles.
καὶ εἶπαν πρὸς ἀλλήλους·	**32a**	E disseram um ao outro:
οὐχὶ ἡ καρδία ἡμῶν καιομένη ἦν	**32b**	"Não estava ardente em nós o nosso coração
ὡς ἐλάλει ἡμῖν ἐν τῇ ὁδῷ,	**32c**	enquanto nos falava no caminho,
ὡς διήνοιγεν ἡμῖν τὰς γραφάς;	**32d**	enquanto nos abria as Escrituras?"

A análise da estrutura do texto mostra que a chegada ao lugarejo e a conclusão da explicação das Escrituras por Jesus parecem coincidir. Com efeito, o motivo aduzido pelos discípulos ao forasteiro para entrar foi o declinar do dia (v. 29cd), e não a necessidade de prosseguir com a explicação; por outro lado, o forasteiro não sinaliza que ainda tem algo mais a dizer. Pelo relato, os discípulos o convidam a ficar porque já era tarde; e Jesus, por seu turno, dava sinais de que seguiria adiante, caso não fosse convidado (v. 28cd).

O texto deixa claro que Jesus fez menção de passar mais além. Ao que parece, quer-se destacar o convite dos discípulos. Além da típica hospitalidade judaica (Correia, 2013, p. 274-286), esse dado salienta a iniciativa dos dois (Costa, 2021,

p. 22), e, assim, realça a liberdade que tinham, diante da explicação de Jesus, de acolher ou não aquelas palavras (Lussi, 2012, p. 226). Esse convite a permanecer sublinha, então, a sabedoria e coerência da interpretação das Escrituras por Jesus, a qual não é explicitada, mas apenas sugerida. Por óbvio, ninguém teria melhores credenciais para interpretar as Escrituras do que o próprio Senhor. Por outro lado, o convite valoriza também a conduta dos discípulos, que souberam ouvir o peregrino com atenção e se dispuseram a acolhê-lo (Casati, 2001, p. 345-346), sinal de que acolheram também suas palavras, sem se deixar abater ou ressentir por sua repreensão inicial ("insensatos e lentos de coração", Lc 24,25).

Essa iniciativa dos discípulos ao convívio com Jesus, convidando-o a entrar em sua casa, é fundamental na medida em que contrasta com a atitude do primitivo casal depois da queda original: envergonhados, escondem-se da presença de Deus entre as árvores do jardim (Gn 3,8). Nesse sentido, pela expulsão do Éden, Deus apenas referendava a sentença que Adão e Eva impuseram a si mesmos de se afastarem da presença de Deus. Logo, em virtude de o episódio de Emaús se apresentar como o relato da restauração da humanidade decaída, era necessário que a iniciativa para o convívio com o Senhor partisse dos homens. Como por livre vontade se afastaram, livremente deveriam retornar. O Senhor aproximou-se, veio buscar o que estava perdido, explicou suas ações desde o início, e então esperou o convite para entrar. A partilha à mesa entre o Senhor ressuscitado e os dois peregrinos é imagem da restauração da comunhão entre Deus e os homens, obra de Cristo acolhida com amor e gratidão por seus discípulos.

Na sequência, o texto narra a refeição à mesa, e inúmeros autores chamam a atenção para o fato de que Jesus, mesmo sendo o convidado, assume para si o papel de anfitrião (Lenski, 1955, p. 1191-1192; Robinson, 1984, p. 485-486; Fitzmyer, 2006, p. 593; Correia, 2013, p. 359; Green, 2006, p. 516; Maxey, 2014, p. 122). O texto não mostra os discípulos oferecendo-lhe esse privilégio, nem Jesus o pedindo. Sentam-se à mesa e o Senhor já se porta como aquele que conduz as ações. Os verbos são característicos de Jesus durante o Evangelho: "tendo tomado o pão, abençoou-o e, tendo-o partido, dava-lhes" (Lc 24,30bc). Fica clara a conexão com as demais refeições na sua vida pública, nomeadamente a multiplicação dos pães e a última ceia (Blacketer, 2003, p. 324).

É nesse contexto de refeição à mesa, com a bênção e a fração do pão, que se dá o momento tão esperado, o qual ficara sugerido desde o início do relato: o reconhecimento de Jesus. O texto diz algo mais, e torna tal momento ainda mais solene: seus olhos se abriram, e então o reconheceram (Lc 24,31). Com efeito, no início, como visto, o autor assinala que seus olhos estavam impedidos de reconhecê-lo (Lc 24,16). Não era certo que os discípulos o reconheceriam em algum momento, mas essa expectativa é natural para qualquer leitor, porquanto ficara desde o início sugerida. Apenas resta a questão acerca de quando e de como se dará esse esperado reconhecimento. Destaca-se então a mesa e a refeição, com a bênção e a fração do pão, como os dois haverão de testemunhar aos demais companheiros quando chegarem a Jerusalém.

O texto afirma que o reconheceram "ἐν τῇ κλάσει τοῦ ἄρτου/*na fração do pão*" (Lc 24,35). Mas o texto não detalha a maneira como se deu propriamente esse reconhecimento, nem o momento preciso, isto é, se foi em um gesto específico ou tão somente durante a refeição. A esse respeito, Robinson elabora três possibilidades: i) reconheceram-no porque, apesar de não ser sua casa, tomou a iniciativa de assumir o papel de anfitrião, partindo e distribuindo o pão; ii) reconheceram-no em razão de alguma idiossincrasia particular pela qual partiu o pão de algum modo característico, ou acompanhado de alguma oração característica; iii) eles recordaram como Jesus sempre se mostrou como provedor e os alimentou, em especial por ocasião da multiplicação dos pães (Robinson, 1984, p. 484).

A análise do texto demonstra também que ambos reconheceram o Senhor ao mesmo tempo. Seus olhos se abriram juntos. Assim como, no jardim, Adão e Eva também estavam juntos em sua desobediência e juntos tiveram seus olhos abertos e se viram nus, também aqui em Emaús os dois têm seus olhos abertos no mesmo instante, e ambos o reconhecem simultaneamente, o que é significativo quanto à restauração da comunhão entre os dois que estava abalada no início ("conversavam e discutiam", Lc 24,15).

Assim, também essa terceira etapa aparece como uma chave para os homens, mostrando como poderão reconhecer o Senhor que os acompanha em seus caminhos. Na medida em que abrem suas portas aos forasteiros, acolhem o próprio Senhor que lhes vem ao encontro (Mt 25,35)[33]. Sentados à mesa, na partilha do pão cotidiano, também poderão reconhecer o Senhor que se faz presente. E, por fim, fica patente a alusão à eucaristia, a fração do pão da qual participam os discípulos, e na qual também terão acesso ao Senhor (Smith, 1987, p. 629).

---

33. "Com justiça insiste-se no gesto de Jesus que parte o pão, mas não quero ignorar aquele convite dos dois, reflita-se, dirigido a um desconhecido, que não sabiam quem era; querem-no com eles: 'Permanece conosco'. Dize-me se não há naquele convite um brilho de hospitalidade, gratuita, incondicionada, sem a segurança de um documento de identidade. E me pergunto: não será também esse gesto – ser hospitaleiro – um meio que te aproxima do reconhecimento de Jesus na fração do pão? Gregório Magno em uma sua homilia comenta: 'Prepararam a mesa, ofereceram os alimentos, reconheceram o Senhor no gesto da fração do pão, enquanto não foram capazes de o reconhecer na exposição das Sagradas Escrituras. Quando escutaram os preceitos de Deus, não tiveram luz, mas a tiveram quando os puseram em prática. O Senhor não foi reconhecido quando falava e se dignou fazer-se reconhecer enquanto recebia a hospitalidade'" (Casati, 2001, p. 345-346, tradução nossa).

Ainda resta uma última informação, também essencial, que na verdade se desdobra em duas: logo que reconhecem o Senhor, ele se torna invisível diante deles (Lc 24,31). Os dois dados estão unidos como em um axioma. Enfim reconhecem o Senhor; este, no mesmo instante, torna-se-lhes invisível. Está nítida a conexão entre esses dois fenômenos, isto é, o evento de terem-no reconhecido e ele ter se tornado invisível. Ocorrem ao mesmo tempo não por acaso. Daí surgem inúmeras reflexões e considerações, que costumam gravitar em torno do tema do aspecto glorioso do Jesus ressuscitado que não pode ser retido nem contemplado de modo ordinário (Marion, 2012, p. 151-152); a nova relação com o Senhor se dará não mais pelo convívio físico, mas pelo olhar da fé a partir do reconhecimento de sua ressurreição.

O diálogo na sequência mostra que essa invisibilidade de Jesus não foi ocasião de lamento por parte dos discípulos, mas de entusiasmo e alegria. Ademais, tornar-se invisível não significa estar ausente, e os discípulos se dão conta disso (Correia, 2001, p. 376; Rossé, 1992, p. 1017-1018; Grasso, 2019, p. 891). Apesar de o Senhor ter se tornado invisível diante deles, não há sinal algum de frustração dos dois. Não se lastimam por não terem percebido antes quem os acompanhava, tampouco por, de súbito, ele ter se tornado invisível, sem que tivessem tempo sequer para um abraço ou para um cumprimento mais caloroso, para alguma pergunta ou esclarecimento, ou ao menos para concluírem a refeição e a partilha à mesa.

Pelo contrário, retomam o diálogo, agora não como quem discute, mas novamente em comunhão, em concordância um com o outro. O diálogo é breve, mas cálido e vibrante. Por uma pergunta retórica, reconhecem o coração ardente de ambos enquanto o Senhor lhes falava pelo caminho e lhes abria as Escrituras. Note-se que o coração está no singular (Lc 24,32), o que é digno de atenção, pois constitui mais um sinal de comunhão entre os dois, que novamente são um só coração.

3.4.4. Retorno dos dois aos demais discípulos

A quarta e última etapa apresenta o retorno dos dois discípulos a Jerusalém, em busca dos demais companheiros de caminhada no seguimento de Jesus. Assim, o relato se conclui com a volta ao local de partida, mas em uma condição completamente renovada. Tristes e abatidos que estavam, retornam alegres e entusiasmados.

Καὶ ἀναστάντες αὐτῇ τῇ ὥρᾳ ὑπέστρεψαν εἰς Ἰερουσαλὴμ	33a	Nessa hora, tendo-se levantado, voltaram para Jerusalém

καὶ εὗρον ἠθροισμένους τοὺς ἕν-δεκα καὶ τοὺς σὺν αὐτοῖς,	33b	e encontraram reunidos os Onze e os que estavam com eles,
λέγοντας ὅτι ὄντως ἠγέρθη ὁ κύριος	34a	que diziam: "De fato o Senhor ressuscitou
καὶ ὤφθη Σίμωνι.	34b	e foi visto por Simão.
καὶ αὐτοὶ ἐξηγοῦντο τὰ ἐν τῇ ὁδῷ	35a	E eles relatavam o ocorrido no caminho
καὶ ὡς ἐγνώσθη αὐτοῖς ἐν τῇ κλά-σει τοῦ ἄρτου.	35b	e como fora reconhecido por eles na fração do pão.

A ressurreição de Jesus, ou seu reconhecimento pelos discípulos, converte-se em uma espécie de ressurreição dos próprios discípulos (Correia, 2001, p. 362): antes tristes, abatidos e sem esperança, veem-se então renovados, entusiasmados e alegres. E, de fato, o verbo "ἀναστάντες/*tendo-se levantado*", no v. 33a, expressa-o muito bem, porquanto é um verbo típico de ressurgimento e de vida nova nos textos lucanos (Lc 1,39; 15,20; At 9,6). Naquela mesma hora os dois discípulos, antes apáticos, sabem bem o que fazer, e, sem hesitações, empreendem o caminho de volta a Jerusalém. É de se notar que não há propriamente um envio missionário da parte do Senhor, mas ele fica sugerido, como se estivesse implícito no texto[34]. Não há dúvidas, nem para os dois discípulos nem para o leitor do relato, de que eles deveriam voltar aos companheiros para testemunhar o encontro que experimentaram.

Analisando as etapas do texto, observa-se que a distância entre Emaús e Jerusalém é considerável: em torno de sessenta estádios. A viagem em questão durou praticamente uma jornada, na medida em que chegaram com o dia já em declínio. A volta, porém, ocorre quase sem nenhuma referência. Subentende-se que foi às pressas, e rápida ao extremo. Se, ao chegarem a Emaús, o declínio do dia foi o motivo apresentado pelos discípulos para reter o peregrino que os acompanhava, tal declínio do dia não foi sequer considerado como um obstáculo ao caminho de retorno. O trajeto que fora longo e penoso na ida torna-se alegre e pressuroso na volta. A análise literária do texto o confirma: o percurso longo de um dia se torna, na volta, uma passagem rápida, quase resumida a uns instantes. Na mesma frase em que se diz que voltaram para Jerusalém, em Lc 24,33a, já há o encontro com os Onze e os demais, em Lc 24,33b, e a interação entre eles. Também a comparação com outros textos lucanos (Lc 1,39; 2,16) indica que o

---

34. "Não há missão; no entanto, o encontro leva diretamente ao testemunho" (Schweizer, 1988, p. 350, tradução nossa).

retorno se deu às pressas. E o relato da pronta chegada, sem nenhuma referência ao percurso, destaca esse reencontro com os discípulos quase como uma aparição, semelhante, em certa medida, à do próprio Jesus na perícope seguinte (Lc 24,36).

No reencontro com os demais discípulos, em Jerusalém, nota-se uma marcante inversão, na medida em que não são os peregrinos de Emaús a anunciar a ressurreição, mas sim os Onze apóstolos, os quais confirmam, antes ainda da palavra de Cléofas e de sua companhia, que de fato o Cristo ressuscitou e apareceu a Simão (Lc 24,34) (Fitzmyer, 2006, p. 595; Correia, 2001, p. 362; Grasso, 2019, p. 893). Pensando que seriam os arautos da novidade, os dois peregrinos recém-chegados tornam-se, na verdade, ouvintes do testemunho dos apóstolos e da aparição do Senhor ao primeiro dentre eles. Só então, depois de ouvirem os companheiros, Cléofas e sua companhia têm a oportunidade de narrar os acontecimentos marcantes que vivenciaram naquele primeiro dia, e de contar sua experiência pessoal e transformadora com o Senhor ressuscitado, reconhecido, por fim, na fração do pão (Lc 24,35). O testemunho dos dois aos apóstolos e aos outros discípulos constitui uma forma coerente e articulada, além de bela, de concluir o relato, e mostra que o privilégio que viveram não ficou retido somente com os dois, mas foi compartilhado com os demais, e inclusive com as sucessivas gerações cristãs. Pela leitura do Evangelho de Lucas, todos os cristãos terão acesso a esse episódio edificante e de confirmação na fé, bem e poderão também sentir seu coração arder e reconhecer o Senhor na fração do pão.

A conclusão do episódio de Emaús coincide, em certa medida, com a conclusão da história da salvação: vê-se ali a Igreja reunida, ou seja, os discípulos de Jesus partilhando a alegre experiência com o Senhor ressuscitado (Lc 24,34-35), e referências ao cumprimento das profecias (Lc 24,27) e à fração do pão (Lc 24,30). De fato, o tempo da Igreja é a última e definitiva etapa na história da salvação (At 2,17; Hb 1,1-2), na qual todos os povos e nações são convidados a ingressar no caminho de seguimento de Cristo. Note-se que é nessa alegre comunhão entre os discípulos que o Senhor, logo na sequência, faz-se presente no meio deles (Lc 24,36), o que também pode ser uma referência à parusia, ao encontro definitivo do Senhor com sua Igreja no fim dos tempos.

Capítulo 4 | Comentário exegético de Lc 24,13-35

Depois de apresentado o *Status Quaestionis*, depois de concluídas as etapas preliminares de delimitação, segmentação e tradução, bem como a crítica textual e justificativa de algumas opções de tradução, e feita a análise da estrutura do texto, segue-se o comentário exegético propriamente dito, com algumas reflexões extraídas desta pesquisa, com destaque à alusão ao casal primitivo do Éden nos dois discípulos cujos olhos se abrem à mesa em Emaús. Assim, o drama vivido pelos nossos primeiros pais, e que passa para todos os seus filhos (Rm 5,12-21), é desfeito pela obra redentora de Cristo, que restaura, então, a humanidade e a reconcilia com Deus. Os olhos outrora abertos para a nudez e o afastamento de Deus se abrem verdadeiramente em Emaús, mas aí com sentido novo e glorioso: em comunhão com Cristo e revestidos dele (Gl 3,27), os homens enfim voltam à comunhão e à amizade com Deus.

4.1 Dois deles a caminho (v. 13)

A primeira informação no relato dos discípulos de Emaús é a respeito do dia em que ocorreu: "Nesse mesmo dia" (Lc 24,13), o mesmo do relato anterior, da pedra removida, do túmulo vazio e do anúncio dos dois homens às mulheres (Lc 24,1-12). Trata-se do primeiro dia da semana, o que não é por acaso. É o dia da nova criação, o dia no qual a humanidade e toda a obra de Deus são restauradas pela morte e ressurreição de Jesus (Laurence, 2020, p. 77). Será também o dia em que os cristãos recordarão esse episódio em suas celebrações e alimentarão a sua fé em Cristo ressuscitado (O'Loughlin, 2005, p. 71-73). Não por acaso, os três episódios narrados em Lc 24, sendo Emaús o central, ocorrem todos no transcurso desse primeiro dia (Crimella, 2012, p. 174).

Também é importante o fato de serem dois os caminhantes. Como se sabe, Jesus há de se aproximar deles e os acompanhar. Isso recorda as palavras que em outra ocasião havia dito: "Onde dois ou três estiverem reunidos em meu nome, ali estou eu no meio deles" (Mt 18,20). Quando envia seus doze apóstolos e depois outros setenta e dois discípulos, Jesus os envia dois a dois (Lc 10,1). Se ao final do relato de Emaús, ao reconhecerem o Senhor, os discípulos hão de voltar para anunciar tudo o que experimentaram, convinha também que fossem dois a fazer tal anúncio. É sabido que, naquele contexto, a validade de um testemunho requer a presença de duas pessoas (Chenu, 2005, p. 44). Além de cumprir a exigência legal de credibilidade no judaísmo (Nm 35,30; Dt 19,15), trata-se da última e talvez mais importante referência frequente de Lucas a pares, pois esse par será a primeira testemunha da ressurreição (Edwards, 2019, p. 890).

A informação é discreta, traz poucos dados: apenas assinala que são "dois deles". Mas a indeterminação não é absoluta, pois se são dois dentre eles, já há nesse primeiro momento a indicação de que fazem parte do grupo dos discípulos: "Defini-los como 'dois deles' já os articula com um grupo de pertença" (Correia, 2013, p. 163). Registre-se também que esses dois não são figuras notáveis dentre os discípulos (Kohles, 2014, p. 94; Buchanan, 2015, p. 57), o que, na verdade, está bem de acordo com as características de Lucas, o qual dá destaque a tais personagens comuns, como assevera Correia:

> O tratamento dado por este evangelista aos personagens secundários e aos acontecimentos em que ocupam um lugar de relevo não é, a este ponto, uma novidade. Já noutros momentos, Lucas havia referido detalhadamente ações, palavras e sentimentos de personagens secundários ou 'marginais', o que nos permite inferir tratar-se de uma forma lucana de proceder (Correia, 2013, p. 164).

À frente se verá que o nome de um dos dois é Cléofas. O outro discípulo não é nomeado. Tal fato gerou especulações desde os primeiros séculos, e esse segundo peregrino já foi identificado ora com Simão Pedro, ora com o próprio Lucas, ora, ainda, com Tiago Menor (Lenski, 1955, p. 1183). Já houve quem os considerasse dois dos setenta e dois enviados por Jesus em outra ocasião (Lc 10,1) (Bowen, 2018, p. 235-236), com missão semelhante à dos Doze. Mas nenhuma dessas teorias se sustenta; a que nos parece ser mais robusta é a que reconhece, nesta companhia de Cléofas, a sua esposa, como alguns autores já defenderam (Mazzarolo, 2013, p. 291; Sicre, 2021, p. 518), o que está bem de acordo com o presente estudo, como adiante se verá. Seja como for, o anonimato deste segundo discípulo (ou discípula) de Jesus abre espaço para que cada leitor do Evangelho se identifique e ali, naquela peregrinação com o Senhor, encontre o seu lugar (Barreiro, 2001, p. 13; De Paiva; Torres; De Almeida Nogueira, 2016, p. 29).

O lugar é deixado livre para que qualquer um possa identificar-se com o outro discípulo e inserir-se nesse encontro. O companheiro anônimo de Cléofas porta o nome de cada um dos crentes. Um espaço eclesial é de tal modo aberto a todos os leitores do texto (Chenu, 2005, p. 48).

Caminhavam partindo de Jerusalém para um lugarejo chamado Emaús. Antes de tratar dos pontos de partida e de chegada da caminhada, convém refletir a respeito do caminho propriamente, tema de destaque na obra lucana (Monasterio; Carmona, 2010, p. 305-313), e com repetidas referências na perícope (Green, 2006, p. 509). Já no Antigo Testamento há a noção de um caminho a percorrer, desde quando Deus viu a aflição do seu povo e ouviu o seu clamor, e suscitou Moisés para libertá-los da escravidão no Egito (Ex 3,6-10). Ele o fez através de um longo caminho de quarenta anos no deserto, até que chegassem à terra prometida (Ex 16,35; Dt 2,7). Sob esse modo de ver, o caminho não é só a travessia de um espaço geográfico, mas consiste numa experiência, na qual o povo hebreu se deixa conduzir por Deus. Não é fortuito o fato de que, no caminho do deserto, Deus revela seus mandamentos (Ex 20,1-17), dando a Lei ao povo como um dom, para que aprendam a servir a Deus e a obedecer-lhe. Justamente de acordo com essa Lei, valorizava-se o ideal de discutir assuntos religiosos enquanto se está a caminho (Dt 6,7) (Edwards, 2019, p. 893), exatamente como faziam os peregrinos de Emaús. O motivo do caminho está presente em outros momentos fundamentais da história de Israel, como no retorno depois do exílio da Babilônia, quando Deus conduz o povo de volta para sua terra, renovando suas maravilhas em favor deles (Sl 125 LXX).

Além disso, há diversos textos que demonstram como o tema dos dois caminhos, o do bem e o do mal, é recorrente no judaísmo, a exemplo de textos veterotestamentários, como o Sl 1; Dt 30,15-20; Pr 4,18-19, dentre outros. O homem é chamado por Deus a escolher o bem e evitar o mal, conduta essa que será do seu interesse e atrairá as bênçãos de Deus, afastando as tribulações e angústias.

No Novo Testamento, o ensinamento de Jesus se aproxima dessa escola em discursos como: "Entrai pela porta estreita, porque largo e espaçoso é o caminho que conduz à perdição. E muitos são os que entram por ele. Estreita, porém, é a porta e apertado o caminho que conduz à Vida. E poucos são os que o encontram" (Mt 7,13-14). De modo semelhante, mas com matizes diferentes, o Evangelho de Lucas registra: "Alguém lhe perguntou: 'Senhor, é pequeno o número dos que se salvam?' Ele respondeu: 'Esforçai-vos por entrar pela porta estreita, pois eu vos digo que muitos procurarão entrar e não conseguirão'" (Lc 13,23-24). No Evangelho segundo João, Jesus chega a identificar a si mesmo com o caminho: "Diz-lhe Jesus: 'Eu sou o Caminho, a Verdade e a Vida. Ninguém vem ao Pai a não ser por mim" (Jo 14,6).

Além desses textos, na obra lucana o caminho é um motivo que traz marcante conteúdo teológico. No Evangelho de Lucas, o evangelista explora o tema e expande o caminho de Jesus de Lc 9,51 até Lc 19,27 (Green, 1995, p. 103). O percurso da Galileia a Jerusalém, que já estava presente em Marcos e Mateus, ganha ainda mais destaque. E no livro dos Atos dos Apóstolos, o tema do caminho passa a ser identificado com o próprio seguir a Cristo[35]. Assim, Saulo havia pedido cartas para as sinagogas de Damasco a fim de levar presos a Jerusalém todos os que encontrasse pertencendo ao "Caminho", conforme At 9,2. Mais à frente, de acordo com At 18,25-26, Apolo fora instruído "no caminho do Senhor", e ensinava acerca de Jesus com intrepidez na sinagoga, embora só conhecesse o batismo de João; até que Priscila e Áquila tomaram-no consigo e "com mais exatidão, expuseram-lhe o Caminho"[36].

Vale registrar ainda que, segundo Robinson, a demora da parusia, tida como iminente pelas primeiras comunidades, levou ao desenvolvimento do tema do caminho na obra lucana. A grande expectativa pelo retorno iminente do Senhor havia minguado, passada a primeira geração cristã, e Lucas mostra que os cristãos devem cultivar a paciência e a perseverança (Robinson, 1984, p. 481). Nesse sentido, é muito significativo que a aproximação de Jesus ressuscitado se dê enquanto dois de seus discípulos caminham, e que o desenvolvimento do relato se dê justamente durante o percurso: "Um discípulo de Jesus é, antes de tudo, para Lucas, um companheiro de viagem" (Chenu, 2005, p. 46).

4.2 De Jerusalém a Emaús

O ponto de partida dos discípulos foi a cidade de Jerusalém. O fato de se afastarem dela é repleto de significado. Como capital que era da Judeia, Jerusalém agregava as esperanças messiânicas de libertação de Israel. O afastar-se dali evidencia o desânimo desses peregrinos, a desistência de qualquer projeto de libertação a que pudessem aspirar antes da morte de Jesus (Grasso, 2019, p. 883). Não por acaso, logo à frente vão confessar que "esperavam" que Jesus fosse libertar a Israel; ou seja, suas esperanças se desvaneceram.

---

35. "Mais do que um espaço físico de passagem, (o caminho) é o lugar do encontro, da catequese, da revelação e da descoberta do Ressuscitado. É tal o seu significado e importância que chega a ser imagem e mesmo o nome da comunidade crente" (Correia, 2013, p. 126). "Caminho era o nome que a comunidade cristã primitiva dera à 'religião' dos seguidores de Jesus, como atesta amplamente Atos dos Apóstolos com suas sete citações" (Lussi, 2012, p. 221-222).

36. "Ser cristão é, com efeito, ser discípulo de Jesus; e todo discípulo de Jesus é, de uma forma ou de outra, seu seguidor. É significativo a este respeito que, segundo o livro dos Atos dos Apóstolos, os primeiros cristãos tenham usado a palavra 'caminho' para expressar sua identidade; eles são chamados 'os seguidores do Caminho' (At 9,2), e o conteúdo da fé cristã é resumido na expressão 'o caminho do Senhor' (At 18,25), ou o 'caminho de Deus' (At 18,26), ou simplesmente 'o caminho' (At 19,9.23; 22,4; 24,14.22)" (Barreiro, 2001, p. 79).

Esses dois peregrinos partindo de Jerusalém, ao final do Evangelho de Lucas, recordam outros dois peregrinos que também partiram da cidade santa, bem no início do mesmo Evangelho: trata-se de José e Maria, os pais de Jesus. Percebendo que se enganaram quanto à presença do menino com eles aos doze anos, retornam a Jerusalém à procura de seu filho (Lc 2,45). Aqui também, chegando a Emaús, os peregrinos percebem que se enganam quanto à presença de Jesus entre eles, mas de modo invertido. Aqueles enganaram-se pensando que Jesus estava com eles; estes enganam-se porque pensam que Jesus já não está mais entre eles. Logo que se dão conta da verdade, também estes retornam às pressas a Jerusalém, mas não para procurar Jesus, e sim porque o encontraram e querem anunciá-lo aos companheiros. Muitos autores percebem as proximidades entre os dois textos (Chenu, 2005, p. 39-40; James, 2010, p. 63; Wright, 2013, p. 896; Rossé, 1992, p. 1019-1022), que são como balizas no início e no fim do Evangelho de Lucas, o qual se apresenta, portanto, como um relato que pretende mostrar onde e como buscar e encontrar Jesus: não mais em Jerusalém, mas nas Escrituras, nas casas dos discípulos, na fração do pão, na comunidade reunida. Jerusalém passa a ser o ponto de partida para a missão da Igreja até os confins do mundo (At 1,8).

Quanto ao destino dos peregrinos, pouco ou nada se sabe a respeito do lugarejo chamado Emaús. Diversos autores já trataram do tema (Chenu, 2005, p. 45; Edwards, 2019, p. 895); foram feitas as mais diversas especulações quanto à localização do referido local. Algumas teorias já foram apresentadas, levando em conta a distância para Jerusalém, a saber, sessenta estádios, o que equivale a aproximadamente onze quilômetros. A bem da verdade, tal destino dos peregrinos não parece tão importante para a narração. Por isso, como se disse, os autores especulam a respeito do tema e propõem teorias, mas são poucos os que se debruçam sobre a questão, justamente por ser uma informação trivial. Assim, a grande maioria dos estudiosos contenta-se com os dados do próprio relato: trata-se de um lugarejo distante sessenta estádios de Jerusalém, não mais que isso.

Na tradição cristã, basta citar a palavra "Emaús" e todos se recordam de imediato deste relato dos peregrinos que retornam de Jerusalém e são acompanhados por Jesus até tal lugarejo. E não poderia ser diferente. Ressalvada a possibilidade remota de identificar Emaús com Amaús, de 1Mac 3,40.57; 4,3 (Chenu, 2005, p. 45; Gallazzi, 2007, p. 223), trata-se de um local sem nenhum precedente histórico em Israel, sem nenhum episódio no Antigo Testamento, e que inclusive não volta a aparecer seja nos Atos dos Apóstolos, seja nas cartas de Paulo. Precisamente por isso, todas as referências a Emaús se concentram no texto em questão. É interessante notar que, mesmo sem trazer alusão alguma agregada a si, por ser local desconhecido, ainda assim o evangelista fez questão de mencionar o nome do lugarejo, a saber, Emaús.

136

A esse respeito, cabe uma reflexão: O ponto de partida é importante: Jerusalém; mas o destino não importa tanto, trata-se de um local sem expressão, sem uma história nas Escrituras[37]. E ainda assim, é para lá que Jesus se encaminha e até lá acompanha os peregrinos. Assim, os leitores de Lucas, estejam onde estiverem, mesmo em recantos escondidos e sem importância, podem se sentir representados por esses peregrinos que voltam de Jerusalém, e podem reconhecer que também são acompanhados pelo Senhor em seus caminhos. Ademais, tal caminho coincide com a evangelização da Igreja, conforme a palavra de Jesus em At 1,8: "[...] sereis minhas testemunhas em Jerusalém, em toda a Judeia e a Samaria, e até os confins da terra". Como se vê, a Igreja parte de Jerusalém e alcança os extremos da terra, mesmo os locais desconhecidos e, porventura, sem relevância alguma, aqui representados em Emaús.

Por fim, mais importante que o local de destino, importa a motivação da jornada empreendida pelos dois discípulos. Por que razão, afinal, partem de Jerusalém para Emaús? Se em Jerusalém estavam os demais discípulos, como se constata ao final do relato, a verdade é que esses dois, Cléofas e sua companhia, afastam-se dos companheiros de discipulado, como quem de fato os abandona. Fazem, assim, o caminho contrário ao do seguimento de Cristo (Pérez Herrero, 2014, p. 14; Grasso, 2019, p. 883). Para onde pretendem ir, que intenção os leva a empreender uma viagem razoavelmente longa, justamente nesse momento de luto em que viviam? Ao que parece, queriam voltar para casa, nada mais que isso. A experiência mostra que as pessoas, quando estão enlutadas, gostam de ficar em suas casas (Francis; Siôn, 2002, p. 15).

4.3 Aproximou-se (v. 15)

Enquanto caminhavam, os dois discípulos conversavam acerca de todos os acontecimentos recentes que envolveram a condenação e a morte de Jesus, como não podia deixar de ser. O versículo seguinte, v. 15ab, agrega mais uma informação: "enquanto conversavam e discutiam" ("συζητέω/*discuto*"). Ou seja, a conversa entre eles não era pacífica nem tranquila, mas dramática, dolorosa. Não compreendiam os acontecimentos, lamentavam todo o ocorrido, e estavam desapontados, perplexos. Em uma palavra, sem esperança, como à frente dirão. Não é possível saber com segurança, mas talvez discordassem entre si até mesmo quanto aos acontecimentos e a seu significado, quanto às palavras das mulheres do grupo (Gallazzi, 1995, p. 223-224) e à constatação dos apóstolos que foram ao

---

37. "Emaús é um vilarejo que não está 'em lugar nenhum'. Os discípulos sabem de onde partem, mas não sabem para onde vão. Fogem de Jerusalém" (Chenu, 2005, p. 45-46, tradução nossa). Na mesma direção, cf. Pérez Herrero (2014, p. 14).

túmulo vazio. Enfim, o que fica claro é que não estavam em comunhão, apesar de caminharem juntos. Por outro lado, deve-se destacar que, de acordo com o texto, ambos os peregrinos falavam e se expressavam, o que é significativo: a fala era uma ação recíproca entre iguais (Kohles, 2015, p. 95). Mas discutiam entre si, justamente porque não estavam em paz, nem um com o outro, nem com Deus, nem consigo mesmos. Neste sentido, tais peregrinos são uma imagem de todos os homens que caminham pelo mundo desde o pecado original: sua harmonia se vê abalada, o que se reflete nas suas relações com Deus, com a criação, com o próximo e com si próprios (Oporto; Garcia, 2019, p. 58-59).

Essa reflexão tem uma sensível relevância para a proposta deste estudo, que vê um estreito nexo entre os peregrinos de Emaús e o primitivo casal, andarilho pelo mundo depois da queda original, abatidos e sem esperança. Em verdade, é possível dizer, em alguma medida, que assim termina o relato da queda: Adão e Eva, expulsos do jardim do Éden, vagam pelo mundo abatidos e sem perspectivas, e precisam se dispor a recomeçar a vida, como quem perdeu tudo ou quase tudo. Precisamente dessa mesma maneira é que começa o relato de Emaús, como numa perfeita sequência: dois discípulos (mais uma razão para ver neles um casal), abatidos e já sem esperanças, voltam para casa sem saber o que será de suas vidas dali em diante. O mesmo Deus que permitiu que se afastassem e fossem embora do jardim não os abandona, mas vai ao seu encontro, depois de elaborar, pôr em marcha e consumar todo o seu desígnio salvífico, como também haverá de explicar aos peregrinos durante o caminho. Deus mesmo haverá de restaurar a harmonia perdida pelos homens nos primórdios.

É nesse contexto dramático de discussão que Jesus então se aproxima e começa a caminhar com eles, conforme o v. 15b. Com efeito, apesar de tristes, não pensam em outro assunto senão em Jesus. Trazem no coração o desfecho dramático da cruz, ainda incompreensível. "Não sabendo ainda que está vivo, não se dão conta de que, reunidos em seu nome, já que falam dele, ele está no meio deles. Como lhes havia prometido" (Meynet, 1994, p. 687, tradução nossa). Note-se a importância das ações descritas, típicas de Jesus: aproximar-se e caminhar com eles. Como se vê, o tema do caminho é logo retomado (Correia, 2013, p. 383-385). E aqui se vê o próprio Jesus que se faz presente no caminho, acompanha os discípulos, manifestando-se, desse modo, como a encarnação do Deus conosco, o Emanuel (Is 7,14; Mt 1,23)[38]. De fato, já no Antigo Testamento, Deus se mostrou próximo ao povo (Dohmen, 2012, p. 462); libertou-o da escravidão no Egito.

---

38. "Até a linguagem aparentemente descritiva possui uma evidente finalidade teológica, como acontece na frase 'o próprio Jesus aproximando-se caminhou com eles' (v. 15). Mais do que assinalar as circunstâncias, Lucas pretende realçar o fato em si mesmo: Jesus caminha com os discípulos, faz-se seu companheiro de viagem, partilha com eles as dúvidas e inquietações" (Correia, 2013, p. 364).

Conduziu-o e o acompanhou ao longo do deserto, e o introduziu numa terra boa e espaçosa, terra que produzia leite e mel. E Deus fez assim porque viu sua aflição, ouviu seu clamor, e conhecia seu sofrimento. Por isso desceu para libertá-los, por meio de Moisés, seu servo (Ex 3,7-8). Mas ainda bem antes, desde o início, Deus já se mostrava presente: no Éden, passeava no jardim para tomar a brisa da tarde (Gn 3,8), próximo a Adão e Eva. E diante da desobediência desses, Deus não os abandona, mas vai ao seu encontro: "Adão, onde estás?" (Gn 3,9).

Como proposto no presente trabalho, é precisamente para restaurar a humanidade decaída desde as origens que o Cristo precisou passar por todo o sofrimento e condenação à morte de cruz (Dohmen, 2012, p. 453-459). E depois de realizar tal obra redentora, só então ele se aproxima dos discípulos, já ressuscitado e glorioso, disposto a recordar tudo o que precisou fazer para resgatá-los. Como o bom pastor que parte à procura da ovelha desgarrada (Lc 15,4-7), o Senhor vai em busca dessas duas ovelhas que vagavam desgarradas, a fim de recuperá-las, antes de se fazer presente em meio aos demais discípulos reunidos (Lc 24,36) (Pérez Herrero, 2014, p. 27; Grasso, 2019, p. 451). Assim, há uma estreita correlação entre Deus que passeava no jardim do Éden e se aproxima de Adão e Eva, e Jesus que se aproxima dos discípulos de Emaús e lhes fala. São como duas balizas, as molduras de toda a história da salvação: a queda original e a redenção final pela qual se dá a restauração do gênero humano.

De fato, o doloroso e frustrante desfecho do relato da queda, no qual Adão e Eva, expulsos do jardim do Éden, veem-se, sem destino e sem esperança, a vagar pelo mundo, é como que retomado no início dramático do relato de Emaús: neste episódio também, os dois peregrinos, abatidos pela morte de Jesus, veem-se da mesma maneira: a vagar pelo mundo sem destino e sem esperança, voltando tristes para sua casa. É como se Emaús fosse a continuação do relato da queda original, depois de uma dilatada elipse, que engloba nada menos que toda a história da salvação, do início ao fim, das origens à consumação. E até mesmo o próprio texto de Emaús faz referência a essa história da salvação, no v. 27, quando Jesus, "tendo começado por Moisés e por todos os profetas", interpretou aos discípulos o que dizia respeito a ele nas Escrituras.

4.4 Não o reconheceram (v. 16)

Apesar de Jesus aproximar-se e caminhar com eles, o texto registra que "os seus olhos estavam impedidos de reconhecê-lo". Essa informação é de extrema importância, e prepara o desfecho no qual seus olhos se abrirão e o reconhecerão, no v. 31. Por que não o reconheceram? Vários autores tratam do tema, com diversas teorias. Para alguns, a responsabilidade por essa inaptidão recai nos próprios discípulos[39]. Correia entende que "o desconhecimento não é fruto de qualquer ação de Deus ou do próprio Jesus, mas da incapacidade humana de o reconhecer" (Correia, 2013, p. 119). Ou, de maneira semelhante, há quem considere que tal ocultação reflete o despreparo dos discípulos para lidar com a morte de Jesus, numa falha culpável a ser superada (Tannehill, 1996, p. 352). Segundo a opinião desses autores, a responsabilidade pelo não reconhecimento recai sobre os discípulos, cuja disposição característica em todos os relatos lucanos da ressurreição é essa incapacidade de reconhecer o Ressuscitado e de nele crer (Kremer, 1977, p. 117; Pérez Herrero, 2014, p. 15; Green, 2006, p. 511). Desde o seu nascimento (Lc 2,20.30) e durante o seu ministério público (Lc 9,20), todos reconheciam a Jesus, até mesmo um cego (Lc 18,35-43) (Boysel, 2012, p. 31). Mas depois da crucificação, a tristeza que tomava os discípulos os impedia de identificar o seu Senhor e mestre. Já outros autores entendem que era Jesus quem se apresentava "ἐν ἑτέρᾳ μορφῇ/de forma diferente", conforme Mc 16,12 (Pérez Millos, 2012, p. 2501). E não falta quem veja nessa falta de reconhecimento, em pontos de vista contrastantes, um impedimento satânico (Agostinho apud Tomás de Aquino, 2020, p. 679; Nolland, 1993, p. 1201) ou, ao contrário, uma ação de Deus (Lagrange, 1948, p. 602-603; Robinson, 1984, p. 484; Bowen, 2018, p. 236; Rienecker, 1991, p. 469; Fitzmyer, 2006, p. 584; Edwards, 2019, p. 893), com o propósito de dar-se a conhecer no momento oportuno[40].

A esse respeito, consideradas as diversas opiniões divergentes, parece lúcido o parecer de Bucur, que reflete:

> Escolher seja ação divina ou incapacidade humana não honra a sofisticação narrativa e teológica de Lucas. Eu diria que a relação entre a manifestação da glória divina e seu humano acolhimento deveria assentar, como o início do relato de Emaús sugere, numa estrutura dinâmica, sinérgica e pedagógica (Bucur, 2014, p. 705, tradução nossa).

Ainda no que tange aos olhos impedidos ou que não conseguiam reconhecer o Senhor, vale notar que o verbo está no tempo imperfeito (Correia, 2013, p. 142), o que é curioso, e pode sugerir que estavam impedidos, que

---

39. "Não se nos afigura sensato admitir que Deus ou Jesus Ressuscitado impeçam, por um lado, o reconhecimento e, por outro, o favoreçam, como acontece no mesmo texto (v. 30-31). Se isto fosse verdade, tratar-se-ia de uma insustentável contradição divina e não seria aceitável que Deus dificultasse o processo a fim de que a sua ação e glória se manifestassem de forma mais convincente" (Correia, 2013, p. 190).

40. "A abertura dos olhos e do coração só pode ser um dom da graça de Deus" (Chenu, 2005, p. 47, tradução nossa); "A razão pela qual Deus os mantêm na obscuridade a respeito do misterioso forasteiro é talvez mais bem explicada como uma questão de pedagogia divina" (Bucur, 2014, p. 687, tradução nossa). Cf. tb. Moreno Sanz (2021, p. 198-199).

vinham já impedidos havia muito. Tal ideia está de acordo com a presente pesquisa, que sugere que tal impedimento remontava, a rigor, aos primeiros pais, ao casal primitivo no Éden. Expulsos do jardim, não mais conseguem reconhecer o próprio Deus que com eles interage e passeia a tomar a brisa da tarde (Gn 3,8).

Essa cegueira acompanhará os filhos de Adão e Eva, através das gerações, até que venha o Senhor, a fim de revelar o amor de Deus e, assim, curar os cegos, isto é, toda a humanidade. Lucas mostra a conexão entre o curar e o revelar; o ministério de Jesus, que revela e abre os olhos, é anunciado em diversas citações de Isaías (Is 49,6 em Lc 2,32; Is 40,3-5 em Lc 3,4-6; Is 61,1 em Lc 4,18; Is 29,18; 61,1 em Lc 7,22) (Hamm, 1990, p. 458-461), e encontra sua chave na cura do cego de Jericó (Lc 18,35-43), cujo anonimato o faz representante de todo discípulo[41]. Os olhos dos discípulos de Emaús, que não o reconhecem, seguem a mesma linha, e haverão de se abrir ao final em virtude da ação reveladora de Cristo.

Seja como for, o fato é que os discípulos não reconheceram Jesus, que deles se aproximava. Um peregrino aproximar-se de um casal a fim de acompanhá--los numa estrada não era fenômeno de todo estranho ao contexto e ao ambiente cultural em que viviam. As constantes peregrinações de diversos povos a Jerusalém tornavam comum a existência de caravanas, indo e voltando, e os peregrinos, agrupados, tinham melhores condições de resistir a bandidos e salteadores às margens das estradas (Jeremias, 1967, p. 85-87). No episódio em questão, é Jesus quem toma a iniciativa, não só de se aproximar dos dois peregrinos, mas também de interpelá-los com uma pergunta. Essa iniciativa de Jesus é essencial, pois é sinal claro da iniciativa divina de vir ao encontro dos homens para, por meio da obra salvífica de Cristo, resgatá-los da morte.

Merece destaque, porém, a interpelação de Jesus, a qual não se dá com explicação ou exortação alguma; antes, achega-se aos dois com uma pergunta, dando--lhes a oportunidade de se expressar e abrir o coração: "O que discutis entre vós

---

41. Hamm (1990, p. 462-465) compara três cegos apresentados em sequência no Evangelho de Lucas: o rico notável, o mendigo de Jericó e Zaqueu (Lc 18,18-19,10). A cura do cego de fato, o mendigo em Jericó, bem ao centro (Lc 18,35-43), é ladeada por duas cegueiras que também precisam de cura, a do rico notável e a de Zaqueu. Ambos são ricos e autoridades importantes, mas reagem de modo oposto em seu encontro com Jesus. O rico notável reconhece Jesus apenas como um bom mestre, mas se apega a suas riquezas e não dá o passo no seguimento de Cristo, permanecendo triste e, em certa medida, cego (Lc 18,18-27). A ele se opõe o chefe dos cobradores de impostos, Zaqueu, que queria somente ver Jesus, mas ao final o reconhece como Senhor e se dispõe a partilhar seus bens com os pobres; muda de vida e alcança a salvação, passando ao seu seguimento (como o cego de Jericó) e deixando sua cegueira, tocado pela luz de Cristo. Note-se, entre a primeira e a segunda perícopes, o terceiro anúncio da Paixão (Lc 18,31-33), no qual o fato de que o Cristo deveria sofrer era-lhes escondido e não o compreendiam (Lc 18,34).

enquanto caminhais?" (Lc 24,17b). Jesus pretende falar aos dois; tem certamente muito a dizer, mas apenas no momento apropriado. Antes, instiga-os a falar e aguarda pela resposta. Vale dizer que Jesus não apenas espera sua vez de falar; não lhes pergunta apenas para "puxar assunto"; ele quer realmente ouvir a versão dos dois a respeito de tudo o que havia ocorrido. Qual o seu parecer? Onde estão eles em relação aos desdobramentos da condenação de Jesus? O que testemunham os dois, diante do drama da cruz? Essas informações são fundamentais, pois é precisamente a partir dali de onde estão que Jesus os há de conduzir[42]. Desse modo, tal pergunta de Jesus aos peregrinos de Emaús tem assonâncias com a primeira pergunta formulada por Deus a Adão, ainda no jardim do Éden, logo depois do pecado original: "Onde estás?" (Gn 3,9) (Bovon, 2012, p. 372). Deus não abandona o casal pecador, mas vai ao seu encontro. A fim de restaurá-los, precisa saber onde estão, pois é dali que há de reerguê-los. De modo semelhante, Jesus deixa que os peregrinos de Emaús manifestem suas impressões, a fim de reerguê-los de onde estão prostrados.

Na sequência, mais uma informação, antes da resposta de Cléofas: "καὶ ἐστάθησαν σκυθρωποί/*pararam entristecidos*" (Lc 24,17c). Poderiam seguir caminho enquanto conversavam, mas a tristeza que os dominava parecia fazer com que qualquer ocorrência fosse motivo para interromper a marcha, como a interpelação de um estranho, por exemplo. Entristecidos que estavam, faltava-lhes o ânimo até mesmo para seguir adiante. Não por acaso, a expressão combina dois dados avessos ao campo semântico frequente em Lucas, a saber, a alegria (Lc 2,10-11; 24,41.52-53; At 2,46; 8,8.39) (Grasso, 2019, p. 437) e o caminho (Lc 1,79; 9,51; At 9,2; 18,25-26). Os discípulos estão tristes, e por isso mesmo suspendem a caminhada.

O abatimento, a tristeza e a decepção costumam ter por companheira a irritação, e esta não demorou a se manifestar. Cléofas é o nome do discípulo que responde ao forasteiro ainda desconhecido: "Um deles, chamado Cléofas, tendo respondido disse-lhe: 'És tu o único peregrino em Jerusalém que não soubeste o que nela aconteceu nesses dias?'" (Lc 24,18). Na verdade, mais que dar uma resposta, Cléofas devolve a pergunta com outra pergunta, e que não parece meramente retórica. É com perplexidade que ele constata, ainda que erroneamente, a ignorância do forasteiro diante dos acontecimentos recentes em Jerusalém. Se Cléofas já tinha razões para estar irritado, por sua tristeza e desesperança, a pergunta daquele andarilho lhe deu ainda mais razões para sua irritação, a qual, afinal, se manifesta na sua resposta. Nas entrelinhas, é como se perguntasse: "De que outra coisa poderíamos estar falando? De onde vem este estrangeiro; e como pode ser tão estranho assim, a ponto de ignorar o que ocorreu? Como algo que

---

42. "Você é assim tão mal informado? Ele responde: 'Que coisa?'. O que aconteceu! Você diz que sabe o que aconteceu, mas só faz notícia, notícia nua e crua. O que verdadeiramente aconteceu? Qual é o sentido, o verdadeiro significado do que aconteceu?" (Casati, 2001, p. 344, tradução nossa).

tanto nos feriu parece não o ter afetado minimamente?". Não é de se espantar que a pergunta de Cléofas ao forasteiro tenha uma carga de acidez[43].

Com efeito, se o tal desconhecido não está ciente dos últimos acontecimentos de Jerusalém que envolveram a condenação e morte de Jesus, então ele é o único que não os conhece. E se é assim, é porque estava completamente só, não conversara com ninguém, não se entreteve com nenhuma outra pessoa nos últimos dias. Caso contrário, saberia. A pergunta de Cléofas deixa entrever que em Jerusalém e nos seus arredores não se falava de outra coisa, não se conversava a respeito de outro tema, qualquer que fosse o ambiente. O assunto era sempre o mesmo: a condenação à morte de Jesus, profeta poderoso em obras e palavras, pelo sinédrio, dando fim às esperanças de libertação de Israel. E é justamente isso que Cléofas há de descrever ao forasteiro, diante da sua provocação. Mas se os últimos eventos são públicos, a ignorância acerca do seu significado também é generalizada (Green, 2006, p. 512). Com efeito, Cléofas e sua companhia, curiosamente, não percebem que ignoram por completo o significado dos eventos recentes. Mesmo sem compreender a morte de Jesus, pensam que a enxergam com toda a clareza (Mackinlay, 2020, p. 451), e que estão aptos a descrevê-la, como Cléofas fará em seguida.

O espanto de Cléofas, que em alguma medida parece repreender o forasteiro por sua ignorância, não afeta a este, o qual questionado se é o único estrangeiro que não sabe o que aconteceu em Jerusalém nos últimos dias, prossegue perguntando com extrema simplicidade: "O quê?", (Lc 24,19a). Sem se abalar, o suposto forasteiro demonstra interesse, ou ao menos curiosidade. Muitos autores já notaram a ironia que existe nesse diálogo e na aparente ignorância do tal forasteiro, já que, a bem da verdade, ele não é nenhum forasteiro, mas o próprio Senhor[44].

> Três níveis existenciais estão alojados um dentro do outro como bonecas russas – o domínio do episódio relatado no Evangelho, o subdomínio da narrativa de Cléofas e a versão que ele havia esperado que viesse a ocorrer (mas incorretamente julga que não ocorreu). O fato de a perícope de Emaús estar situada próxima ao final do relato indica que leitores atentos já devem saber que, quanto ao personagem principal, tais níveis narrativos se fundem. O narrador do Evangelho já estabeleceu que 1) o Jesus ressuscitado falando com Cléofas e sua companhia, 2) o "Jesus de Nazaré" descrito por Cléofas, e 3), o redentor esperado pelos discípulos são todos um só e o mesmo protagonista (Dinkler, 2017, p. 704, tradução nossa).

---

43. "Os dois se dirigem ao estranho com impaciência" (Edwards, 2019, p. 894).

44. "Cléofas repreende Jesus por não saber o que aconteceu, embora Jesus seja o único que realmente sabe o que aconteceu" (Tannehill, 1996, p. 352, tradução nossa): "Cléofas a contragosto narra a história de Jesus ao próprio Jesus" (Maxey, 2014, p. 114, tradução nossa); Cf. tb. Blacketer (2003, p. 324).

143

Portanto, ao contrário do que pensam Cléofas e sua companhia, o peregrino que se aproxima está perfeitamente ciente de todos aqueles acontecimentos, e muito mais do que qualquer outro. Os verdadeiros ignorantes são justamente os dois discípulos, que não reconhecem seu Senhor ressuscitado a caminhar com eles e não compreenderam os fatos que pretendem narrar[45]: "Cléofas quer então informar Jesus sobre Jesus!" (Chenu, 2005, p. 49).

> O fato de Cléofas não perceber que o protagonista da história que ele conta é precisamente a pessoa que o ouve caracteriza-o indiretamente. Considerando sua própria definição de "estrangeiro" (παροικεῖς) como quem "não sabe" (οὐκ ἔγνως), a falha de Cléofas em reconhecer Jesus ironicamente o qualifica como o estrangeiro (Dinkler, 2017, p. 704-705, tradução nossa).

Na verdade, também aqui, a despeito do que dizem alguns autores (Meynet, 2007, p. 430; Costa, 2021, p. 25), Jesus não procede com nenhuma espécie de fingimento, mas oferece aos discípulos mais uma oportunidade de se expressar e de dar a versão deles a respeito dos acontecimentos (Lenski, 1955, p. 1181; Hendriksen, 2004, p. 647-648). Assim também Jesus pode ouvi-los e saber onde estão em relação aos fatos, para só então instruir-lhes.

Nesse sentido, a pergunta de Jesus a Cléofas assemelha-se à sua pergunta aos doze apóstolos quanto ao que diziam os homens a respeito dele: "τίνα με λέγουσιν οἱ ὄχλοι εἶναι;/Que dizem de mim as multidões?" (Lc 9,18). E após a resposta, "João Batista", "Elias" ou "algum dos antigos profetas" (Lc 9,19), Jesus novamente lhes pergunta: "ὑμεῖς δὲ τίνα με λέγετε εἶναι;/E vós, que dizeis de mim?" (Lc 9,20). Não é difícil perceber que essas perguntas de Jesus não são motivadas por uma espécie de pesquisa de popularidade, a fim de conhecer a opinião das multidões. Naturalmente, Jesus sabia bem o que os homens pensavam a seu respeito (Jo 2,24-25), e perguntava a fim de provocar seus discípulos a terem uma percepção mais ampla do contexto que os cercava. Não por acaso, logo na sequência o Senhor anuncia aos seus discípulos sua Paixão (Lc 9,22). Dessa forma, ele os advertia a respeito do que deveria ("δεῖ", Lc 9,22) acontecer (Mainville, 2004, p. 200): se era verdade que muitos o consideravam um profeta, os discípulos deveriam se atentar para o fato de que as autoridades religiosas o confrontavam e já planejavam sua morte; mas ao terceiro dia viria a ressurreição. Assim, sem negar o que os apóstolos responderam, Jesus amplia o horizonte e lhes anuncia a verdade plena do que estava para acontecer. De modo semelhante, o Senhor pergunta a Cléofas, ouve sua exposição e, em seguida,

---

45. "É impossível pensar que a ressurreição de Jesus pudesse ser fruto da imaginação dos discípulos: se estivessem de tal modo seguros de o reencontrar após sua morte, teriam tardado tanto em reconhecê-lo e em admitir sua presença?" (Meynet, 2007, p. 459, tradução nossa).

ampliará a compreensão dos discípulos quanto ao que o Cristo deveria ("ἔδει", Lc 24,26) enfrentar para entrar na sua glória.

4.5 A "Paixão segundo Cléofas"[46] (v. 19-24)

Na resposta de Cléofas ao forasteiro há então um breve relato a respeito de Jesus, de seu ministério e de sua morte. O discípulo resume quem era o profeta que fora morto e também aponta para as esperanças que ele havia suscitado no seu povo. O trecho, que se estende por alguns versículos, a saber, Lc 24,19c-24, é digno de atenção e análise em cada uma das informações que traz:

> Sobre Jesus de Nazaré, que foi profeta poderoso em obras e palavras diante de Deus e de todo o povo; como os nossos sumo sacerdotes e chefes o entregaram para ser condenado à morte e o crucificaram. Nós esperávamos que estivesse ele para redimir Israel, mas com tudo isso este é o terceiro dia desde que isso aconteceu. Também algumas mulheres das nossas nos assustaram; tendo ido de manhã bem cedo ao túmulo, e não tendo encontrado o corpo dele, vieram dizendo que tiveram uma visão de anjos, os quais dizem que ele vive. Alguns dos nossos foram ao túmulo e encontraram as coisas como as mulheres disseram, mas a ele não viram (Lc 24,19c-24).

O relato, que tem a intenção de resumir a pessoa e o ministério de Jesus, bem como seu dramático e doloroso desfecho, a um suposto estrangeiro, começa com o nome do referido profeta, Jesus, e sua origem, Nazaré. Vale notar que tal origem nazarena não é ignorada, mesmo sendo humilde e sem qualquer brilho. O fato de ser galileu não impede o povo de reconhecer em Jesus de Nazaré um "profeta poderoso". E é assim que será descrito por todos: é profeta, é homem enviado por Deus (Lc 7,16-17), fala em nome dele, como os antigos profetas, como Elias, como João Batista (Lc 9,18-21). É profeta poderoso "em obras e palavras", semelhante, portanto, a Moisés, conforme o discurso de Estêvão (At 7,22) (Schweizer, 1988, p. 349; Green, 2006, p. 513; Mainville, 2004, p. 200), pois operava grande número de milagres, os quais se tornavam conhecidos por todos; de longe vinham e a ele recorriam, e todos os doentes e endemoninhados eram curados (Lc 4,40-41; 6,18-19). Mas além de realizar milagres, também ensinava a todos o caminho de Deus, anunciava a boa nova do Reino dos Céus (Lc 6,20-23). Assim, as multidões o procuravam e vinham de todas as regiões não apenas para serem curadas, mas também para ouvi-lo (Lc 5,15).

---

46. L'EPLATTENIER, C., *Leitura do Evangelho de Lucas*, p. 254, é quem usa essa irônica expressão.

Era reconhecido como profeta "diante de Deus e de todo o povo"; de fato, agia com a força do Espírito e era glorificado por todos (Lc 4,14-15). É digno de nota o seguinte fato: a condenação pelo sinédrio não faz com que Jesus perca seu reconhecimento e seu título de profeta. Isso chama a atenção porque, tendo sido condenado pelo sinédrio, ele poderia ser considerado por muitos um charlatão ou um iludido, semelhante a muitos outros (At 5,34-39). Se o sinédrio era o órgão que detinha a autoridade para julgar em nome de Deus, a condenação por esse tribunal significava que Jesus não deveria ser seguido e nem sequer ouvido (Tannehill, 1996, p. 77). Tudo o que disse ou fez teria desmoronado. É certo que a ressurreição de Jesus é o evento grandioso e extraordinário que confirma a sua autoridade e o reabilita. Na medida em que o levanta dos mortos, Deus confirma a autoridade de Jesus e mostra que de fato ele é seu Filho, que deve sim ser ouvido e seguido. E, ao mesmo tempo, Deus desautoriza o sinédrio, de maneira categórica e perene. Se até então era o sinédrio quem tinha autoridade para falar em nome de Deus e para defender, por assim dizer, os interesses de Deus, a partir da ressurreição de um condenado à morte tal conselho está destituído. O sinédrio diz "não" a Jesus, mas Deus lhe diz "sim". O sinédrio o condena à morte, Deus o ressuscita. A partir de então, está claro, Deus não fala mais por meio do sinédrio, mas por meio de Jesus, que deve ser reconhecido como seu Filho, a quem o Pai ressuscitou dos mortos, e como Senhor, sentado à sua direita[47].

Essa reflexão é a Igreja quem há de fazer a partir da constatação da ressurreição de Jesus. No episódio de Emaús, os discípulos ainda não haviam feito essa experiência. Mesmo assim, na descrição de Cléofas apresentada por Lucas, Jesus foi "profeta poderoso em obras e palavras diante de Deus e de todo o povo". É verdade que estão desapontados e perderam as esperanças ("esperávamos que ele fosse o redentor de Israel", Lc 24,21ab), mas nem sequer lhes passa pela cabeça a ideia de que Jesus fosse um impostor, ou de que os tivesse enganado. Mesmo sem compreender os acontecimentos recentes e a condenação à morte, os discípulos não deixam de reconhecer a autoridade de Jesus como profeta, não só diante do povo, mas até mesmo diante de Deus (Rossé, 1992, p. 1023).

Por outro lado, a ausência, na descrição de Cléofas, de títulos como "Senhor", "Messias" ou "Filho de Deus" sinaliza que não consideravam Jesus maior que os profetas, como Moisés, Elias ou os outros grandes homens da história de Israel. Também estes sofreram rejeição das autoridades, e a crucificação

---

47. "Jesus foi o último e o maior de todos os profetas de Israel. A história da nação como o povo da aliança começa com as palavras de Deus e seu primeiro profeta no Sinai; e chega à conclusão com as palavras finais do seu último e maior profeta, que era também seu Deus, no calvário" (Burnham, 2014, p. 332, tradução nossa).

de Jesus torna seu desfecho ainda mais dramático e doloroso (Edwards, 2019, p. 896). Mesmo sendo profeta enviado por Deus, sua morte de cruz contesta para eles a condição de Messias esperado, de libertador de Israel (Pérez Herrero, 2014, p. 17).

Cléofas prossegue (Lc 24,20ab): "como os nossos sumosacerdotes e chefes o condenaram à morte e o crucificaram". Vale registrar que os dois discípulos não se alinham com tais sumos sacerdotes e chefes, nem aprovam sua decisão de condenar Jesus à morte de cruz. Se dizem "nossos", decerto é porque pensam estar falando a um estrangeiro, alheio ao ambiente e ao contexto de Israel (Rossé, 1992, p. 1023). O discurso de Cléofas, como se vê, exime o povo de Israel e as multidões, e mesmo os romanos, e põe a responsabilidade pela condenação de Jesus nas autoridades de Israel, sobretudo no sinédrio. Tal discurso condiz com o relato da Paixão em Lucas, no qual o povo permanecia a certa distância, olhando; os chefes é que zombavam, bem como os soldados e um dos malfeitores (Lc 23,35-39). E pouco mais à frente, toda a multidão, que acorrera para ver, voltou batendo no peito (Lc 23,48) (Minear, 1972, p. 83-84).

A condenação à crucificação, de modo tão humilhante, é aparentemente incompatível com a vida e com o ministério de Jesus. A perplexidade tomou conta dos discípulos quando constataram esse desfecho: como é possível que um profeta tão poderoso, com palavras e obras tão maravilhosas, certamente enviado da parte de Deus, tenha sido condenado de maneira tão avassaladora? Seus discípulos, mesmo advertidos por Jesus nos três anúncios da Paixão (Lc 9,22.44-45; 18,31-34), viram-se tomados não apenas pelo luto, mas também por uma extrema incompreensão diante do que viram com seus olhos (Prince, 2012, p. 135-136). Pensaram que era o Cristo, mas foi crucificado. Não conseguiam compreender a noção de um Messias sofredor[48].

Antes de serem iluminados pelo Cristo ressuscitado, não encontravam resposta para sua tristeza e seu espanto. Mas mesmo ainda antes de testemunharem a ressurreição, vê-se que o ministério de Jesus e sua Paixão não estão dissociados. Mesmo em uma breve exposição a seu respeito, como no caso das palavras de Cléofas, não há de faltar, ao lado da referência a suas palavras e obras, também a referência à sua condenação e crucificação. Somente depois, à luz da ressurreição, encontrarão resposta para sua tristeza e afastarão as incompreensões.

---

48. "Um Messias sofredor e crucificado contradiz a apresentação corrente que o mundo greco-romano tem de um salvador" (Almeida, 2020, p. 97); na mesma direção, Edwards (2019, p. 899): "Nenhum texto canônico do Antigo Testamento, e nenhum texto judaico pré-cristão que conhecemos, associa o sofrimento com o Messias"; e Green (2006, p. 515): "Para o Antigo Testamento, um 'Messias sofredor' seria um oxímoro". Cf. tb. Rossé (1992, p. 1026); Dillman e Mora Paz (2006, p. 566) e Chance (1997, p. 365).

Cléofas continua (Lc 24,21ab): "Nós esperávamos que ele fosse o redentor de Israel". "Esperávamos" é uma palavra bem expressiva. Trata-se do verbo *esperar*, mas em tempo pretérito; ou seja, demonstração clara de que ambos – pois o verbo está no plural – e talvez também os demais discípulos, de quem estes dois se fazem porta-vozes, não esperam mais. Perderam as esperanças e, portanto, perderam tudo. *Esperávamos...* Perdida a esperança, o que resta é o desespero, e a tristeza e abatimento que o acompanham. Qual era propriamente o objeto de suas esperanças? De acordo com o discurso, a redenção de Israel. Muito pode ser dito a esse respeito, e não havia clareza nem uniformidade quanto a qual seria o sentido dessa redenção, em que consistiria. Em um primeiro olhar, significaria a libertação de Israel do jugo romano, da dominação político-militar, dos impostos que eram obrigados a pagar[49]. Segundo esse modo ver, uma boa notícia para os oprimidos deveria ser necessariamente uma "má notícia" para os opressores. As esperanças messiânicas de Israel incluíam a restauração do reino em todo o seu vigor, como nos tempos do grande rei Davi[50]. Como conciliar tais expectativas com uma condenação humilhante e devastadora à morte por crucificação? Não seria de admirar que seus discípulos se dispersassem. Ainda que formados e advertidos pelo próprio Jesus enquanto estava com eles, a incompreensão dos discípulos não deixava espaço para ver ainda em seu Mestre o esperado Messias redentor. Diante de um fracasso tão retumbante, quaisquer outras esperanças, fossem quais fossem, estariam por óbvio fadadas ao esquecimento e seriam sepultadas junto com o seu portador.

Cléofas continua seu discurso: "mas com tudo isso este é o terceiro dia desde que isso aconteceu", em Lc 24,21cd. Tendo acabado de relatar a crucificação e o consequente fim das esperanças de redenção de Israel, o destaque ao terceiro dia não deixa margem a dúvida: fica clara a alusão – em certa medida irônica, dado o contexto – à ressurreição (Grasso, 2019, p. 886; Costa, 2021, p. 32). É possível recordar, nessa expressão de Cléofas, os anúncios da Paixão, nos quais o próprio Jesus fazia menção à ressurreição no terceiro dia (Lc 9,22; 18,31-34). Mais do que um tempo exato no âmbito cronológico, trata-se de um período breve. Dizer "em três dias" é como dizer "em pouco tempo" (Os 6,2). Ao leitor, que desde o início

---

49. "O fato de a sua esperança não se ter realizado não significa que Jesus não seja o libertador de Israel, mas somente que o não é em sentido exclusivo nem restritivo, como pensavam os discípulos" (Correia, 2013, p. 397).

50. "Em Lc 24,21, os discípulos de Emaús dizem 'nós esperávamos que estivesse ele para redimir Israel'. Eles expressam com tristeza a mesma esperança que foi proclamada com alegria nas narrativas do nascimento. O infinitivo λυτροῦσθαι remete a uma raiz que não apareceu em Lucas desde o Benedictus de Zacarias e as palavras de Ana no Templo. Em ambos os casos, a redenção em questão era explicitamente para Israel ou Jerusalém (1,68; 2,38), exatamente como no pronunciamento dos desapontados discípulos" (Tannehill, 1996, p. 76, tradução nossa).

do relato já está ciente da ressurreição de Jesus, a referência explícita de Cléofas ao terceiro dia expõe mais claramente a incredulidade e a falta de atenção dos discípulos aos anúncios de Jesus quanto à sua Paixão e ressurreição, e justifica ainda mais a repreensão que logo hão de ouvir do Senhor.

Tal incredulidade é reforçada na referência às mulheres e aos anjos, que tampouco recebem crédito dos discípulos. Cléofas continua, no v. 22-23: "Também algumas mulheres das nossas nos assustaram; tendo ido de manhã bem cedo ao túmulo, e não tendo encontrado o corpo dele, voltaram dizendo que tiveram uma visão de anjos, os quais dizem que ele vive". Dentre os discípulos, não são os apóstolos os primeiros a se aproximar do túmulo de Jesus, mas sim algumas mulheres. Justamente aquelas cujo testemunho não era válido à época. É para elas o primeiro anúncio da ressurreição, e por intermédio de anjos (Green, 1995, p. 93). Nas palavras de Cléofas, a mensagem dos anjos às discípulas é breve, simples e precisa, mas também retumbante, transformadora e revolucionária: "dizem que ele vive", v. 23c. Não por acaso, a análise retórica do texto de Emaús, depois de considerar todas as seções e subseções, os termos e membros em questão, com seus quiasmos e espelhamentos, coloca essa palavra dos anjos, "ele vive", bem no centro do relato (Meynet, 1992, p. 235; Léon-Dufour, 1971, p. 212; Boysel, 2012, p. 29-30; Costa, 2021, p. 19). E, de fato, esse anúncio é o centro não apenas desse relato, mas de todo o Evangelho, e constitui o núcleo da fé cristã (1Cor 15,14).

4.5.1 Dizem que ele vive (v. 32)

Segundo atestam os anjos, Jesus vive. Mas levando em conta que há poucos dias foi morto na cruz e sepultado, o que significa o fato anunciado de que ele vive? Terá voltado a esta vida, como ele mesmo fez com o filho da viúva de Naim (Lc 7,11-15) ou com a filha de Jairo (Lc 8,49-56)? Passados já três dias da sua morte, terá ressurgido como Lázaro, que ele libertou do sepulcro no quarto dia (Jo 11,43-44)? Será que simplesmente voltou do mundo dos mortos, por força de alguma ação misteriosa e desconhecida, como pensava Herodes a respeito de João, a quem mandara matar (Mc 6,16)? É certo que não (Stöger, 1980, p. 306-307). Foi o Pai quem ressuscitou seu Filho (At 2,32-36; 4,10-12), trazendo-o novamente à vida, porque não poderia ser retido pela morte aquele que é a própria vida e ressurreição (At 2,24; Jo 11,25). E na medida em que o Pai ressuscitou Jesus, a quem o sinédrio condenara à morte, então o sinédrio está, a partir desse momento, desautorizado por Deus em definitivo. O sinédrio o condenou como blasfemo (Mc 14,63; Lc 22,70-71), supostamente atendendo aos interesses de Deus. Quando Deus o ressuscita, reabilita seu Filho e mostra que de fato ele falou a verdade e deve ser ouvido. Como havia dito: "Este é o meu Filho, o eleito;

escutai-o" (Lc 9,35). Confirmando a palavra que havia proferido no monte, Deus age: ressuscita seu Filho, trazendo-o dos mortos. Por isso, no primeiro anúncio, é essencial proclamar que foi o Pai quem ressuscitou a Jesus, confirmando sua autoridade, como se atesta nos discursos dos Atos dos Apóstolos (At 2,24.36; 4,10).

Quanto a este anúncio breve e categórico dos anjos, "Ele vive", não resta dúvida: Jesus não voltou à vida como aqueles a quem ele ressuscitou (Welker, 2012, p. 144). Não vive da mesma maneira que viveram Lázaro, a filha de Jairo ou o filho da viúva de Naim, depois do milagre operado por Jesus em favor deles. Esses três voltaram para esta mesma vida, foram trazidos novamente e devolvidos por Jesus aos seus familiares, mas apenas como um sinal da ressurreição definitiva. Esses que Jesus ressuscitou durante seu ministério público "voltaram a morrer" – se é possível expressar-se assim –, passados os anos. Já no caso de Jesus a diferença é fundamental. Como bem expressa o apóstolo Paulo, "Cristo ressuscitado dos mortos não morre mais; a morte já não tem poder sobre ele" (Rm 6,9). Ou seja, sua vitória sobre a morte é definitiva, e beneficia todo o gênero humano, como o Evangelho há de proclamar.

Eis o anúncio dos anjos às mulheres, em breves e fortes palavras: "Ele vive". Mas os discípulos ainda não conseguem alcançar a verdade vibrante desse anúncio. Cléofas o transmite ao forasteiro não como quem testemunha sua fé, mas, antes, como quem narra o que lhes parece um desvario.

O relato frustrado do incrédulo e abatido Cléofas está em vias de terminar. Persistindo em sua resistência à palavra das mulheres e ao testemunho dos anjos, confessa sua falta de fé e, desanimado, conclui, no v. 24: "Alguns dos nossos foram ao túmulo e encontraram as coisas como as mulheres disseram, mas a ele não viram". O relato termina de modo frustrante, pois o suposto anúncio dos anjos e o testemunho das mulheres parece ter caído no vazio. A realidade concreta é que a Jesus mesmo eles não viram, pura e simplesmente[51]. A bem da verdade, parece que a incredulidade não foi absoluta, na medida em que se dispuseram, alguns deles, a dirigir-se ao túmulo, a fim de constatar ou conferir a verdade do que haviam acabado de ouvir[52]. Saíram decepcionados justamente porque talvez esperassem minimamente verificar que Jesus estava vivo. Seria essa a brecha que Jesus precisava para conduzi-los à verdade?[53]

---

51. "Parece concretude, mas é uma concretude sem sonhos, sem alma. E Lucas, o evangelista Lucas, parece dizer-nos que este realismo sem alma afasta para longe da compreensão da ressurreição" (Casati, 2001, p. 344, tradução nossa).

52. "Embora perplexos pelo testemunho das mulheres e talvez sem acreditar, eles ainda o levaram a sério o suficiente para o verificar por si mesmos" (Francis; Siôn, 2002, p. 15, tradução nossa); na mesma direção, Laurence (2020, p. 67).

53. "Aqueles discípulos, apesar do estado de desânimo, continuam pensando em Jesus, falando dele, pensando nele, se perguntando por Ele" (Almeida, 2020, p. 102).

Vale registrar também que a ida à sepultura à procura do corpo de Jesus e a decepção ante o túmulo vazio são sinais a confirmar que, para a concepção judaica, a ressurreição não significa simplesmente a vida posterior de uma alma imortal, própria do pensamento helênico. Por isso o evangelista ressalta que as mulheres não encontraram o corpo de Jesus (Dillman; Mora Paz, 2006, p. 565).

4.5.2 Mas não o viram (v. 24)

É de se notar que "encontraram as coisas como as mulheres disseram", v. 24bc. Mas nem assim deram crédito a elas. E por que não? Porque, como dizem na sequência, "a ele não viram", v. 24d. A esse respeito é possível fazer uma longa e pausada reflexão, que se refere não apenas a esse episódio, mas à humanidade como um todo, desde os primórdios. Ouviram, mas não acreditaram; não acreditaram porque não viram. Há aqui bem mais do que meras circunstâncias de um relato quanto a anjos e quanto a um túmulo vazio. Nesse detalhe está registrada e condensada a resistência do ser humano em acreditar, a não ser que constate com seus próprios olhos. Desde o relato da queda original, é possível observar essa resistência em acreditar no que se escuta e a propensão a priorizar ou privilegiar o que se vê. De fato, Eva e Adão viram que o fruto proibido era bom para se comer e agradável aos olhos (Gn 3,6), e, assim, desobedeceram à ordem que tinham ouvido da parte de Deus. Ao longo de toda a história da salvação, é recorrente essa obstinada relutância do homem em ouvir e obedecer. E tal obstinação está de certa forma retratada no discurso de Cléofas. Ouviram das mulheres, mas não viram, e por isso não acreditaram. "Caminhamos na fé, e não na visão" (2Cor 5,7); "a fé vem pela pregação" (Rm 10,17); "felizes os que creram sem ter visto" (Jo 20,29); todas essas palavras, dentre outras, constantes do Novo Testamento, contêm em si uma exortação à fé, independentemente da visão.

Nesse sentido, o discurso de Cléofas expressa o avesso do que se espera de um discípulo (Grasso, 2019, p. 883). Eles deveriam ter dado crédito à descrição que ouviram das mulheres, mesmo sem ter visto o que foi descrito. O que narram a respeito delas, "a ele não viram" (v. 24d), ironicamente se aplica também a eles dois, que não o reconhecem (Decock, 2010, p. 41). Sua incredulidade prepara a advertência de Jesus e dá motivo para que sejam repreendidos pelo Senhor. Tal resistência dos discípulos de Emaús se aproxima, em certa medida, da atitude do apóstolo Tomé (Grasso, 2019, p. 442), conforme narrada no Evangelho segundo João. Manifestando que não acreditaria a não ser que visse e tocasse o Senhor ressuscitado, na sequência é repreendido por Jesus: "Não sejas incrédulo, mas fiel!" (Jo 20,27). E quando, então, professa sua fé: "meu Senhor e meu Deus!" (Jo 20,28), o evangelista João registra a palavra de Jesus, que vale para todas as gerações cristãs: "Acreditaste porque me viste? Felizes os que creram sem ter visto" (Jo 20,29). Ao que tudo indica, os evangelistas mais tardios, Lucas e João, respondem a uma expectativa da segunda geração cristã, bem como das seguintes, isto é, daqueles que acolheram o anúncio da ressurreição sem que a tivessem testemunhado com seus próprios olhos, e talvez, por isso, se lamentassem. Como no diálogo joanino entre Jesus e Tomé, o relato lucano de Emaús constitui uma exortação aos leitores dessas sucessivas gerações cristãs para que não incorram na mesma censura de Jesus aos discípulos, e creiam no anúncio da ressurreição, mesmo sem terem visto. E caso sejam assaltados pela dúvida, que recorram à resposta do Senhor a Cléofas, que vem logo na sequência.

4.6 Jesus abre as Escrituras (v. 25-27)

Chega ao fim o discurso de Cléofas. Antes de atentar para a resposta de Jesus, vale recordar que este ouviu o relato do discípulo com atenção, sem o interromper, e de fato interessado no que ele dizia[54]. Jesus não apenas esperou Cléofas terminar, como quem aguarda a sua vez de falar. Mais que isso, o Senhor o escutou de fato, a fim de saber onde estavam os discípulos, para a partir dali trazê-los à verdade que viera descortinar[55]. Essa escuta atenta é uma forma de acolhida, é uma oferta de hospitalidade[56]. A atitude de Jesus haverá de predispor os discípulos a também, por sua vez, oferecerem hospitalidade ao chegarem a seu destino[57]. E essa hospitalidade, primeiro recebida e depois oferecida pelos discípulos, será modelo para a Igreja[58].

A resposta de Jesus começa com uma censura, no v. 25ab: Então ele lhes disse: "Ó insensatos e lentos de coração para crer em tudo o que disseram os profetas!". Os leitores podem discordar quanto ao peso maior ou menor dessa repreensão[59], porém ninguém há de negar que é severa. "Insensatos e lentos de

---

54. "Jesus escutou silenciosamente para que viesse à tona toda a amargura, a crise e a decepção dos que antes haviam confiado nele. O papel psicoterapêutico do ressuscitado é surpreendente: escutar antes de tudo!" (Núñez, 2007, p. 173). Na mesma direção estão Pérez Herrero (2014, p. 17-18); De Paiva, Torres e De Almeida Nogueira (2016, p. 29).

55. "Só depois de terem expressado seus sentimentos e sua interpretação dos fatos, e de ouvi-los atenta e pacientemente, Jesus fará ver aos dois discípulos o sentido de sua paixão, crucifixão e morte" (Barreiro, 2001, p. 35); na mesma direção, Marion (2012, p. 148) e Costa (2021, p. 21-22).

56. "Escutar consiste em arranjar um lugar para o outro, em ceder-lhe um espaço e um tempo na mente e no coração. É como acolher um hóspede invisível e arranjar-lhe lugar na nossa casa" (Torralba, 2005, p. 32 apud Correia, 2013, p. 371).

57. "À iniciativa tomada pelo peregrino, no início do caminho, de começar o diálogo corresponderá, no fim da viagem, a iniciativa dos discípulos de convidá-lo para jantar e permanecer com eles durante a noite, podendo assim prolongar o diálogo" (Barreiro, 2001, p. 33).

58. "Jesus, os seus discípulos, todo o que o segue depois e a própria Igreja, são gente que está de viagem, gente de hospitalidade, tanto dada como recebida" (Torralba, 2005, p. 27; Correia, 2013, p. 372).

59. Uma "severa repreensão" (stern rebuke) (Ross, 1994, p. 370).

coração!"[60]. *Insensatos* porque julgam os fatos recentes de modo superficial, sem profundidade; falta-lhes sensatez, sabedoria. E são *lentos de coração*, afirma Jesus, "para crer em tudo o que disseram os profetas" (v. 25b). É a fé desses discípulos insensatos que é lenta[61]. Tantas vezes no Evangelho o Senhor enalteceu a fé daqueles que foram curados ou perdoados (Lc 7,9.50; 8,50), outras tantas exortou os discípulos a confiarem em Deus (Lc 12,4.28), e aqui os repreende justamente por sua falta de fé em "tudo o que disseram os profetas". Essa palavra "tudo" é essencial nessa resposta de Jesus. Alguns autores já notaram que o discurso de Cléofas ressoa as profecias, sobretudo quanto às expectativas messiânicas e à redenção de Israel, mas não leva em conta "tudo" o que disseram os profetas[62]. Considera a redenção, mas não o caminho de sofrimento e cruz pelo qual deveria passar o Messias esperado para cumprir sua missão redentora[63].

E é justamente o que o Senhor dirá em seguida ao mostrar que o Messias poderia sofrer e morrer, e ainda assim ser vitorioso em sua missão messiânica (Laurence, 2020, p. 70; Manzi, 2007, p. 354-355): "Não era necessário o Cristo sofrer isso para entrar na sua glória?" (Lc 24,26). Na medida em que será o próprio Jesus a responder, trata-se de uma pergunta retórica, como outras nos relatos lucanos da ressurreição (Lc 24,5.38; At 1,11) (Prince, 2012, p. 125; Fitzmyer, 2006, p. 590-591). Questão fundamental, condensa todo o mistério da obra redentora de Cristo, e ressoa ao longo das gerações cristãs. Mais do que uma resposta categórica, merece atenção e reflexão de todos os cristãos. Por que deveria ser assim? Por que razão, para entrar na sua glória, o Cristo deveria sofrer? Por que o caminho para a redenção do gênero humano deveria passar pela cruz? Uma indagação de tal complexidade não pode ter uma explicação simples. É todo o conjunto da Revelação, desde a queda original até a ressurreição do Filho de Deus Salvador, que

---

60. Notam-se inegáveis paralelos dessa expressão em duas fábulas de Esopo, 40 e 128. Ao que parece, o texto das fábulas depende do texto lucano. Mas não há dados suficientes para comprovar categoricamente qual texto depende do outro (Ross, 1994, p. 375-379).

61. "O verdadeiro paralelo, peculiar a Lucas e análogo no conteúdo, deve ser encontrado em Lc 16,31: 'Se não ouvem Moisés e os profetas, não se convencerão se alguém ressuscitar dos mortos.' Cléofas e sua companhia ouviram a respeito do túmulo vazio, mas não estão convencidos. Por isso são repreendidos pelo Senhor como insensatos e lentos de coração para crer em tudo o que disseram os profetas" (Ehrhardt, 1965, p. 187-188, tradução nossa).

62. "As referências aos profetas no v. 25 e a Moisés e os profetas no v. 27 esclarecem que os discípulos deveriam ser capazes de reconhecer pelas Escrituras a necessidade de que o Messias passasse do sofrimento à glória. A ausência de referências a um Messias sofredor na Escritura (diferente do servo sofredor de Is 52,13-53,12) torna a linha de raciocínio intrincada nesse ponto" (Tannehill, 1996, p. 355, tradução nossa); na mesma direção: Lenski (1955, p. 1187-1188) e Pérez Millos (2012, p. 2513).

63. "Se acreditassem em tudo o que os profetas haviam dito, interpretando os acontecimentos à luz da profecia, tinham razões para a esperança, não para o desalento" (Correia, 2013, p. 399). Cf. tb. Fitzmyer (2006, p. 590-591) e Chance (1997, p. 375).

constitui a resposta apropriada para essa questão, essencial para cada ser humano e que toca a própria existência do mal e o sentido da vida de cada um, até seu destino último. Nesse sentido, é preciso notar que o Senhor não apenas interpretou os fatos (a crucifixão) à luz das Escrituras, mas sobretudo interpretou as Escrituras à luz dos fatos (Laurence, 2020, p. 86).

> O caminho de Jesus é também o caminho de seus seguidores: "É preciso passar por muitas tribulações para entrar no Reino de Deus" (At 14,22; cf. 1Ts 3,3-4; 1Pd 1,6-7; 4,12-13; Rm 8,17; 2Tm 3,11). Só o Senhor ressuscitado pode fazer-nos compreender que a cruz não é a destruição de nossas esperanças, mas o caminho para a mais plena realização da justiça e do amor de Deus. A cruz é a vitória paradoxal do amor de Deus sobre todos os ódios acumulados pela humanidade, a vitória da justiça de Deus sobre todas as injustiças e monstruosidades cometidas pelos homens, a vitória da acolhida e da comunhão sobre a rejeição e a divisão. A morte de Jesus na cruz é, enfim, a vitória do Deus da vida sobre todos os "poderes" e "potestades", sobre todos os ídolos que causam a morte. O que os discípulos viam como o maior fracasso e a maior derrota é, na verdade, o maior triunfo e a maior vitória (Barreiro, 2001, p. 43).

Não seria difícil, para o pensamento comum dos homens, imaginar um filho que fosse em tudo amparado por seu pai, preservado de todos os perigos, resguardado de quaisquer males. Sob a proteção paterna, prosperaria em tudo e por todos seria servido prontamente, sentado em seu trono e comandando seus súditos. Mas como admitir a filiação divina de alguém que foi rejeitado, crucificado e morto?[64] Eis a novidade desconcertante do Evangelho: era necessário o Cristo passar por esse sofrimento para entrar na sua glória (Lc 24,26), pois trata-se de um Filho que pensa não nos seus interesses, mas no de seus servos, a quem quer como irmãos; que por amor ao Pai e a esses irmãos vem resgatá-los da morte e dos males que trazem dentro de si mesmos e os conduz ao Pai. Enfim, ele está no meio dos seus como aquele que serve (Lc 22,27), e que veio procurar e salvar o que estava perdido (Lc 15,24.32;19,10). Essa é a boa notícia trazida por Jesus, que reverte a má notícia do pecado original e da consequente natureza decaída do homem. Como uma coluna de fogo na noite que se avizinha, o Senhor ilumina o caminho dos peregrinos com as Escrituras e faz arder os seus corações (Meynet, 1994, p. 689). A salvação conquistada por Jesus é muito mais ampla do que supunham os discípulos de Emaús; é salvação radical e universal, do homem por inteiro e franqueada a todos os povos e nações (Monasterio; Carmona, 2010, p. 313-321).

---

64. "Sofrimento, morte e gloria divina não são, por definição, incompatíveis" (Prince, 2012, p. 135, tradução nossa).

Nesse sentido, de não buscar seus próprios interesses, mas sim o dos seus irmãos, Moisés é uma figura que aponta para Cristo, provavelmente a mais densa em toda a história da salvação. Tendo sido criado no palácio do faraó, preferiu sofrer as agruras do seu povo a gozar dos privilégios da corte, como reflete Hb 11,24-25. Se havia um hebreu no Egito que não precisava ser liberto da escravidão e da opressão egípcia, era justamente Moisés, criado como príncipe no palácio. Mas chamado por Deus e unido à dor do seu povo, dispõe-se a grandes sacrifícios e com admirável empenho obtém a libertação dos hebreus, ante os prodígios e maravilhas de Deus.

E não por acaso, é a partir de Moisés que Jesus começa sua explicação aos discípulos de Emaús, no v. 27: "E tendo começado por Moisés e por todos os profetas, interpretou-lhes em todas as Escrituras o que dizia respeito a ele". A referência a Moisés, portanto, diz respeito não apenas à Lei, mas também àquele homem forte que, mesmo perseguido de morte pelo faraó (Ex 2,15), não olhou para si, mas para o povo de Deus, a quem se dedicou e por quem intercedeu, chegando ao ponto de se interpor entre eles e Deus quando pecaram (Ex 32,32). Conforme o discurso de Estêvão, em At 7,22, Lucas quer apresentar Moisés como um tipo de Cristo, e não apenas por Moisés ser profeta, mas por ser um tipo de "redentor investido de uma missão e de uma autoridade divina e que o povo eleito rejeita com incredulidade" (Bottini, 1987, p. 64-65).

Na mesma linha, os profetas expuseram-se à rejeição, a injustiças e à morte ao exortar o povo à fidelidade, a voltar para o Senhor, deixando seus maus caminhos. O próprio Jesus mostra que veio na esteira dos profetas que o precederam (Lc 13,33). Não veio abolir a Lei e os profetas, mas dar-lhes pleno cumprimento (Mt 5,17). Na parábola dos vinhateiros homicidas, mostra que foi seu Pai quem enviou os profetas antes dele, e por último, enviou o próprio Filho, que foi rejeitado e morto da mesma maneira que os profetas (Lc 20,9-19). Assim, Moisés, portador da Lei, e os profetas que recordam ao povo essa mesma Lei, apontam para Jesus e seu ministério não apenas com suas palavras, mas também com sua vida e sua morte, numa entrega a Deus por inteiro[65].

Tudo isso diz respeito a Jesus, o Filho redentor enviado na plenitude dos tempos. Todas as Escrituras falam dele e têm nele o seu pleno cumprimento. Por isso, mais do que especular quanto a quais passagens precisamente teria Jesus citado aos discípulos, cabe à Igreja discernir em toda a história da salvação, nos

---

65. "A importância da história de Moisés em At 7 sugere que 'começando por Moisés' em Lc 24,27 refere-se não apenas aos livros de Moisés – o início da Escritura – mas à carreira de Moisés, a qual fornece o padrão do profeta rejeitado" (Tannehill, 1996, p. 356, tradução nossa).

diversos relatos e nos seus personagens, a presença profética de Jesus, o Messias esperado, o profeta como Moisés, o Filho de Deus enviado ao mundo[66].

De certa maneira, o privilégio do leitor, no início do relato, de já saber quem é o forasteiro, frente à ignorância dos peregrinos, é invertido a partir do discurso de Jesus: desde então, são os peregrinos os privilegiados por ouvirem as explicações das Escrituras com a palavra do próprio Senhor, enquanto o leitor as ignora (Sanz, 2021, p. 197; Crimella, 2012, p. 179).

Alguns autores chegam a propor alguns textos da Lei, dos profetas e dos Salmos que pudessem ter sido citados e explicados explicitamente por Jesus em seu discurso aos discípulos de Emaús (Hendriksen, 2004, p. 653). Em geral, propõem a associação de textos com as promessas messiânicas a outros com os relatos do Servo sofredor[67]. Esses esforços são legítimos e despertam interesse, mas é preciso reconhecer que são limitados e especulativos. Correia argumenta, numa interessante provocação, que é preciso ler o livro dos Atos dos Apóstolos para, em diversos episódios ali narrados, reconhecer a utilização das Escrituras para apresentar a boa-nova da morte e ressurreição do Senhor (Correia, 2001, p. 379). Nesse sentido, essa palavra acerca de Jesus recorrendo a Moisés e aos profetas para falar de si constitui um convite ao leitor do Evangelho de Lucas a prosseguir a leitura com o segundo volume da obra lucana[68].

> Por que Lucas não revela aos leitores também o conteúdo do que Jesus explicou ao longo da estrada? O leitor conhece a exegese de Jesus e o modo como é preciso ler as Escrituras, como profecia do seu destino paradoxal, somente através dos apóstolos. A sua exegese, no livro dos Atos, permanece o único testemunho do Ressuscitado" (Rossé, 1992, p. 1032).

Cabe ainda, a esse respeito, uma outra reflexão: "Começando por Moisés", como visto, faz referência ao grande profeta enviado por Deus, não apenas em suas palavras, mas também em sua vida e atuação de renúncia aos próprios interesses, e também nas incompreensões e perseguições que enfrentou ante as impaciências do povo hebreu. Mas "começando por Moisés" pode incluir também os relatos primitivos do Gênesis, na medida em que todo o Pentateuco tem sua autoria atribuída a Moisés. Com efeito, não é necessário especular

---

66. "A questão não é *quais* textos são cristológicos, mas que a Escritura fala de Cristo, e que *toda* ela o faz (24,25)" (Bucur, 2014, p. 706, tradução nossa); na mesma direção, Terry (1900, p. 246), Marion (2012, p. 149), Dohmen (2012, p. 453), Laurence (2020, p. 68), Green (2006, p. 515) e Costa, 2021, p. 24-25.

67. "É difícil imaginar Isaías 53 não estando no primeiro plano do pensamento de Jesus no versículo 25" (Edwards, 2019, p. 898-899); na mesma direção, Dohmen (2012, p. 455-459).

68. "Do episódio (de Emaús) emerge uma interpretação cristã do Antigo Testamento, que terá continuidade no livro dos Atos dos Apóstolos" (Almeida, 2020, p. 111).

a respeito das passagens da Escritura citadas por Jesus. Mas vale registrar que, se Jesus tivesse citado e interpretado textos do Gênesis, tais como os relatos da criação, de Noé, dos patriarcas Abraão, Isaac e Jacó, ou de José, o qual, vendido pelos irmãos, depois se tornou sinal da Providência divina, que transformou o mal em bem, ainda assim seria adequado dizer que Jesus teria começado por Moisés, a quem tais relatos eram atribuídos pelos judeus (Tannehill, 1996, p. 356).

4.7 A chegada a Emaús (v. 28)

A explicação das Escrituras por Jesus terminou antes de chegarem a Emaús? Ou tendo chegado, ainda haveria mais a dizer? O texto não relata, de modo que não é possível sabê-lo com certeza. O que está narrado é que pelo caminho o Senhor abria [69] as Escrituras aos discípulos, até que chegaram, como era de se esperar, ao seu destino. Como visto, o texto diz, no v. 27, que Jesus lhes interpretava as Escrituras. Na sequência, o v. 28ab traz apenas: "E aproximaram-se do lugarejo para onde iam". Parece haver, bem de acordo com a sofisticação do texto, uma sincronia entre a conclusão da explicação e a chegada ao lugarejo. De fato, os peregrinos não pedem ao forasteiro que fique com eles a fim de concluir a exposição; apenas argumentam, no v. 29, que é tarde e já declina o dia, como logo à frente se verá.

No que tange à instalação para onde se dirigiam em Emaús, todos os indícios – no âmbito narrativo e no âmbito teológico – apontam para a casa de ambos, e não para uma hospedaria ou estalagem (Lagrange, 1948, p. 607; Hendriksen, 2004, p. 647; Schweizer, 1988, p. 350). No âmbito narrativo, se insistem em acolher o forasteiro, é mais provável que seja para pernoitar em sua residência (Lenski, 1955, p. 1191; Fitzmyer, 2006, p. 592; Edwards, 2019, p. 901). Insistir para que ele se instalasse na mesma estalagem em nada traduziria hospitalidade[70]. Ademais, note-se que em nenhum momento aparece a figura de um hospedeiro nem nada semelhante. Além disso, se houvesse hospedeiro, seria ele a partir o pão[71]. Sentam-se à mesa para a ceia, não há nenhuma referência a outros hóspedes nem ninguém a serviço. Por fim, tão rapidamente como entram, partem da instalação às pressas depois de reconhecerem o Senhor, como será narrado adiante. Tal procedimento apressado seria improvável numa hospedaria, de modo que é mais apropriado à própria casa. E no âmbito teológico, soaria estranho que tal refeição e abertura dos olhos, momento tão solene e também pessoal desses discípulos,

---

69. "(o Senhor) escancarava as Escrituras" (Gallazzi, 1995, p. 225).

70. "Eles não insistiriam tanto com seu companheiro de viagem para ficar em uma pousada" (Lagrange, 1948, p. 607, tradução nossa).

71. "É muito mais provável que fossem para um lar" (Morris, 1974, p. 318).

tivesse lugar em outro ambiente que não fosse a casa deles. Ao contrário, a ocorrência de tal episódio na casa dos discípulos traz notáveis implicações para a fé dos primeiros cristãos, instados a reconhecer a presença do seu Senhor – ainda que oculta – em suas casas e na partilha do pão. E o mesmo valerá, naturalmente, para as sucessivas gerações cristãs.

Vale registrar também que, na medida em que o texto de Emaús retrata o reerguimento dos homens após a queda original, o lugar apropriado é a sua casa, o local onde residem, onde descansam e se refugiam, e de onde podem abrir suas portas a quem queiram admitir em sua presença. Se o episódio não ocorresse na casa dos discípulos, "escondimento" primordial do primitivo casal (Gn 3,7-8) não teria sido "invertido" apropriadamente, e o reconhecimento do Senhor perderia muito do seu sentido de restauração da humanidade. Como se vê, é densa a teologia da casa, e perfeitamente aplicável ao relato de Emaús. Ademais, "o domingo depois da páscoa hebraica é dia de retorno à casa" (Schweizer, 1988, p. 348, tradução nossa). É certo que a feliz refeição entre os três poderia ter ocorrido numa hospedaria, mas é preciso admitir que com tal hipótese o relato perderia algo de sua força.

Por fim, como mais uma consequência dessa suposição, se de fato chegaram à sua casa e não a uma hospedaria, torna-se ainda mais provável a teoria de alguns autores de que os dois discípulos eram um casal, a saber, Cléofas e sua esposa, que frustrados e tristes, voltavam para sua casa[72]. Tal hipótese é confirmada pelo costume oriental, enraizado à época de Jesus e que perdura até os dias de hoje, na eventualidade de um casal ser abordado por um estranho. Neste caso, somente o homem responde e dialoga, ao passo que a mulher permanece em silêncio todo o tempo[73]. É exatamente o que se desenrola durante o relato.

Ademais, tal hipótese de serem um casal também está perfeitamente de acordo com as características de Lucas, que sempre dispõe uma mulher ao lado de um homem, por ocasião de eventos importantes e testemunhos a serem proferidos. Note-se Simeão seguido de Ana, nos relatos da infância (Lc 2,25-38), e o pastor que se alegra com a ovelha recuperada seguido da dona de casa festejando com as amigas a moeda que reencontrou (Lc 15,4-10), dentre outros (Lc 13,18-21). E tal característica mantém-se também no livro dos Atos dos Apóstolos, em variados episódios (At 1,14; 5,1-11).

---

72. "Os dois discípulos viviam na mesma casa e, portanto, eram presumivelmente marido e mulher. Se Cléofas é o Clopas de Jo 19,25, então sua esposa Maria era do grupo das mulheres junto à cruz" (Caird, 1963, p. 259, tradução nossa); na mesma direção: Mazzarolo (2013, p. 291); Gallazzi (1995, p. 223).

73. "É proibido aos homens falar com elas pela estrada" (Maggi, 2016, p. 44-45;49); "(às mulheres) não lhes era permitido falar em público com nenhum varão" (Pagola, 2009, p. 256-259). Cf. tb. Jeremias (1967, p. 473-493).

4.7.1 Jesus faz menção de passar mais além (v. 28)

Chegando então ao seu destino, em Emaús, a sequência da narrativa, ainda no v. 28cd, traz uma informação mais relevante do que pode parecer à primeira vista, e que, por conseguinte, merece atenção: "καὶ αὐτὸς προσεποιήσατο πορρώτερον πορεύεσθαι/*e ele fez menção de passar mais além*". Conforme explicado na seção 2.3 "Justificativas da tradução", optamos por traduzir assim, "fez menção de", em vez de *fingiu* ou *simulou* (passar mais além), ou tradução semelhante. Como exposto ali, não é possível imaginar em Jesus uma conduta de fingimento ou de simulação. À guisa de comparação, note-se que, em outra ocasião, Lucas descreve certo discurso de Jesus aos discípulos, advertindo-os a que não procedam como os fariseus, os quais, dentre outras condutas reprováveis, "ροφάσει μακρὰ προσεύχονται/*simulam longas orações*" (Lc 20,47). Como se vê, o termo utilizado pelo evangelista para descrever essa conduta fingida dos fariseus é outro, sem qualquer afinidade com a ação de Jesus de fazer menção de seguir adiante.

Além da inadequação de um comportamento fingido de Jesus, o fato de entender o v. 28cd como "fez menção de passar mais além" destaca outros aspectos. Por meio de sinais ou gestos próprios de um peregrino, Jesus deu a entender que passaria mais além, caso não fosse convidado pelos discípulos. E é possível afirmar, junto com vários autores, que isso corresponde à verdade: de fato, Jesus seguiria adiante se não fosse convidado[74]: "Jesus não força a entrada na casa de ninguém"[75].

De acordo com outras passagens do Evangelho, Jesus é recebido por aqueles que o convidam e o acolhem, tais como Marta e Maria (Lc 10,38-42), Simão fariseu (Lc 7,36-50), Simão Pedro (Lc 4,38-39), dentre outros. Também o Apocalipse diz, numa palavra cujo cumprimento se vê também em Emaús (Correia, 2013, p. 201; Edwards, 2019, p. 901; Pérez Herrero, 2014, p. 20): "Eis que estou à porta e bato: se alguém ouvir minha voz e abrir a porta, entrarei em sua casa e cearei com ele, e ele comigo" (Ap 3,20). E se não abrir? Jesus não forçará sua entrada. É bem verdade que, por exemplo, no caso de Zaqueu, Jesus praticamente convidou a si mesmo para ficar em sua casa (Lc 19,5). Mesmo assim, tratou-se de um convite, apenas a iniciativa foi de Jesus. Claro que se Zaqueu se negasse a recebê-lo, Jesus não entraria. Mas o que é relatado é que o chefe dos publicanos o recebeu com alegria (Lc 19,6). Ademais, o fato de Zaqueu ter-se antecipado e subido a uma árvore para ver Jesus já poderia ser considerado um indício de que teria gosto em hospedá-lo (Lc 19,4).

---

74. "Naturalmente, ele teria ido, se os discípulos não tivessem insistido para que ele ficasse" (Robertson, 1930, p. 394); na mesma direção: Hendriksen (2004, p. 653).

75. "Jesus nunca se fez de convidado. Espera que o convidem" (Lenski, 1955, p. 1191; Costa, 2021, p. 69).

De qualquer modo, há algo mais no contexto de Emaús. Note-se que foi de Jesus a iniciativa de se aproximar dos dois peregrinos durante o caminho (Lc 24,15). Também foi de Jesus a iniciativa de começar a conversa, com a pergunta quanto ao que discutiam no caminho (Lc 24,17). Mas no momento de ingressar na casa dos peregrinos, a conduta de Jesus é outra; nesse momento ele não toma a iniciativa, mas pelo contrário, dá sinais de seguir adiante (Lc 24,28). Isso é digno de atenção. Em princípio, Jesus até poderia ter convidado a si mesmo, como fizera com Zaqueu, e ter pedido hospedagem a Cléofas, em vez fazer menção de passar além. Mas aqui, no episódio de Emaús, em específico, as circunstâncias parecem indicar que não deveria ser assim. Nesse momento, Jesus não tomaria a iniciativa do convite; tal iniciativa *deveria* ser dos dois discípulos. Cabia a eles esse convite expresso. Jesus não entraria sem ser formalmente convidado (Hendriksen, 2004, p. 653), pela relevância do episódio de Emaús como um sinal. Porque Adão e Eva, no Éden, esconderam-se (de Deus e um do outro), Deus permitiu que partissem (Gn 3,8-10.23-24). Em Emaús, depois de consumar seu desígnio salvífico, restaurar a humanidade e vir ao seu encontro, explica-lhes tudo com base em Moisés e nos profetas, e, então, espera que os homens tenham a iniciativa de convidá-lo a permanecer em sua presença, embora ainda não o reconheçam. Em outras palavras, a fim de desfazer a iniciativa adâmica do afastamento, era preciso que os filhos de Adão tivessem, em contrapartida, a iniciativa do convite ao convívio divino. Acolher o forasteiro era como acolher o próprio Senhor (Mt 25,35). Jesus aguarda e lhes dá essa oportunidade. É até provável que Jesus já esperasse ser convidado. Mas isso está longe de significar que seus gestos de seguir adiante fossem uma simulação. Como visto, ele em verdade iria adiante se não houvesse o convite pelo qual ele esperava[76]. Feito o convite, então entrou e ceou com eles.

Como se vê, o detalhe de Jesus ter feito menção de passar além é importante para o presente estudo, e é mais um dado a confirmar que o episódio de Emaús, ao final do Evangelho de Lucas, expressa a restauração da humanidade decaída desde a queda original. Adão e Eva se escondem da presença de Deus, bem como de um do outro, tecendo tangas para si (Gn 3,7-8). Deus não os abandona; vai ao seu encontro, mas respeita sua liberdade e permite que se afastem de sua presença. À luz do Evangelho, a saída do jardim deve ser vista sob esta óptica: Deus não os expulsa de modo rude e agressivo, mas apenas referenda a anterior decisão deles mesmos de se afastarem, e a contragosto permite que partam. Mas ainda assim, não os abandona, e traça todo um plano de salvação que começa a empreender já

---

76. "Não devemos interpretar as palavras como uma indicação de algum gesto teatral. Sem o convite, ele não teria ficado" (Morris, 1974, p. 318).

a partir daquele primeiro momento, até que, transcorridos os séculos, etapa por etapa, consuma-o na plenitude dos tempos. Jesus ressuscitado – concluída, então, sua obra redentora – aproxima-se novamente daqueles dois discípulos, que representam o casal primitivo e todos os seus filhos, isto é, toda a humanidade, e lhes narra o que fez em favor deles, e tudo por que precisou passar para redimi-los e reerguê-los. Feito tudo isso, está claro que, nesse momento, Jesus não poderia tomar a iniciativa de entrar; deveria aguardar que tal iniciativa viesse dos discípulos. Felizmente tal convite veio, e Jesus logo entrou para permanecer com eles.

O que vale para Cléofas e sua companhia vale para todos os homens: quando os filhos de Adão e Eva tomam ciência de tudo o que Deus se dispôs a fazer em favor deles, ficam admirados com tanto amor, gratuito e imerecido, e entendem que não precisam se esconder, tampouco se afastar de Deus. A história da salvação, com todas as suas idas e vindas, dores e angústias, mostra que Deus não é um juiz severo a ser temido, mas um Pai amoroso que nada negou aos seus filhos, mas tudo lhes deu, dando-lhes seu Filho único (Jo 3,16) a fim de restaurar a humanidade decaída (Caird, 1997, p. 96-99). Cientes desse amor, eles veem que podem confiar em Deus, e daí surge a fé verdadeira. Abrem então suas portas e seus corações para que Deus permaneça com eles.

4.7.2 O convite a permanecer (v. 29)

Como visto, o esperado convite veio: "Mas insistiram com ele dizendo: 'Permanece conosco, porque é tarde e já declinou o dia'. E entrou para permanecer com eles" (Lc 24,29). O verbo utilizado por Lucas, "παρεβιάσαντο/insistiram", é o indicativo aoristo médio de "παραβιάζομαι/insistir", que pode significar também "constranger" (Bailly, 1950, p. 1458). O argumento apresentado por Cléofas é razoável e condiz com a verdade, mas parece não dizer tudo: "É tarde e já declinou o dia". Terá sido somente por isso que os peregrinos insistiram para que o forasteiro permanecesse com eles? A motivação seria apenas o cumprimento do dever de hospitalidade com um estrangeiro à noite? Há quem pense que sim;[77] mas o próprio relato sugere que não. Sem desmerecer o valioso preceito da hospitalidade, havia, de fato, algo mais[78]. Aqueles discípulos tristes e abatidos, sem se

---

77. "Apesar do fato de Cléofas e sua companhia estarem tristes e desiludidos por causa da morte de Jesus, estão conscientes das necessidades de um estrangeiro" (Maxey, 2014, p. 121, tradução nossa).

78. "Será o medo da noite física e exterior que os preocupa e atormenta? Formularão eles o pedido apenas para dar cumprimento ao preceito judaico da hospitalidade, tantas vezes referido na Escritura? Não apenas, certamente. Os motivos parecem-nos ser mais densos e profundos: do que eles têm medo é do escuro interior, do vazio da alma, do sem-sentido da vida que experimentaram com aquela morte ilegível de Jesus" (Correia, 2013, p. 202-203).

dar conta, encontraram um desconhecido que lhes deu um alento, apontou-lhes um caminho de redenção, de alegria e de vitória sobre a morte. Como poderiam deixar escapar esse companheiro de viagem, que lhes trouxe tanto sentido naquele momento dramático?[79] Voltariam ao estado anterior a esse encontro, quando suas esperanças estavam perdidas? Acabariam por esquecer as explicações que ouviram com base em Moisés e nos profetas... A chegada da noite, ainda que efetiva, parecia ser não mais que um pretexto. Qualquer que fosse a hora do dia, a permanência daquele forasteiro seria bem-vinda, até porque poderiam ouvi-lo um pouco mais (Chance, 1997, p. 377).

Mas o fato é que a estadia se deu na entrada da noite, ao declinar o dia. Também esse horário do dia é expressivo e parece não ser em vão. Se não é difícil fazer uma leitura espiritual a partir de Emaús, vendo nesse relato a imagem do Cristo que caminha com seus discípulos e permanece com eles em sua casa, também é evidente que esse mesmo Cristo permanece com os seus durante a noite, nas horas de tribulação e angústia, afastando o medo e inspirando confiança.

A narrativa vai se encaminhando para o seu clímax. O percurso a ser trilhado já foi concluído, as explicações foram apresentadas com base nas Escrituras e a chegada ao destino gera certa instabilidade, cria um nó que precisa ser desfeito. O relato pede uma continuação, supõe um desfecho que ainda não se deu. O leitor sabe desde o início quem é o forasteiro que explica as Escrituras. Fica a expectativa para a revelação aos peregrinos desse fato vital. A narração, então, prossegue com a entrada na casa. O momento de uma possível separação transformou-se em convite à hospedagem. O que era uma caminhada passa a ser uma refeição, e os peregrinos se tornam convivas.

Também nisso há muito a se refletir. A caminhada que se conclui com um banquete é, em breve resumo, imagem da vida de cada fiel, é a peregrinação terrena que se conclui com o banquete celeste. Inúmeras passagens da Escritura trazem essa dinâmica de duplo movimento. Note-se o Sl 22(23), que começa com o Senhor, bom pastor, a conduzir as ovelhas, a levá-las às pastagens e às águas, para descansar e restaurar as forças, de modo que nada devem temer, encontrando segurança sob o seu cajado; em um segundo momento, o Senhor prepara a mesa, unge com óleo e faz transbordar a taça, de modo que a casa do Senhor seja a morada do salmista para sempre (Schökel, 1997, p. 381-385). Também a história de José, no Egito, e sua família, pode contribuir nessa reflexão. O longo e dramático percurso dos irmãos até o Egito, em busca de provisões, é concluído depois de

---

79. A palavra do Senhor, que abre as Escrituras, "abre também a porta da casa" (Gallazzi, 1995, p. 225); na mesma direção, Léon-Dufour (1971, p. 211).

tantas idas e vindas e de dramáticos desdobramentos, com o feliz banquete entre os irmãos e seu pai, no qual, alegres, celebram a vida e a reconciliação (Gn 42-50) (D'Alessio, 1992, p. 115-127).

Aqui também, no episódio de Emaús, o relato pareceria incompleto se não houvesse, depois do encontro pelo caminho e a interpretação das Escrituras, o momento celebrativo ao final. E é claro que tal celebração deveria ser à mesa, numa refeição. O Senhor, tendo-se aproximado dos discípulos, acompanha-os e os escuta. Depois, esclarece os eventos recentes à luz de Moisés e dos profetas, mostrando o desígnio salvífico de Deus. Chegando ao destino, aceita o convite a entrar na casa e se senta à mesa para partilhar os dons e a vida, como costumam fazer os convivas. A ceia em questão pode ser considerada, sob certo ponto de vista, singela ao extremo: o dom a ser compartido é o pão, o alimento por metonímia, o sustento cotidiano dos povos. Por outro lado, trata-se do maior e mais rico banquete: o próprio Senhor está à mesa, conduz as ações e se dá como alimento.

"E aconteceu que, ao sentar-se ele à mesa com eles, tendo tomado o pão, abençoou-o e, tendo-o partido, dava-lhes" (Lc 24,30). Como alguns autores já notaram (Lenski, 1955, p. 1191-1192), logo que se sentam, o forasteiro assume o papel de anfitrião, de modo um tanto surpreendente, ao abençoar e distribuir o pão. Vê-se então, nesse episódio, um registro dessa mudança: o mesmo Jesus que, na terra, fez-se hóspede de todos, há de ser, no banquete eterno, o grande anfitrião: "Isso indica que, em certo sentido, o Reino já é uma realidade presente, na pessoa de Jesus" (Robinson, 1984, p. 486).

Também não é difícil recordar, nesse momento, a multiplicação dos pães (Lc 9,10-17) e a última ceia (Lc 22,14-20) (Fitzmyer, 2006, p. 593), os banquetes servidos por Jesus durante o seu ministério, e que, portanto, são como uma antecipação profética do banquete eterno. Um primeiro olhar, ao considerar a sequência de ações narradas, já dá conta dessa aproximação. Também por isso os autores discutem se essa refeição configura propriamente uma celebração eucarística ou não.

Há quem defenda que naquela refeição Jesus celebrou com seus discípulos a eucaristia, o estimado sacramento da Igreja, como o demonstra a expressão "ἐν τῇ κλάσει τοῦ ἄρτου/*na fração do pão*", v. 35, que se consagrou desde a Igreja primitiva como referência exclusiva à Eucaristia (Bowen, 2018, p. 239). Mas a maioria dos autores entende que não se tratava propriamente da celebração eucarística, seja por não haver menção ao vinho (Edwards, 2019, p. 902; Pérez Herrero, 2014, p. 20), ou porque o rito não se conclui propriamente, na medida em que Jesus se torna invisível aos olhos dos discípulos, que logo voltam para Jerusalém, ou tão somente porque não há dados suficientes acerca de tais celebrações a ponto de possibilitar essa identificação[80]. Dessa maneira, entender a refeição em Emaús como uma estrita liturgia eucarística seria anacrônico; com efeito, essa seria mais uma das inúmeras refeições, em Lucas, nas quais ocorrem maravilhas (Maxey, 2014, p. 122). Segundo outros autores, não se trata da eucaristia justamente porque Lucas quer valorizar a presença do Senhor sempre que os cristãos se reúnem para partilhar seus dons em suas refeições. Assim, Robinson entende que Lucas não quer menosprezar a celebração eucarística nem ignora sua importância para as primeiras comunidades; antes, o evangelista pretende realçar que, em qualquer refeição fraterna, é possível desfrutar do privilégio de antecipar o banquete celeste: "O relato de Emaús fala, portanto, de como Cristo deve ser encontrado e reconhecido não em um tipo especial de refeição cristã, mas quando e onde cristãos partilham o pão reunidos" (Robinson, 1984, p. 494).

Seja como for, o fato inegável é que a referência à fração do pão, celebrada pelos primeiros cristãos, está nítida no episódio, pela própria descrição das ações[81].

> Para o leitor atual, Escritura e fração do pão fazem referência inequívoca à celebração eucarística. Nela se abrem nossos olhos para descobrir a Jesus ressuscitado e obter forças, não para voltar a Jerusalém, mas para cumprir com entusiasmo nossa missão (Sicre, 2021, p. 526).

É bem provável, ademais, que tal gestual de Jesus tenha contribuído para o reconhecimento dos discípulos, que se dará logo em seguida. Habituados que estavam a participar de refeições com o Senhor, reconheceram-no também por causa dessas ações, todas elas significativas: tendo tomado o pão, abençoou, ou deu graças, como fazia em todos os momentos. Vivia em ação de graças ao Pai por tudo ("Eu te louvo, ó Pai, Senhor do céu e da terra, porque ocultaste essas coisas aos sábios e entendidos, e as revelaste aos pequeninos. Sim, ó Pai, porque assim foi do teu agrado", Lc 10,21). Ao abençoar o pão, Jesus está, de acordo com a tradição judaica, bendizendo a Deus pelo sustento fornecido, dando graças pelo dom da vida. É assim, como sustento e preservação da vida, que é o bem maior, que se vê o valor do alimento sinal do cuidado de Deus com seus filhos.

---

80. "O relato de Emaús suscita uma pergunta: aquela ceia foi uma celebração eucarística? Não há dúvida de que há correlações e referências, mas pensar em uma identidade entre Emaús e as celebrações eucarísticas das primeiras comunidades seria um anacronismo. O que realmente conta no episódio é o reconhecimento de Jesus ressuscitado. Claro que as celebrações litúrgicas primitivas utilizavam textos do Antigo Testamento e partiam o pão, renovando sua fé na ressurreição de Cristo. Mas o relato de Emaús não deve ser visto como uma descrição das celebrações litúrgicas do século I, das quais se sabe muito pouco" (Fitzmyer, 2006, p. 580, tradução nossa).

81. "Trazendo à mente o episódio da multiplicação dos pães e dos peixes (Lc 9, 10-17) e a Última Ceia (Lc 22, 14-20), as semelhanças entre eles conferem a Lc 24, 13-35 o colorido eucarístico que caracteriza os textos de comensalidade em Lucas" (Correia, 2013, p. 101); na mesma direção: Edwards (2019, p. 902), Tremblay (2006, p. 261-262) e Núñez (2007, p. 184-185).

4.8 Seus olhos se abriram e o reconheceram (v. 31)

Toda essa sequência de ações, bem condizente com o ministério de Jesus, culmina no v. 31ab: "αὐτῶν δὲ διηνοίχθησαν οἱ ὀφθαλμοὶ καὶ ἐπέγνωσαν αὐτόν/ *então se abriram os seus olhos e o reconheceram*". O momento tão aguardado, que haveria de ocorrer em algum instante do relato, como já estava de certo modo sugerido ao leitor desde o início, finalmente se cumpre: foi à mesa, dentro de casa, após a bênção, na fração do pão, que os peregrinos enfim reconheceram aquele que desde o início os acompanhava. Há quem apresente uma ou outra reflexão mais natural para o momento, como a hipótese de terem visto as marcas dos pregos nas mãos, quando o Senhor abençoou e partiu o pão (Morris, 1974, p. 319; Hendriksen, 2004, p. 654; Pérez Millos, 2012, p. 2524), ou de terem reconhecido alguma peculiaridade nos gestos ou na oração de Jesus (Robinson, 1984, p. 484). Mas a maioria dos autores encontra explicações mais espirituais, que parecem de fato mais apropriadas ao momento.

De qualquer forma, é notável o fato de que ambos reconhecem o Senhor a um só tempo, no mesmo instante. Também esse dado é um sinal da comunhão entre os dois que é restaurada pelo Senhor que os acompanha. Se no início, além de abatidos, discutiam entre si, à medida que ouvem a interpretação das Escrituras e se dispõem a acolher o forasteiro, vão recuperando a comunhão entre si, até que se veem restaurados e, novamente unidos, reconhecem o seu Senhor.

Está claro que tal revelação se opõe ao dado inicial de que seus olhos estavam como que impedidos, no v. 16, e não o conseguiam reconhecer. A letargia inicial dá lugar à percepção. Agora, esclarecidos por Jesus no caminho a partir das Escrituras e na ocasião fraterna da fração do pão, têm finalmente condições de ver Jesus ressuscitado, e logo o reconhecem.

O motivo dos olhos fechados ou impedidos de ver acompanha toda a história da salvação. Depois dos supostos olhos abertos da queda original (Gn 3,7), os olhos fechados percorrem todas as etapas, e estão presentes nas exortações dos profetas (Is 6,9-10; Ez 12,2). Não é diferente com Jesus, quando chega a plenitude dos tempos. Desde o início, não encontra acolhida (Lc 2,7), seu povo não o reconhece como o Messias esperado (Lc 4,24-30), e ele chora sobre Jerusalém, pois o que lhe poderia trazer a paz está oculto aos seus olhos (Lc 19,42). O ministério de Jesus, segundo a apresentação que ele faz de si mesmo a partir do Profeta Isaías (Is 61,1-2, LXX), na sinagoga em Nazaré, consiste precisamente em restituir a visão aos cegos (Lc 4,17-19) (Ortlund, 2013, p. 727). Mesmo tendo anunciado e predito três vezes aos discípulos que sua glória e ressurreição viriam por intermédio do sofrimento e da morte, eles não compreendiam, e essa palavra lhes era obscura (Lc 9,22.44-45; 18,31-34). Somente depois de realizar e concluir sua obra salvífica, Jesus lhes abre as Escrituras e confirma o que havia anunciado, e então seus olhos se abrem, bem como suas mentes e seus corações.

Vê-se, assim, a ação de um Deus que não queima etapas nem age mediante sobressaltos, mas, pelo contrário, faz tudo a seu tempo, no momento apropriado, como um Deus paciente, bondoso e compassivo. A restauração da humanidade ferida e afastada de Deus, desde os primórdios, depois da queda original, só se completa com a vitória definitiva de Jesus sobre a morte, que beneficia e aproveita a todos os homens.

> A abertura dos olhos de Adão e Eva foi a primeira expressão da criação decaída. A abertura dos olhos dos discípulos de Emaús será a primeira expressão da nova criação, o primeiro dia da semana. O ato de comer o pão partilhado em Emaús constitui o desfazimento do ato de comer o fruto da árvore do conhecimento do bem e do mal (Chenu, 2005, p. 47).

Assim, aqueles olhos abertos na queda original não são os mesmos olhos abertos em Emaús; em outras palavras, não são abertos da mesma maneira. A bem da verdade, há até uma oposição ou contraste entre tais episódios. Se os olhos dos discípulos se abriram e reconheceram Jesus com eles, é porque, até então, na verdade estavam impedidos de reconhecê-lo, como o texto afirma. E estavam assim fechados, de certo modo, desde os primórdios. Não por acaso, como visto, os olhos fechados e impedidos de ver acompanham a história da salvação. Os olhos se abriram no jardim de maneira imprópria, distorcida, e assim permaneceram durante todo o transcurso da humanidade, até que o próprio Senhor viesse por fim curar a cegueira dos homens e revelar-lhes a verdade do amor de Deus. Como reflete Bucur, "ao contrário de Adão e Eva, que provaram do fruto do conhecimento do modo errado, na hora errada e a partir do fornecedor errado, os discípulos (de Emaús) o recebem das próprias mãos do Senhor" (Bucur, 2014, p. 702, tradução nossa).

Bucur aponta as semelhanças estruturais entre os relatos de Emaús e do Éden. Além dos olhos abertos e do consequente reconhecimento de uma situação antes ignorada, em Lc 24,31 como em Gn 3,7, o autor destaca também a afinidade entre as ações imediatamente anteriores de "tomar" e "dar" o alimento, em Lc 24,30 como em Gn 3,6 (Bucur, 2014, p. 699). O autor vê um problema na falta de paralelismo entre o estado inicial dos discípulos de Emaús, de não reconhecerem o Senhor, e o casal do Éden, que estão nus e não se envergonham. Para resolver essa questão, sustenta que Adão e Eva estavam nus, mas "revestidos da veste da glória" (Bucur, 2014, p. 700; Schneider; Seelenfreund, 2013, p. 118-119).

A esse respeito, e sem excluir essa interessante teoria de Bucur, é preciso notar que a referida incompatibilidade vem do fato de que, antes do pecado original, estavam em paz com Deus, com a criação, consigo mesmos e um com o outro, e, por conseguinte, não se incomodavam de estarem nus. Já os discípulos de Emaús, a exemplo de toda a humanidade, estão sujeitos às consequências nefastas do pecado original; falta-lhes a harmonia primordial, que recuperam no momento em que reconhecem o Senhor que com eles estava. Em outras palavras, se há um paralelismo entre Lc 24,31 e Gn 3,7, há também oposições, na medida em que a obra de Jesus desfaz as sequelas do pecado original e restaura o gênero humano decaído. Sendo um episódio a continuação do outro, depois de uma imensa elipse, os relatos de Gn 3,7 e Lc 24,31 têm seus paralelos; mas sendo também uma narrativa de desfazimento, de reerguimento após a queda, têm também seus contrastes.

Em outras palavras, o referido paralelismo buscado por Bucur deve ser encontrado não entre os inícios de ambos os relatos, mas sim entre o fim do primeiro e o início do segundo, e não propriamente como paralelo, mas à guisa de continuação. Com efeito, o relato de Emaús começa precisamente da maneira como termina o dramático relato da queda. Expulsos do jardim, Adão e Eva passam a vagar sem destino e sem esperança numa terra hostil, que produz espinhos e cardos, e que deverão cultivar com seu suor (Gn 3,17-19). É, de fato, o início da história humana depois do proscrito e distante Éden. O relato de Emaús começará exatamente dessa mesma maneira. Cléofas e sua companhia – modelo de todos os casais e de todas as famílias – partem de Jerusalém, cidade que agregava suas grandes expectativas de libertação, e voltam sem esperança ("esperávamos", v. 21), vagando sem objetivo, abatidos e desanimados. É nesse momento que o próprio Senhor Jesus se aproxima deles, apenas depois de ter desempenhado todo o plano salvífico elaborado e posto em prática por Deus desde aquele início, desde os mais remotos primórdios. Tendo-os resgatado, pode agora esclarecer suas próprias ações, mediante as quais passou pela morte de cruz para entrar em sua glória (Lc 24,26).

Assim, é possível perceber também, *a contrario sensu*, uma espécie de paralelismo entre o início do relato do Éden e o final de Emaús, no sentido de uma restauração, ou ainda mais, de uma elevação. Com efeito, no início do Éden, antes do pecado original, os nossos primeiros pais estavam nus e não se envergonhavam (Gn 2,25), e, mais que isso, estavam em um jardim de delícias e em comunhão com Deus, ou revestidos da veste de glória, como defende Bucur (2014, p. 700). Ora, ao final do relato de Emaús, quando na fração do pão reconhecem o Senhor que os acompanhava, e constatam seu coração ardente pelas Escrituras que lhes foram abertas, veem-se restaurados e novamente repletos de alegria. Unidos novamente ao seu Senhor, estão agora "revestidos de Cristo" (Gl 3,27), numa condição que supera à do primitivo casal no Éden em virtude da profunda experiência do amor de Deus revelado em Cristo e pela comunhão com Deus que dele decorre.

167

O reconhecimento é palavra-chave neste episódio. Desde o início é o que se espera, e é o que se realiza no momento clímax do relato. Deve-se destacar o verbo "reconheceram". Pela própria etimologia do verbo, só se reconhece aquilo que antes já fora conhecido. De fato, eram discípulos. Não é que naquele momento conheceram a Jesus pela primeira vez, ou que a ele tenham sido apresentados. Já o conheciam e o tinham como mestre, acompanhavam seu ministério público e nele depositavam suas esperanças, como tinham narrado. "Reconheceram" é a tradução proposta para o verbo "ἐπέγνωσαν/*reconheceram*", e parece ser mesmo a mais apropriada. Tal reconhecimento está intimamente unido à recordação. Se o aparente fracasso do ministério de Jesus fez com que os discípulos perdessem suas esperanças e retornassem frustrados para sua vida antiga, o reconhecimento do Senhor esclarece que estavam enganados, e que Jesus venceu de fato a morte e está vivo e glorioso, conforme o anúncio dos anjos e o testemunho das mulheres (Hamm, 1990, p. 474-475).

Não reconheceram o Senhor durante o caminho, mas sim quando lhes partiu o pão à mesa (De Paiva; Torres; De Almeida Nogueira, 2016, p. 33); a referência à última ceia é nítida, e assim os discípulos recordam que Jesus, em seu amor extremo, depois de lhes lavar os pés (Jo 13,1-17), ofereceu-lhes seu corpo e sangue como alimento, em um gesto que ele desejou intensamente (Lc 22,14-20). Essa livre entrega pessoal antecipa sua oferta amorosa na cruz. Foi o que ouviram no caminho: que o Cristo precisava sofrer para entrar em sua glória (Lc 24,26); à mesa, na fração do pão, uma vez mais o Senhor se entrega a eles, e, então, reconhecem-no (Mackinlay, 2020, p. 451-452), veem que suas palavras e gestos se cumpriram e fazem todo o sentido. Em Emaús, Lucas apresenta o Cristo sob duas noções desconcertantes: o Cristo devia sofrer, e o Cristo exerce o papel de servo, como revelado à mesa, ao partilhar o alimento (Maxey, 2014, p. 113).

Essa nova percepção leva os discípulos a recuperar tudo o que imaginavam ter perdido. Recordam as palavras de Jesus, que são então reassumidas por inteiro. O que parecera desvario ou perda de tempo se converte em plenitude de sentido. Toda a vida e ministério de Jesus são reabilitados a partir do momento em que o reconhecem vivo e presente entre eles.

4.9 Invisível, mas não ausente (v. 31)

Chama a atenção o fato, narrado logo em seguida, de que, assim que foi reconhecido – ou se fez reconhecer –, o Senhor se tornou invisível aos seus olhos: "E ele tornou-se invisível diante deles", v. 31c. O relato, como qualquer leitor esperaria, chega ao instante da revelação. Mas para a surpresa e quase frustração dos leitores, não há tempo para a mínima interação, não há ocasião para um abraço fraterno, nem para uma breve troca de palavras, agora cientes de quem os acompanha. Se há a alegria exultante do reconhecimento, há também o desaparecimento do Senhor, para não dizer o afastamento ou a partida. Não é difícil perceber certa ironia nessa dinâmica: caminhando com o Senhor, não se dão conta de quem ele é; quando o reconhecem, já não o podem reter. Quando seus olhos se abrem, é como que somente por um instante: reconhecem o Senhor, mas logo em seguida não mais o veem. Não é que seus olhos se fecharam, ou voltaram a ficar impedidos de reconhecê-lo. Continuam abertos e assim permanecerão, pela fé. Mas a partir de então, devem aprender a reconhecer a presença do Senhor assim, invisível entre eles (De Paiva; Torres; De Almeida Nogueira, 2016, p. 36). Felizes, reconhecem seu Senhor, mas terão de entender, eles que por um tempo conviveram com ele, que a partir de agora sua presença será diversa. Não estará ausente, mas oculto, perceptível apenas aos olhos da fé[82].

Com efeito, alguns autores já notaram que, conforme o relato, o Senhor se tornou invisível diante deles; mas não ausente. Ocultou-se aos seus olhos, mas permanece com eles e os acompanha, à luz da fé. Assim, também, uma nuvem acompanhava o povo de Israel em sua peregrinação pelo deserto, sinal da presença do Senhor que ia à sua frente (Ex 13,21-22). Também quando Jesus sobe aos céus, uma nuvem o ocultou aos olhos dos discípulos (At 1,9), de modo que não mais podiam vê-lo. Assim também há de ser para a Igreja: o Senhor há de estar sempre presente entre os seus discípulos, mas de modo oculto. Tornou-se invisível aos seus olhos, mas não foi embora. Está oculto, mas não ausente[83]. Têm olhos abertos os discípulos que conseguem reconhecer essa verdade de fé. O Senhor está com eles e os acompanha no caminho de suas vidas, como o Deus conosco[84]. Pode e deve ser reconhecido nas Escrituras, na vida fraterna, na fração do pão, nas casas dos discípulos.

Sua invisibilidade expressa também o fato de que, a partir da ressurreição, a questão não é mais apenas ver o Senhor, mas mostrá-lo a todas as nações, começando por Jerusalém (Lc 24,47), e é o que deve acontecer dali em diante, e será narrado nos Atos dos Apóstolos. Em uma aproximação com o final do Evangelho de João (Jo 21,25), não haveria espaço neste mundo para conter o Senhor e tudo o que a seu respeito deveria ser escrito (Marion, 2012, p. 151-152).

---

82. "Jesus revela bastante de si mesmo a fim de possibilitar a fé, mas só o bastante para tornar a fé necessária" (Edwards, 2019, p. 903).

83. "Ao assinalar o reconhecimento e a invisibilidade de Jesus, o v. 31 não sufraga a sua ausência, mas abre brechas à possibilidade da sua presença" (Correia, 2013, p. 87).

84. "Sua invisibilidade não é sinal de ausência, mas de uma presença sem obstáculos e em grau supremo de intensidade" (Pérez Herrero, 2014, p. 23, tradução nossa).

4.10 Coração ardente (v. 32)

Na sequência, o relato traz a reação dos discípulos quando o Senhor se torna invisível aos seus olhos: "E disseram um ao outro: 'Não estava ardente em nós o nosso coração enquanto nos falava no caminho, enquanto nos abria as Escrituras?'" (Lc 24,32). É notável que, apesar de surpresos, eles não se sentem frustrados como se o Senhor lhes tivesse "escapado" quando o reconheceram. Não há nenhuma palavra de lamento, nenhuma queixa[85]. Pelo contrário, é com alegria que falam um ao outro e recordam a experiência marcante que acabaram de viver. O texto não deixa de narrar o estado de ânimo ou a emoção dos discípulos. Reconhecem que o coração lhes ardia enquanto ouviam, durante o percurso, a interpretação das Escrituras exposta pelo Senhor. O motivo do coração ardente já havia aparecido no relato de Emaús, na repreensão de Jesus aos discípulos ("lentos de coração", v. 25b), e então surge novamente, mas sob uma perspectiva completamente nova: agora o coração lhes arde no peito (Maxey, 2014, p. 122). Está claro que esse coração ardente de ambos no v. 32b opõe-se ao coração lento para crer, do v. 25b, bem como à tristeza que os fizera parar no início do relato, no v. 17c, quando foram abordados por Jesus[86].

O tema do coração ardente é bastante significativo a respeito do ser humano e da sua relação com Deus. O coração, nas Escrituras hebraicas, bem como na LXX, é o núcleo das intenções mais íntimas do ser humano, remete às disposições que determinam sua vida (Green, 2007, p. 515). O povo de Israel recebe do Senhor o mandamento de amá-lo de todo o coração, com todas as forças e de todo entendimento, conforme Dt 6,4-6. O salmista pede a Deus um coração puro, pois o sacrifício que agrada a Deus é um coração contrito (Sl 50,12.19). O Profeta Jeremias exortava o povo à circuncisão do coração (Jr 4,4) e anunciava uma aliança nova que o Senhor estabeleceria no fundo do ser, inscrita em seu coração (Jr 31,31-33). Também Ezequiel profetiza que o Senhor dará a Israel um coração novo: "Tirarei do vosso peito o coração de pedra e vos darei coração de carne" (Ez 36,26). Assim, "a regeneração de Israel inclui uma regeneração interior, uma mudança do coração que é uma transformação de caráter" (McKenzie, 2004, p. 183). Além de ser a sede das emoções, também os pensamentos e desígnios brotam do coração, conforme as Escrituras: "A expressão 'dizer no coração' significa simplesmente pensar; [...] quando o Senhor dá a Salomão grandeza de coração (1Rs 5,9), isso não significa magnanimidade, mas inteligência" (McKenzie, 2004, p. 183).

---

85. "Depois de terem reconhecido o Senhor, os discípulos não sentiram mais a necessidade de continuar a vê-lo com os olhos carnais" (Barreiro, 2001, p. 71).

86. "Com os olhos que enxergam, também o coração, estulto e endurecido que era, se torna aberto e compreensivo" (Casalegno, 2005, p. 195).

No Novo Testamento, tais acepções do coração se mantêm: o homem deve amar a Deus de todo o coração (Mc 12,29-30), só Deus conhece os corações (Lc 16,15), isto é, o mais íntimo do ser humano; os corações simples (At 2,46) e puros (Mt 5,8) estão abertos sem reservas à ação de Deus. Os fiéis recebem o Espírito Santo, pelo qual o amor de Deus é derramado em seus corações (Rm 5,5), e assim são chamados a ser um só coração e uma só alma (At 4,32).

O coração ardente aponta de maneira inequívoca para o tema do fogo, que abrasa e faz arder, mas também que ilumina e esclarece. Também esse fogo que a tudo consome percorre toda a história da salvação como uma imagem do próprio Deus, na medida em que o Senhor é um fogo devorador (Dt 4,24). Já na vocação de Moisés, Deus a ele se manifesta numa sarça ardente, e se apresenta como o Deus de Abraão, o Deus de Isaac e o Deus de Jacó, e o envia para libertar os hebreus da opressão egípcia (Ex 3,1-12). No deserto, uma coluna de fogo acompanhava o povo, como a glória de Deus que iluminava durante a noite (Ex 13,21-22). Isaías exorta o povo perguntando quem ficará junto do fogo que devora ou suportará a eterna chama (Is 33,14). Tomado por essa chama divina, o Profeta Elias ardia de zelo pelo Senhor (1Rs 19,14). E Jeremias, quando pensava em não lembrar nem falar do Senhor, por causa dos opróbrios que sofria, sentia dentro de si como um fogo ardente, que lhe tomava até os ossos (Jr 20,7-9).

Mas parece ser em outro sentido, um sentido novo, que o Senhor ressuscitado faz arder os corações dos discípulos de Emaús. Não ardem de zelo pelo Senhor, como Elias, nem como que impelidos a falar, mesmo a contragosto, como Jeremias; antes, é o amor de Deus, manifestado na obra salvífica operada pelo Cristo, e por ele explicada no caminho, que leva seus corações a arder, passando da tristeza ao entusiasmo (Crimella, 2016, p. 180-181). O que acende seus corações que ardem de alegria é a confirmação da vitória de Jesus sobre a morte. Se Jesus está de fato vivo, como puderam constatar, a cruz e o sepulcro não tiveram a palavra final. Os discípulos contemplam a ressurreição e anseiam por anunciá-la aos irmãos, ainda que não a compreendam plenamente[87]. Jesus ressuscitado ainda há de instruir-lhes novamente quanto ao alcance da redenção que obteve para todo o gênero humano.

Se o Eclesiastes afirma que não há nada de novo debaixo do sol (Ecl 1,9), Zacarias, quando teve sua língua solta, cantou um hino louvando ao Sol nascente

---

87. "A ressurreição removerá, é claro, sua decepção, mas não resolve o problema imediata ou automaticamente, como mostra At 1,6. Quando os discípulos perguntam ao Jesus ressurreto 'É agora que irás restaurar o reino de Israel?' eles mostram que a ressurreição fez reviver a esperança expressa pelos discípulos de Emaús, mas não a completou. Os discípulos falam da mesma esperança dos peregrinos de Emaús. A referência a Israel é explícita novamente" (Tannehill, 2000, p. 76, tradução nossa).

que veio nos visitar (Lc 1,78), demonstrando como Jesus é, de fato, a Boa-nova dada aos homens, a novidade absoluta. Depois de falar por muitos profetas, falou-nos Deus por seu filho (Hb 1,1-2); depois de iluminar seu povo Israel por inúmeras tochas e lâmpadas, por fim o próprio sol, Jesus Cristo, ilumina com sua sabedoria e aquece com seu amor, de maneira plena e definitiva, a humanidade inteira. Como atesta a carta aos Hebreus, citando Dt 4,24, nosso Deus é um fogo abrasador (Hb 12,29), e quando fala, então, aos discípulos de Emaús, o Senhor faz seus corações arderem: ilumina-os e os esclarece com base nas Escrituras, afasta a tristeza, devolvendo-lhes o ânimo e a esperança, e os aquece com o amor de Deus que lhes manifesta e recorda.

Ainda a respeito desse tema, outro aspecto merece destaque: o coração ardente dos discípulos está no singular: "οὐχὶ ἡ καρδία ἡμῶν καιομένη ἦν/*não estava ardente em nós o nosso coração (?)*", v. 32b. Esse não parece ser um detalhe ocasional, mas sim um dado importante. Não são corações que ardem, mas "o nosso coração". Instruídos pelo próprio Jesus, os dois peregrinos não se escondem mais de Deus e o acolhem, dispõem-se a hospedá-lo. E assim reconciliados com Deus, também se reconciliam entre si, a restauração é também entre os dois. Ou seja, também não se escondem mais um do outro, e são novamente um só coração.

Como Adão e Eva, em sua desobediência primordial, esconderam-se não só de Deus, mas também um do outro, tecendo tangas para si com folhas de figueira (Gn 3,7), do mesmo modo os discípulos de Emaús, enquanto caminhavam tristes e sem esperança, discutiam entre si, sinal de sua desarmonia (Lagrange, 1966, p. 602). Depois da presença atuante do Senhor, com a abertura das Escrituras e consequente abertura dos olhos à fração do pão, não mais discutem entre si, mas, concordes de mente e coração, dizem juntos um ao outro: "Não estava ardente em nós o nosso coração?" (Lc 24,32) (Grasso, 2019, p. 891). Ambos têm novamente um só coração (o nosso coração), iluminado e aquecido pela chama do amor do Cristo Senhor. Concordes novamente, os dois discípulos têm agora o mesmo coração: a partir do momento em que são reconciliados com Deus, também se reconciliam um com o outro. Antes discutiam, agora partilham felizes.

4.10.1 "Falar-lhe-ei ao seu coração"[88] (v. 32)

Deve-se notar que o que acendeu os corações dos discípulos foram as palavras do Senhor, o discurso que ele proferiu com base nas Escrituras. O que faz arder o coração aqui é a fala, sobretudo o conteúdo das palavras. A exposição de Jesus teve

---

88. Citação de Os 2,16, LXX.

condições de persuadir os discípulos por causa do tema apresentado: com base em Moisés e nos profetas, mostrou tudo o que a ele dizia respeito nas Escrituras. Ou seja, narrou a história da salvação, demonstrou o que Deus foi capaz de fazer em favor dos homens, o quanto os amou e se empenhou em resgatá-los da morte[89]. As palavras, entretanto, não bastaram; foi apenas na fração do pão que reconheceram o Senhor[90]. O momento decisivo do reconhecimento à mesa foi preparado por sua explicação durante o caminho, como eles mesmos partilham entre si. Dessa forma, o episódio de Emaús é um ótimo exemplo do entrosamento entre a palavra anunciada e os sinais de Deus. A partir do momento em que se dispõem a ouvir o Senhor que lhes fala, os discípulos não são mais levados apenas pelos olhos, seja por aquilo que se vê, como no caso do primitivo casal seduzido no Éden, seja por aquilo que não se vê, como no caso dos próprios discípulos até então incrédulos, ante o sepulcro vazio. A escuta atenta das Escrituras predispõe os discípulos a captar os sinais e, mediante a fração do pão, haverão de reconhecer o Senhor presente entre eles[91].

O Profeta Oseias anuncia, numa profecia célebre e de palavras fortes, que Deus haveria de seduzir Israel e falar-lhe ao coração: "Por isso, eis que, eu mesmo a seduzirei, conduzi-la-ei ao deserto e falar-lhe-ei ao seu coração" (Os 2,16, LXX). As ressonâncias dessa profecia com o relato de Emaús são inúmeras. Em primeiro lugar, o próprio Deus agirá – "eu mesmo" – e não os profetas; não é difícil ver a realização dessa profecia na atuação de Jesus, o Filho de Deus enviado ao mundo. O verbo utilizado no texto de Oseias, "πλανάω/*seduzir*", é contundente, de modo que é empregado a respeito do homem que seduz uma virgem, por exemplo (Bailly, 2016, p. 1563).

Assim como Eva e Adão, que com ela estava (Gn 3,6), foram seduzidos pela serpente e se desviaram do caminho de Deus e de sua presença, agora é o próprio Filho de Deus, ao final da história da salvação, quem fala ao coração dos homens e os "seduz", mas para que deixem de vagar perdidos e voltem ao caminho. A profecia de Oseias destaca o tema da palavra na medida em que Deus os seduz falando-lhes ao coração: "λαλήσω ἐπὶ τὴν καρδίαν αὐτῆς/*falar-lhe-ei ao seu coração*".

---

89. Recorde-se que o mesmo verbo utilizado para os olhos que se abriram, no v. 31a, "διηνοίχθησαν/*abriram*", volta logo em seguida no v. 32d, a respeito das Escrituras: "διήνοιγεν/*abria*". Por isso a opção de manter a mesma tradução. Como explicado acima (2.3 - Justificativas da tradução), é razoável esse paralelo: Jesus *abriu* as Escrituras aos discípulos enquanto falava, e por isso "seus olhos se *abriram*" na fração do pão.

90. "Um tema a explorar e analisar é a conexão entre Escritura e revelação. Jesus foi revelado a eles enquanto abria as Escrituras com eles. Mas essa revelação só se aprofundou um pouco mais tarde. Jesus não os convenceu com palavras apenas, mas com suas ações. Foi o gesto familiar e a ação que levaram ao completo desvelamento quando seus olhos se abriram e o reconheceram" (Francis; Siôn, 2016, p. 22, tradução nossa).

91. Baldovin (2018, p. 236-237), examina essa harmonia entre Palavra e sacramento; na mesma direção, Boysel (2015, p. 39), Green (2008, p. 220-234) e Blacketer (2016, p. 325-326).

O único aspecto importante da profecia de Oseias ausente do relato de Emaús é o tema do deserto. Motivo importante, também acompanha toda a história da salvação, desde o início. No caminho dos dois peregrinos de Emaús, não há nenhuma informação acerca da estrada ser deserta. Mas a verdade é que, nas entrelinhas, o motivo em questão não parece estar ausente do episódio. Note-se que, no relato da queda original, também não há referência explícita a um deserto; mas na medida em que Adão e Eva foram expulsos do jardim do Éden, no qual havia tantas e tão variadas árvores frutíferas e plantas (Gn 2,8-15), não é difícil ver, *a contrario sensu*, sua nova condição como a de um casal errando por terras desérticas, que a partir de então produzirão espinhos e cardos (Gn 3,17-19). Note-se que a recuperação da vista a partir do pão repartido, em Emaús, recorda o maná, no deserto: antes o povo hebreu pensava que o caminho através do deserto seria morte para todos (Ex 16,3); mas com o maná, reconhecem o cuidado de Deus e a sua glória (Ex 16,6-7) (Meynet, 2005, p. 691).

No relato de Emaús, não se fala com clareza em deserto. Mas a tristeza e o abatimento dos discípulos, a frustração e a perda das esperanças são uma imagem do deserto que atravessavam naquele doloroso momento de luto. Jesus se aproxima, fala-lhes ao coração e os abrasa, devolvendo-lhes a esperança, a alegria, a dignidade, como se novamente introduzisse aquele casal no paraíso, na comunhão com Deus.

De modo semelhante, numa passagem repleta de afinidades com o relato de Emaús (Correia, 2013, p. 101-103), como já visto, o caminho por que passava o eunuco etíope era deserto (At 8,26). Pode-se inferir que o viajante, ao atravessar aquela estrada deserta, enquanto lia o Profeta Isaías, encontrava também aridez naquelas palavras da profecia, que não lhe eram compreensíveis. O eunuco é surpreendido com a presença fraterna de Filipe, que lhe abre a compreensão daquela Escritura e lhe dá sentido, anunciando-lhe o Cristo Senhor. O eunuco pede então o batismo, e, depois de batizado, o então neófito segue seu caminho cheio de alegria (At 8,39).

4.11 Tendo-se levantado, voltaram para Jerusalém (v. 33)

Renovados e restaurados pela interpretação dos últimos eventos que o próprio Senhor lhes apresentou a partir de Moisés e dos profetas, os discípulos de Emaús não param nas palavras que trocam , a respeito do coração ardente ante as Escrituras abertas. Constatam, de certa forma, que o Senhor tinha razão ao lhes advertir que foram insensatos e lentos de coração para crer nas palavras dos profetas (v. 25b). Mas não se limitam a refletir e partilhar acerca de sua nova condição. Bem ao contrário, imediatamente empreendem o caminho de volta a Jerusalém, à procura dos demais discípulos: "Nessa hora, tendo-se levantado, voltaram para Jerusalém", v. 33a.

Note-se que, conforme o relato, partiram "αὐτῇ τῇ ὥρᾳ/*nessa hora*". Não planejam, não calculam, apenas voltam para Jerusalém. Não há sinal algum de preparação ou roteiro, mas parece que nenhum dos dois tem dúvidas nem ressalvas; pelo contrário, ambos estão seguros a respeito daquilo que devem fazer e sabem a quem pretendem dirigir-se. Não sentem o cansaço, não pensam nos eventuais perigos da viagem, nem na noite que já avançava, e que antes fora motivação para reter o forasteiro em sua casa. Apenas partem sem demora, juntos, e a seriedade da decisão que tomam de retornar ao cair da noite a Jerusalém afasta qualquer ideia de uma alucinação dos dois (Francis; Siôn, 2016, p. 20). Ademais, estão de acordo a respeito do seu destino comum ao chegar a Jerusalém: indiscutivelmente, hão de procurar os companheiros de caminhada, isto é, os apóstolos e os demais discípulos.

Merece destaque o verbo "ἀναστάντες/*tendo-se levantado*", particípio aoristo do verbo "ἀνίστημι/*levantar(-se)*". Trata-se de um verbo de rico conteúdo teológico, sempre associado à ressurreição, à vida nova[92]. Não por acaso, é o verbo utilizado por Lucas para descrever a ressurreição no terceiro dia, por ocasião do terceiro e último anúncio de Jesus – o mais amplo e detalhado – quanto à sua Paixão (Lc 18,31-34)[93]. Diversas outras passagens lucanas confirmam a força deste verbo (frequentemente no particípio aoristo), com sentido semelhante, de levantar-se como quem ressurge de modo novo. Assim, Maria, tendo-se levantado, pôs-se apressadamente a caminho da casa de Zacarias e Isabel (Lc 1,39). A sogra de Pedro, curada de sua febre, tendo-se levantado, pôs-se a servi-los (Lc 4,39). O paralítico curado, tendo-se levantado, tomou sua cama e foi para casa (Lc 5,25). Levi, ante o chamado de Jesus, tendo-se levantado, deixou tudo e o seguia (Lc 5,28). O homem da mão ressequida, tendo-se levantado, pôs-se no meio (da sinagoga), ante o chamado de Jesus (Lc 6,8). O filho perdido, caindo em si, tendo-se levantado, voltou para seu pai (Lc 15,18.20). Ao rico no lugar de tormentos da parábola, Abraão adverte que, se não ouvem a Moisés e aos profetas (seus irmãos) não acreditarão, mesmo que alguém se levante dos mortos (Lc 16,31). E ao samaritano curado de lepra o Senhor manda que se levante, pois sua fé o salvou (Lc 17,19).

---

92. "Verbo certamente não banal, tratando-se de um dos dois verbos do Novo Testamento que significam a ressurreição. Assim, a ressurreição de Jesus é fonte da ressurreição dos discípulos" (Chenu, 2005, p. 64, tradução nossa).

93. O verbo "ἐγείρω/*erguer(-se)*" tem significado semelhante e também aparece em algumas passagens, como no primeiro anúncio da paixão e ressurreição (Lc 9,22), dentre outras (Lc 7,14.22; 20,37), e inclusive na própria perícope de Emaús, ao final, no anúncio dos Onze aos dois discípulos (Lc 24,34).

E a frequência e importância desse verbo "ἀνίστημι/*levantar(-se)*" mantém--se nos Atos dos Apóstolos, também com esse sentido de uma vida nova, como na conversão de Saulo, quando, três dias depois de cair por terra no caminho de Damasco, "tendo-se levantado, foi batizado" (At 9,18). Há ainda diversas outras passagens nos Atos dos Apóstolos com uso semelhante desse verbo (At 5,34; 8,27; 9,11.39; 10,13.20.23; 13,16; 14,20; 15,7; 22,10.16). Como se vê, a ação de levantar-se não se resume à postura corporal de pôr-se de pé, mas vai muito além disso, e traduz um ressurgimento ou reerguimento, uma mudança de vida e de relacionamento com Deus. Esse novo comportamento está patente também na ação seguinte, "ὑπέστρεψαν/*voltaram (para Jerusalém)*", v. 33a. Em geral, a acepção desse verbo é de cunho apenas físico-dinâmico, mas aqui, como na ocasião em que as multidões, logo após a crucificação, "τύπτοντες τὰ στήθη ὑπέστρεφον/*voltavam batendo no peito*" (Lc 23,48), há uma clara mudança de perspectiva (Grasso, 2008, p. 450).

Assim, com o espírito renovado, sem nenhuma resistência, como um casal que passou da tristeza à alegria, é que se levantam e decidem, de comum acordo, voltar para Jerusalém (Lussi, 2011, p. 221). Partem juntos, novamente em comunhão, como atesta a informação quanto a seu coração ardente. Certamente sua intenção é partilhar a alegria dessa experiência com os demais discípulos. Como em outro momento disseram os apóstolos (At 4,20), tampouco os discípulos de Emaús poderiam se calar a respeito do que viram e ouviram.

> Graças ao encontro, à explicação das Escrituras e à fração do pão, os discípulos vivem uma transformação extraordinária, uma verdadeira conversão. Passam da fuga à adesão, da surdez à escuta, das trevas à luz, do medo à coragem, da desilusão à esperança, da demissão à missão, do sentimento de fracasso à certeza da ressurreição, da solidão à comunidade, da morte à vida (Chenu, 2012, p. 70).

Partem às pressas. O relato não traz essa informação precisa, mas fica nítido que partiram pressurosos. Se o dia já declinava, se voltaram naquela mesma hora, e se na volta percorreram os mesmos sessenta estádios a tempo de ainda encontrarem acordados e reunidos os Onze, como se verá adiante, fica claro que partiram às pressas. Esse movimento de partir apressadamente recorda a visita de Maria a Isabel, ante o alegre anúncio do anjo Gabriel a respeito da concepção de Jesus (Lc 1,39), e a visita dos pastores na noite do nascimento do menino em Belém (Lc 2,16), também anunciada por um anjo. Em todos esses casos, a alegria da salvação apressa os corações e os move.

O relato de Emaús tampouco fala expressamente da alegria, mas também esta fica patente no relato nesse momento, em oposição à tristeza em que se encontravam no início. O caminho que era desértico e triste na ida de Jerusalém a Emaús, torna-se cheio de vida e alegria na volta[94].

O retorno destaca também a importância de Jerusalém, como visto na comparação com outros textos e na análise do estilo lucano. Trata-se do local da ressurreição, e como tal, será o centro da comunidade cristã primitiva e o ponto de partida para a missão a todas as nações (Edwards, 2015, p. 905).

4.12 Encontraram reunidos os Onze (v. 33)

Numa demonstração de admirável agilidade narrativa, a frase seguinte já retrata os discípulos de Emaús em Jerusalém. Sem rodeios, o relato já os mostra completando o propósito de encontrar os seus companheiros de discipulado. O longo, lento e dramático percurso de ida a Emaús, cheio de peripécias, com encontros e paradas, farto de diálogos e de incompreensões, descrevendo de fato o caminho de um dia inteiro até o clímax da chegada e do reconhecimento no convívio à mesa, é vigorosamente condensado na volta, em uma notável elipse que já apresenta os discípulos de Emaús junto com os demais, em Jerusalém. A diferença é tão marcante que uma leitura superficial ou desatenta poderia levar a crer que, mais do que uma corrida alegre e pressurosa, o relato narra uma espécie de arrebatamento, como veio a acontecer com Filipe, no caminho de Gaza, após o batismo do eunuco etíope (At 8,39). Note-se que logo depois da inesperada chegada dos discípulos de Emaús junto aos Onze, o próprio Senhor Jesus, de modo ainda mais inesperado, aparece no meio deles e os saúda (Lc 24,36). Apesar de os dois discípulos terem voltado a pé pelo mesmo trajeto e Jesus ter simplesmente aparecido, o texto parece sugerir que a volta dos discípulos de Emaús e a chegada do Senhor, logo em seguida, foram semelhantes para os Onze e para os demais que com eles estavam. O que as aproximava era a alegria do reencontro, o júbilo da ressurreição do Senhor.

Com efeito, quando chegam, os discípulos de Emaús encontram os Onze, bem como os demais discípulos, reunidos. Esse dado é significativo, e mostra que a dispersão provocada pela morte de Jesus já foi vencida, os discípulos já estão juntos uma vez mais: "encontraram reunidos os Onze e os que estavam com eles", v. 33b. Assim, reflete Correia: "Lucas é mestre na arte de pôr os personagens a voltar a casa, ao espaço mais íntimo onde se refazem as identidades perdidas ou abaladas, ao lugar da revelação plena e da mudança desejada (2,51-52; 15,17-21; 19,5-6)" (Correia, 2013, p. 205).

---

94. "A caminhada dos discípulos de volta a Jerusalém não é descrita, mas, certamente, é marcada de ardor, entusiasmo e esperança, diferente da anterior. O que move este retorno é a transformação interior experimentada" (Roiek; Konzen, 2018, p. 36).

A propósito, vale registrar que, dentre os evangelistas, Lucas parece ser o que dá menos destaque ao afastamento dos discípulos, desde a prisão de Jesus no Monte das Oliveiras, durante o processo ante o sinédrio e na crucificação. O evangelista não deixa de narrar o anúncio da negação de Pedro nem a negação propriamente (Lc 22,34.54-62), mas é mais discreto: Marcos e Mateus mostram Jesus citando o Profeta Zacarias ("ferirei o pastor e as ovelhas se dispersarão", Zc 13,7) e profetizando que será abandonado pelos seus discípulos (Mc 14,27-28; Mt 26,31-32), o que de fato acontece, pois eles fogem na hora mais dramática (Mc 14,50-52; Mt 26,56). João, em relato um pouco diferente, apresenta a palavra de Jesus aos que o prenderam e o comentário seguinte: "'Se é a mim que procurais, deixai que estes se retirem', para que se cumprisse a palavra que diz: 'Não perdi nenhum dos que me deste'" (Jo 18,8-9). Tais relatos não estão em Lucas, que atesta apenas que seus amigos ficaram à distância, observando a crucificação (Lc 23,49).

Assim também, depois da morte de Jesus, as mulheres são as primeiras a ver o túmulo aberto e vazio, e dois homens com vestes fulgurantes a anunciar que Jesus ressuscitou (Lc 24,1-8); quando voltam do túmulo, atesta Lucas, anunciam tudo isso aos Onze, bem como aos demais (Lc 24,9). Da maneira como o texto é narrado, fica implícito que os Onze estavam já reunidos, mesmo antes de darem crédito às mulheres (Lc 24,11). De modo semelhante, o evangelista João narra as aparições de Jesus aos discípulos que, apesar das portas fechadas por medo dos judeus, estavam juntos, reunidos (Jo 20,19).

Com maior razão, estarão reunidos depois de receberem o anúncio da ressurreição. Assim, quando os discípulos de Emaús chegam cheios de entusiasmo, julgando que trarão uma notícia extraordinária e arrebatadora, a saber, que Jesus está vivo, como puderam constatar, o relato produz uma rápida inversão e ocorre o contrário: são os apóstolos que se antecipam e anunciam aos dois recém-chegados a ressurreição do Senhor (Fitzmyer, 1985, p. 595; Correia, 2013, p. 362; Grasso, 2013, p. 893). Encontraram os Onze e os que estavam com eles, "que diziam: 'De fato o Senhor ressuscitou e foi visto por Simão'" (v. 34).

Alguns autores comentam que o relato de Emaús, chegando ao final, destaca a primazia do anúncio da ressurreição, núcleo da fé cristã, reservada aos apóstolos, em especial a Simão Pedro (Green, 2007, p. 517-518). Não são os discípulos de Emaús os portadores da grande novidade da ressurreição, mas sim os Onze[95]. O texto salienta, dessa forma, o primado de Simão Pedro, o primeiro entre os apóstolos, até mesmo preservando o seu nome original, o que recorda o seu chamado inicial

---

95. Ramelli (2017, p. 1-19) em sentido oposto, com base em algumas variantes textuais e alguns comentaristas (Orígenes, Beda), defende que o Simão de Lc 24,34 não é Pedro, mas o companheiro de caminhada de Cléofas, e que são eles dois que anunciam aos Onze a ressurreição do Senhor.

(Lc 5,3-11)[96]. Pode-se ver cumprida aqui a palavra que Jesus lhe dirige, depois da última ceia e antes da agonia no Monte das Oliveiras: "Simão, Simão, eis que Satanás pediu insistentemente para vos peneirar como trigo; eu, porém, orei por ti, para que a tua fé não desfaleça; e tu, uma vez convertido, confirma os teus irmãos" (Lc 22,31-32). Com efeito, a palavra dos Onze e dos demais companheiros aos discípulos de Emaús atesta que o Senhor apareceu ressuscitado a Simão Pedro, e este anunciou tal novidade aos irmãos, confirmando-os (Maxey, 2014, p. 123).

Essa informação é relevante para as primeiras comunidades cristãs, e resguarda a autoridade apostólica dos Doze que o próprio Jesus escolhera como fundamento visível da Igreja. A intenção do evangelista é clara: mostrar que a fé da comunidade primitiva repousa sobre o testemunho oficial de Pedro e do colégio apostólico (Rossé, 2005, p. 1031). Assim, Lucas corrobora a tradição da Igreja, registrada também por Paulo em 1Cor 15,5, segundo a qual o anúncio da ressurreição de Jesus "não é uma verdade ocasional, mas o núcleo apostólico da igreja primitiva e, por conseguinte, o dogma cristão fundamental" (Edwards, 2015, p. 906).

4.13 A partilha final (v. 34-35)

Se o texto sublinha a primazia de Simão Pedro e dos apóstolos, e os discípulos de Emaús foram surpreendidos ao receberem o anúncio da novidade que pensavam portar, a sequência mostra que o testemunho dos dois, por sua vez, não foi menosprezado. Pelo contrário, logo depois de receberem dos Onze a confirmação da verdade da ressurreição do Senhor, relatam a experiência extraordinária que viveram naquele primeiro dia da semana: "E eles relatavam o ocorrido no caminho e como fora reconhecido por eles na fração do pão" (Lc 24,35). A perícope termina com a partilha dos dois discípulos quanto a todo o ocorrido. Não poderia ser diferente: em todos os povos e nações, de geração em geração, toda a Igreja é favorecida (Gilpatric, 2014, p. 172) na medida em que tem acesso, pelo testemunho de ambos, àquele momento marcante em Emaús, episódio emblemático que narra a restauração da humanidade decaída desde o pecado original.

Por certo relatam não apenas a "aparição" de Jesus a eles, mas também a mudança de estado de ânimo que viveram, pois foi isto "o ocorrido no caminho" (Lc 24,35) (Lussi, 2011, p. 225-226). Partiram atemorizados e desmotivados, e voltavam jubilosos, radiantes, apressados e alegres. A morte se transforma em vida. É possível que os próprios companheiros tenham percebido o abatimento

---

96. "A primeira interação do Senhor ressuscitado que ele (Lucas) descreve, a que ele fornece com maior extensão, com o maior cuidado, com o mais claro indício de interesse pessoal, é aquela de que os discípulos de Emaús, fora do círculo dos Doze, desfrutam. Ainda assim, a tradição forneceu a ele o dado basilar de que a primeira aparição foi a Pedro" (Bowen, 2013, p. 242, tradução nossa).

e o desânimo que levaram os dois discípulos de Emaús a se afastarem e irem embora de volta para casa na manhã daquele mesmo dia. Agora constatam a completa transformação que neles se operou. É mais uma confirmação da ressurreição do Senhor, de sua vitória definitiva sobre a morte[97].

O relato não descreve com precisão a referida explicação das Escrituras dada por Jesus, começando por Moisés e percorrendo todos os profetas. É certo que tais palavras de Jesus estiveram na partilha dos dois discípulos;[98] mas assim como o leitor não teve acesso ao conteúdo lendo o relato até este momento, também aqui termina a leitura sem conhecer tais referências. Essa conclusão convida-o a prosseguir a leitura com o livro dos Atos dos Apóstolos, a fim de descobrir, no segundo volume da obra lucana, as passagens das Escrituras que falam sobre o evento pascal (Alves, 2016, p. 356) e o sofrimento do Cristo, como, de fato, o livro dos Atos traz, desde o início, em diversas ocasiões (At 2,25-28.34-35; 3,18-24; 4,11.25-26) (Ringgren, 2005, p. 233-234). Por essa razão, há autores que veem no episódio dos discípulos de Emaús um texto-ponte entre o Evangelho de Lucas e os Atos dos Apóstolos, como uma dobradiça a unir as duas obras (Correia, 2013, p. 88-89).

O destaque dessa conclusão, como se vê, não está nas palavras que fizeram arder o coração dos discípulos; tais palavras ficam em suspenso. O destaque está na fração do pão, que aparece novamente. Note-se também a importância da acolhida e da hospitalidade (Correia, 2013, p. 332-345), da refeição à mesa, com o gestual de costume da parte do Senhor: abençoar, partir, distribuir (Lc 9,16; 22,19).

Como se vê, trata-se de uma conclusão primorosa para um relato esplêndido. De fato, uma experiência tão marcante, de todo um dia, na presença do Senhor que fez um caminho com os discípulos e aos poucos foi-se revelando, não poderia terminar sem uma missão; mesmo sem um envio missionário explícito de Jesus, os discípulos compreenderam logo o que deviam fazer, sentiram-se como que compelidos a ir ao encontro dos irmãos para partilhar aquela alegria contagiante e renovadora. Recebida a confirmação da ressurreição do Senhor pelos apóstolos – confirmação que nem mesmo era esperada ou exigida pelos dois, deve-se dizer –, o relato sugere que a atenção dos Onze e dos demais volta-se para os discípulos de Emaús. Então é a vez deles de testemunhar a experiência

---

97. "Sendo o dia associado à luz e a noite às trevas, metaforicamente o primeiro aparece relacionado com a vida e o segundo com a morte. Neste como noutros textos, 'os símbolos das trevas (noite) e da luz (dia) são dificilmente dissociáveis da morte e da ressurreição'. [...] Lc 24, 13-35 regista, contudo, uma particularidade contrastante e de pendor psicológico: no caminho de Jerusalém-Emaús, o dia é negro e triste, tempo de afirmação da morte; no caminho inverso, a noite é clara e radiante, tempo de afirmação da vida" (Correia, 2013, p. 149); na mesma direção, Roiek e Konzen (2018, p. 32-33).

98. "Para Lucas, o ministério de Jesus só é compreensível em sua relação interpretativa com as Escrituras" (Green, 2008, p. 30-31, tradução nossa).

não apenas inesquecível, mas, acima de tudo, restauradora que tiveram com o próprio Senhor a caminho.

O relato é modelo e exemplo para todos os peregrinos cristãos das gerações seguintes. O texto ensina a afastar o desânimo reconhecendo Jesus que caminha em nossas estradas (Radermakers; Bossuyt, 2010, p. 471; Robinson, 2012, p. 482; Fitzmyer, 1985, p. 577; Rossé, 2005, p. 1015-1018). Convida a abrir o coração e a partilhar angústias e desesperanças. A ouvir com atenção as palavras de Moisés e dos profetas, mediante os quais se consegue aceder à ressurreição (Lc 16,31), e deixar-se comover, reconhecendo o amor de Deus por seus filhos. Convida a acolher com generosidade os peregrinos em nossas casas, sabendo que é a Cristo que hospedamos quando abrimos nossas portas (Mt 25,35.40) (Correia, 2013, p. 367-371). Ensina e convida a reconhecer Jesus na fração do pão, na ceia eucarística, do qual todo aquele gestual em Emaús era um claro sinal (Stöger, 1984, p. 313; Brown, 2013, p. 370; García, 2016, p. 678-679), mas também à mesa em nossas casas e em nossas famílias (Robinson, 2012, p. 494), compreendendo que uma presença não exclui a outra. Enfim, convida a olhar com fé e reconhecer o Senhor presente entre nós, ainda que oculto (Lenski, 2008, p. 1192-1193; Barreiro, 2010, p. 53; Bucur, 2016, p. 702; Grasso, 2013, p. 891), e se deixar alegrar por sua presença e força amorosa. E, por fim, convida a sair da inércia e partir em missão ao encontro dos irmãos, para partilhar o jubiloso anúncio de que o Senhor vive e está entre nós.

Capítulo 5 | Queda e reerguimento – uso de Gn 3,7 em Lc 24,31

No decurso deste trabalho, desde a introdução, percorrendo no *Status Quaestionis* o que já disseram os autores quanto a perícope de Emaús, e em especial no comentário exegético, procurou-se apresentar argumentos a fim de demonstrar que a expressão "[seus] olhos se abriram", logo após a fração do pão em Emaús, conforme narrado em Lc 24,31, faz uma alusão à expressão "abriram-se os olhos [dos dois]", logo após o pecado dos primeiros pais no Éden, como está atestado em Gn 3,7. Neste último capítulo, pretende-se retomar os referidos argumentos, organizando-os de modo mais sistemático, a fim de demonstrar que tal alusão, além de ser bem provável, tem relevantes incidências na teologia e na história da salvação, amarrando, de certo modo, todo o desígnio salvífico de Deus em favor da humanidade, desde a queda original até o pleno reerguimento, a partir da obra de salvação operada por Jesus Cristo em sua morte e ressurreição. Pretende-se analisar também, como decorrências dessa alusão: a semelhança entre o desfecho do relato da queda e o início de Emaús, que confirmam este como sequência daquele; a importância do convite dos discípulos para que o Senhor permanecesse com eles, expressão não apenas de hospitalidade, mas também do desejo dos homens de voltar ao convívio divino; e o reforço que a referida alusão oferece à teoria de que a companhia de Cléofas seria sua esposa.

5.1 Olhos abertos e o que viram

O primeiro aspecto a ser analisado é o das palavras propriamente utilizadas, tanto em Gn 3,7 como em Lc 24,31, a fim de perceber não apenas a sua semelhança, mas ainda mais que isso, a identidade das referidas expressões. No relato de Emaús, depois da fração do pão, é dito que "διηνοίχθησαν οἱ ὀφθαλμοί/ *abriram-se os olhos*". Trata-se rigorosamente da mesma expressão da LXX em Gn 3,7: "διηνοίχθησαν οἱ ὀφθαλμοί/*abriram-se os olhos*". A identidade não nos parece casual, mas proposital da parte do evangelista Lucas. Note-se que a expressão só se repete precisamente nessas duas ocasiões em toda a Escritura (Hatch; Redpath, 2006, p. 307; De Gruyter, 2013, p. 388), uma bem no início, nos primórdios da humanidade, ainda com o primitivo casal, e a outra ao final da história da salvação, já depois da ressurreição do Senhor e da sua definitiva vitória sobre a morte, restaurando, por fim, a humanidade até então decaída.

Levando em conta o complemento das expressões, na narrativa do Gênesis, é dito que "διηνοίχθησαν οἱ ὀφθαλμοὶ τῶν δύο/*abriram-se os olhos dos dois*" (Gn 3,7), ou "de ambos", a depender da tradução. Em Lc 24,31, o texto relata que "αὐτῶν δὲ διηνοίχθησαν οἱ ὀφθαλμοί/*então se abriram os seus olhos*", ou "os olhos deles". A diferença desses complementos, como se vê, não é relevante: abriram-se os olhos dos dois, ou abriram-se os seus olhos.

Como descreve Ortlund, em ambos os relatos os paralelos são marcantes: um par é interpelado por um terceiro personagem (Gn 3,6; Lc 24,13), de natureza sobrenatural, que, sem ser reconhecido, fala-lhes e por fim lhes oferece alimento (Gn 3,1-5; Lc 24,30); em ambos os casos, quem oferece comida o faz tomando para si o papel de anfitrião, apesar de não o ser, na medida em que a serpente não tinha a prerrogativa de anfitriã, e age de maneira subversiva ao oferecer o fruto a Adão e Eva (Gn 3,4-5), e Jesus, por sua vez, portara-se como hóspede até sentar--se à mesa, mas então dá a bênção e distribui o pão, como é próprio do dono da casa (Lc 24,30); o alimento é aceito (Gn 3,6; Lc 24,30-31), e no momento em que o comem passam a ter uma nova e profunda percepção das realidades espirituais (Gn 3,7-10; Lc 24,32); compreendem então, em retrospecto, o que Deus já lhes havia dito: Adão e Eva entendem de fato o que significava conhecer o bem e o mal (Gn 3,7), e Cléofas e sua companhia compreendem o que Jesus quis dizer quando lhes abriu as Escrituras durante o caminho (Lc 24,32); como consequência, o par é fisicamente separado de Deus no imediato momento em que tomam o alimento oferecido: Adão e Eva tentam esconder-se de Deus (Gn 3,8); e em Emaús, Jesus prontamente desapareceu da vista deles (Lc 24,32); na sequência, Deus vem e se faz presente entre os seus, amedronta-os e lhes dirige algumas perguntas (Gn 3,9-13; Lc 24,36-41); por fim, o par logo muda de lugar: Adão e Eva deixam o local de especial residência de Deus, o Éden, e Cléofas e sua companhia, ao contrário, retornam ao local de especial residência de Deus, Jerusalém (Gn 3,23; Lc 24,33) (Ortlund, 2015, p. 725).

Todos esses inúmeros paralelos e contrastes confirmam a coerência da referida alusão, que dificilmente é apenas acidental. Mas há ainda mais conexões que podem ser traçadas. Na sequência dos textos, há uma oposição que merece destaque, e que assinala como Lucas pretende demonstrar, mediante o episódio de Emaús, o desfazimento do mal da queda original narrada no Gênesis, a saber, a ruptura da amizade com Deus, com o consequente retorno à comunhão entre Deus e os homens.

No relato do pecado original, ainda no mesmo versículo (Gn 3,7), é dito que "καὶ ἔγνωσαν ὅτι γυμνοὶ/*perceberam que estavam nus*". Note-se o recorrente verbo "γινώσκω/*compreender*" no indicativo aoristo. Naquele momento perceberam ou entenderam que estavam nus, isto é, sem nada, na medida em que não mais estavam em plena comunhão com Deus, como se já não estivessem no jardim de delícias. Tecem tangas com folhas de figueira para si (Gn 3,7), o que é expressivo, como um sinal de que entra a desarmonia no que antes era harmônico[99].

Antes da desobediência, estavam em paz em quatro âmbitos: consigo mesmos, um com o outro, com a criação à sua volta e com Deus[100]. Com a desobediência, experimentam a ruptura nessas quatro frentes: escondem-se um do outro, e de si mesmos, com folhas de figueira (Gn 3,7); as árvores, que lhes produziam frutos para alimentação, servem então de esconderijo, e assim, por entre as árvores, escondem-se de Deus quando este chega para passear e tomar a brisa da tarde (Gn 3,8) (Oporto; Garcia, 2016, p. 58-59).

Em Lc 24,31, ao contrário, o relato diz que os discípulos "ἐπέγνωσαν αὐτόν/*reconheceram-no*", isto é, a Jesus. O verbo não é exatamente o mesmo de Gn 3, o mais frequente "γινώσκω/*compreender*", mas sim "ἐπιγινώσκω/*reconhecer*", o que é relevante, na medida em que o sentido é mais profundo que o do frequente verbo "γινώσκω/*compreender*", e tem o significado de "conhecer exatamente" ou "completamente" (Blass; Debrunner, 2016, p. 215)[101]. O contraste das sequências é marcante: se Adão e Eva, com seus olhos abertos, viram-se nus, Cléofas e sua companhia, bem ao contrário, viram o Senhor ressuscitado, e assim reconheceram que têm tudo novamente, e até mais do que poderiam imaginar. Eles que estavam sem esperança e, desacreditados, afastavam-se de Jerusalém e dos companheiros (Green, 2007, p. 511), recuperam tudo o que pensavam ter perdido. Tudo muda por completo, veem Jesus vivo e, portanto, constatam sua vitória definitiva sobre a morte. Assim, recuperam também as palavras do Senhor, que pareciam ter caído por terra e não ter sentido. Sua ressurreição é, de fato, a confirmação da verdade de suas palavras, que são então reabilitadas por completo. Na condenação do pecado original (Gn 3,19), o primitivo casal não foi fulminado de modo instantâneo; mas a partir daquele momento a morte passa a ser uma ameaça constante

---

99. "Note-se a compreensão do salmista de que 'cobrir' o pecado na imediata consequência do pecado é errado (Sl 31,5 LXX; Pr 28,13)" (Snoeberger, 2017, p. 30, tradução nossa).

100. "A nudez sem vergonha mostra que o primeiro casal humano ainda não tinha consciência de nenhuma carência em sua forma de existência" (Krauss; Küchler, 2009, p. 99).

101. Assim, "reconhecer" é uma boa tradução, sobretudo levando em conta que os discípulos já conheciam Jesus.

e imprevisível (Dattler, 2011, p. 58), e que um dia há de se cumprir. Invertendo essa lógica, a certeza da vitória definitiva de Jesus sobre a morte afasta o medo dos seus corações, e a partir de então esperam seguros a vida eterna. Os discípulos retomam a alegria, afastam a decepção, recuperam a esperança.

Assim, a desarmonia instaurada pelo pecado original é desfeita, e os discípulos alegres e confiantes são sinal claro da humanidade restaurada e de novo reconciliada naqueles quatro âmbitos outrora desordenados. Dessa forma, estão novamente em paz consigo mesmos: antes tristes e abatidos (Lc 24,17), então dizem: "não estava ardente em nós o nosso coração?"(Lc 24,32); um com o outro: antes discutiam entre si (Lc 24,15), então voltam juntos pressurosos e alegres aos companheiros (Lc 24,33); com a criação: antes temerosos pela noite (Lc 24,29), retornam naquela mesma hora a Jerusalém sem temer eventuais perigos (Lc 24,33); e finalmente com Deus: de início tinham os olhos impedidos de reconhecer o Senhor que com eles caminhava (Lc 24,16), mas por fim o reconhecem (Lc 24,31).

São Paulo ensina aos cristãos, em Gl 3,27: "ὅσοι γὰρ εἰς Χριστὸν ἐβαπτίσθητε, Χριστὸν ἐνεδύσασθε/*porque todos que fostes batizados em Cristo, fostes revestidos de Cristo*". Unidos a Cristo, a quem reconhecem ao partir o pão com eles, os discípulos de Emaús sentem-se amparados e restaurados, não têm do que se envergonhar. Experimentam exatamente o contrário do que fora a nudez para o primitivo casal. Se Adão e Eva se esconderam envergonhados em meio às árvores ante a presença de Deus, Cléofas e sua companhia, bem ao contrário, vão imediatamente ao encontro dos companheiros para partilhar a alegria que vivenciaram (Monasterio; Carmona, 2014, p. 321-322). Estão novamente revestidos de Cristo, têm a dignidade de imagem de Deus restaurada (Gn 1,26-27).

5.2 Afastamento e reaproximação

Observando a dinâmica do relato da queda original, é preciso atentar para o fato de que a saída do jardim foi, em última instância, iniciativa do homem e da mulher. Foi o casal que se escondeu da presença de Deus, quando este se aproximava (Gn 3,8). Assim, a célebre expulsão do jardim do Éden deve ser compreendida como uma resposta de Deus, que apenas referendou a decisão de Adão e Eva de afastar-se; a iniciativa desse afastamento ou expulsão foi do homem e da mulher (Efrém apud Louth, 2011, p. 160; Gelabert Ballester, 2012, p. 337). Por isso, em contrapartida, era essencial que, no relato de Emaús, a iniciativa do convívio fosse também dos dois discípulos, de modo a desfazer, por assim dizer, o afastamento do primitivo casal. É Jesus quem, no início da narração, aproxima-se e começa o diálogo com os peregrinos (Lc 24,15). Entretanto, ao chegar à casa, faz menção de passar adiante (Lc 24,28) (Morris, 2012, p. 318), de modo que são os dois que insistem com ele para que permaneça com eles e entre em sua casa (Lc 24,29). Esse convite a um estranho para permanecer em sua casa traduz o importante preceito da hospitalidade, e merece o devido destaque, ao lado da fração do pão, como motivação para o reconhecimento do Senhor. Enquanto ouviam os preceitos do Senhor, ainda não o tinham reconhecido; quando o puseram em prática, acolhendo em casa o forasteiro, então sim o reconhecem[102].

Levando em conta essa aproximação inicial de Jesus (Lc 24,15), é possível traçar um contraste entre a abordagem da serpente e a abordagem do Senhor ressuscitado. Ambos se aproximam com uma questão. A serpente, em tom de queixa e confrontação, pergunta a Eva: "τί ὅτι εἶπεν ὁ θεός οὐ μὴ φάγητε ἀπὸ παντὸς ξύλου τοῦ ἐν τῷ παραδείσω/*Deus disse que não comais de todas as árvores do jardim?*" (Gn 3,1). Pelo exagero e generalização da pergunta ("todas as árvores") já fica incutida a sedução da serpente que, ciente da proibição divina, mas simulando ignorância (Asensio et al., 2013, p. 48), pretende enganar Eva e Adão, corrompendo a verdade. Pela pergunta, já se adverte sua intenção perversa (Murillo, 2016, p. 292), na qual insinua que Deus, ao invés de ser um benfeitor magnânimo, é um rígido legislador que tudo interdita (Krauss; Küchler, 2009, p. 100; Waltke, 2001, p. 108), um dominador tirânico que proíbe as satisfações mais inocentes e indispensáveis (Murillo, 2016, p. 293). A pergunta de Jesus aos discípulos de Emaús é bem mais simples e pretende apenas que eles mostrem onde estão em relação aos acontecimentos recentes. Ao se aproximar, sem ser reconhecido, Jesus lhes pergunta: "τίνες οἱ λόγοι οὗτοι οὓς ἀντιβάλλετε πρὸς ἀλλήλους περιπατοῦντες;/*O que discutis entre vós enquanto caminhais?*" (Lc 24,17). As respostas também contrastam. Se Cléofas, apesar de dizer a verdade, demonstra uma visão estreita dos episódios recentes (Lc 24,20-24), e precisa ser advertido e instruído por Jesus (Lc 24,25-27), Eva responde de modo correto[103] à serpente (Gn 3,2-3): "ἀπὸ καρποῦ ξύλου τοῦ παραδείσου φαγόμεθα ἀπὸ δὲ καρποῦ τοῦ ξύλου ὅ ἐστιν ἐν μέσῳ τοῦ παραδείσου εἶπεν ὁ θεός οὐ φάγεσθε ἀπ᾽ αὐτοῦ οὐδὲ μὴ ἅψησθε αὐτοῦ ἵνα μὴ ἀποθάνητε/*das árvores do*

---

102. "Para a superação da crise, antes de qualquer gesto explícito de Jesus, foi necessário que eles dessem sinais de vida (v. 29): a hospitalidade, a bondade e acolhida, a doação de si e de algo de próprio para com quem está em necessidade ou simplesmente caminha conosco pela via" (Lussi, 2011, p. 226). Cf. tb. Casati (2015, p. 345-346).

103. "Eva não abriga receios contra Deus e restabelece com simplicidade a verdade das coisas: só lhes foi proibido o fruto de uma árvore" (Murillo, 2016, p. 294).

jardim podemos comer, mas do fruto da árvore que está no meio do jardim, disse Deus, não comereis dele nem o tocareis[104]*, para que não morrais".*

Esse dado é importante, pois mostra que Eva, ao lado de Adão, tendo respondido corretamente, estava em comunhão com Deus pela obediência. Eles compreenderam bem o mandamento que Deus lhes dera, e se mostravam dispostos a cumpri-lo (Diádoco de Fótice apud Louth, 2011, p. 139). Mas são, então, seduzidos e corrompidos pela serpente, de modo que perdem a amizade com Deus. A serpente engana-os ao insinuar que Deus omite informações importantes e preciosas, o que faria dele um adversário egoísta (Krauss; Küchler, 2009, p. 101), alguém com quem competir ou a quem confrontar: "οὐ θανάτῳ ἀποθανεῖσθε ᾔδει γὰρ ὁ θεὸς ὅτι ἐν ᾗ ἂν ἡμέρᾳ φάγητε ἀπ᾽ αὐτοῦ διανοιχθήσονται ὑμῶν οἱ ὀφθαλμοί καὶ ἔσεσθε ὡς θεοὶ γινώσκοντες καλὸν καὶ πονηρόν/*de modo algum morrereis, porque Deus sabe que no dia em que dele comerdes se abrirão os vossos olhos e sereis como deuses, conhecedores do bem e do mal"* (Gn 3, 4-5).

Note-se como a tentação da serpente é atraente, ao propor o conhecimento do bem e do mal, isto é, de todas as coisas (Thévenot, 2016, p. 8; Westermann, 2004, p. 243), e se expressa na acepção de olhos que se abrirão[105]. E de fato, ao pecar pela soberba (Agostinho apud Louth, 2011, p. 138) e desobediência (Orchard et al., 2008, p. 457-458; Mazzarolo, 2010, p. 178), o texto narra que seus olhos se abriram (Gn 3,7). Teria, então, a serpente falado a verdade?[106] Onde estaria sua mentira? No fundo, pior do que mentir de modo descarado e grosseiro, a serpente corrompe a verdade, e fornece uma mentira com ares e aparência de verdade[107]. A serpente lhes diz: "ἔσεσθε ὡς θεοὶ/*sereis como deuses*" (Gn 3,5), na medida em que, mesmo sendo criaturas, comportar-se-iam como se fossem deuses, como se não precisassem de Deus. Assim, também a aludida abertura de olhos ocorre de fato, mas não da forma como a serpente insinua, nem da forma como os dois

---

104. Asensio et al. (2013, p. 48) considera o *não tocássemos* um exagero; na mesma direção, "(a serpente) desconcerta a mulher ao exagerar o alcance da proibição. Respondendo, a mulher também exagera: não se pode comer nem tocar" (Oporto; Garcia, 2016, p. 51); Fretheim implica o homem no exagero: "A referência dela à proibição do toque pode significar que ela ouviu do homem dessa maneira, mas o texto deixa em aberto que um deles declarou erroneamente" (Fretheim, 2015, p. 150, tradução nossa); em sentido diverso, "Com o acréscimo de que *não se devia tocar* na árvore que estava no meio do jardim, ela (Eva) reforça, por si mesma, por meio de um tabu do toque, a ameaça de morte ligada ao comer dessa árvore. Os exegetas veem aí um indício de uma oposição interior que põe em questão o sentido da determinação da exceção concernente a uma árvore e a credibilidade da ameaçadora punição" (Krauss; Küchler, 2009, p. 100).

105. "A expressão 'abrir-se os olhos' é sinônima de dilatar-se os horizontes da inteligência" (Murillo, 2016, p. 294).

106. "A serpente tinha razão, segundo um esquema de anúncio e cumprimento: em lugar de morrer, após comer do fruto, abriram-se-lhes efetivamente os olhos" (Taranzano, 2011, p. 25).

107. "O discurso da serpente [...] é cheio de meias-verdades ou de formulações ambíguas" (Krauss; Küchler, 2009, p. 102). Na mesma direção: Asensio *et al.* (2013, p. 49).

imaginavam ou gostariam (Bucur, 2016, p. 702; Asensio et al., 2013, p. 55). Como diz Orígenes, "pelo pecado, os olhos do corpo se abriram, enquanto os olhos da mente, através dos quais Adão e Eva haviam contemplado a Deus, fecham-se" (Orígenes apud Louth, 2011, p. 140). Aí está a pior mentira, quando disfarçada de aparente verdade.

Na sequência das palavras tentadoras da serpente, o relato traz ainda alguns dados a respeito de como o fruto era apetecível (Gn 3,6): "καὶ εἶδεν ἡ γυνὴ ὅτι καλὸν τὸ ξύλον εἰς βρῶσιν καὶ ὅτι ἀρεστὸν τοῖς ὀφθαλμοῖς ἰδεῖν καὶ ὡραῖόν ἐστιν τοῦ κατανοῆσαι καὶ λαβοῦσα τοῦ καρποῦ αὐτοῦ ἔφαγεν καὶ ἔδωκεν καὶ τῷ ἀνδρὶ αὐτῆς μετ᾽ αὐτῆς καὶ ἔφαγον/*vendo a mulher que a árvore era boa para alimentação, desejável aos olhos e agradável para obter entendimento, tendo tomado do seu fruto comeu e deu também ao seu marido, que estava com ela, e comeu*" (Gn 3,6). Como se vê, além das palavras sedutoras da serpente, o texto registra a atração que o fruto era capaz de exercer sobre o casal. Haverá alguma intenção nesse acréscimo? Será que o relato pretende mostrar a força da tentação a que foram submetidos?[108] Será possível afirmar que, ao destacar o quanto o fruto da árvore proibida era atraente, o texto procura, em certa medida, atenuar a culpabilidade de ambos?[109] Seja como for, vale registrar que já fora afirmado antes, no momento da criação, que todas as variadas árvores eram boas e seus frutos apetecíveis (Westermann, 2004, p. 249; Smith, 2009, p. 222), até mesmo com palavras semelhantes: "καὶ ἐξανέτειλεν ὁ θεὸς ἔτι ἐκ τῆς γῆς πᾶν ξύλον ὡραῖον εἰς ὅρασιν καὶ καλὸν εἰς βρῶσιν/*e Deus fez brotar da terra toda espécie de árvore agradável à vista e boa para alimentação*" (Gn 2,9). Ao que parece, o problema dos dois foi que, instigados pela serpente, fixaram os olhos na única, dentre as inúmeras árvores apetecíveis do jardim, que lhes fora proibida. Nesse sentido, a serpente é, segundo Ambrósio, uma figura do prazer, o qual está voltado para o próprio ventre, como a serpente ao rastejar: "Seu alimento é o pó da terra, pois não conhece o alimento celestial" (Ambrósio apud Louth, 2011, p. 137).

O texto sinaliza como a escuta de Deus é importante, e que Adão e Eva não deveriam deixar-se levar somente por aquilo que seus olhos contemplavam[110]. Note-se também como eles não conversam, não dialogam um com o outro, ante a sedução da serpente. Eva é interpelada e cede, tomando o fruto e dele

---

108. "A conversa da serpente com a mulher é o primeiro diálogo na Bíblia e uma obra-prima da psicologia persuasiva" (Dattler, 2011, p. 55).

109. "Eles (Adão e Eva) carregam a culpa da queda, mas têm menor responsabilidade por terem sido enganados" (Mazzarolo, 2010, p. 145).

110. "A narrativa do Éden sugere, através do motivo do 'comer do fruto da árvore do conhecimento' uma parábola da contradição teórica entre a curiosidade intelectual humana e a obediência aos mandamentos de Deus" (Forti, 2008, p. 46, tradução nossa).

comendo, sem nada dizer a Adão; por sua vez, ele, que estava ali o tempo todo com ela (Gn 3,6), também nada diz, mas permanece inerte e calado. Portanto, é igualmente responsável[111]. Também não há registro do que eventualmente tenham conversado ou discutido depois de expulsos do jardim. Talvez esteja sugerida, nesse silêncio mútuo, a importância do diálogo, da exortação recíproca à fidelidade a Deus.

Essas são apenas sugestões e reflexões a respeito de um texto riquíssimo e cheio de significado. Talvez o próprio relato, já de início, dê conta da única escapatória para a situação de morte em que se verão enredados os homens a partir de então: devem dispor-se novamente a ouvir a Deus, voltar a escutá-lo, em vez de dele duvidar. Se na raiz do pecado original está o orgulho, traduzido no desejo desordenado de ser como deuses, está também a falta de confiança em Deus, na medida em que dão ouvidos à serpente e desconfiam da verdade anunciada por Deus, contrariando a explícita e clara ordem divina (Oporto; Garcia, 2016, p. 51). Tal falta de confiança em Deus também se manifesta no fato de que atendem apenas ao que seus olhos veem, sem guardar o mandamento divino.

Vale registrar que o relato da queda original não condena a busca por conhecimento inerente ao ser humano (Taranzano, 2011, p. 34-35), mas sinaliza que a sabedoria deve ser buscada sempre no temor de Deus, como ensina, por exemplo, o livro dos Provérbios: "ἀρχὴ σοφίας φόβος κυρίου/*o princípio da sabedoria é o temor do Senhor*" (Pr 9,10 LXX) (Forti, 2008, p. 47-55). Assim, o caminho de volta para Deus e de libertação da morte a que Adão e Eva foram condenados passa pela reversão da sua conduta inadequada no Éden. Essa reversão da queda original, com o reerguimento da humanidade decaída, está de certo modo presente no relato de Emaús, no qual os homens, antes incrédulos e resistentes, voltam a ouvir o Senhor e passam a confiar em suas palavras.

No caminho de Emaús, dá-se no diálogo o oposto do que ocorrera no Éden. Se Eva respondeu corretamente (Gn 3,2-3) e foi seduzida ao erro pela serpente (Gn 3,4-5), Cléofas responde mal a Jesus, de modo estreito e incompleto (Lc 24,18-24), sem atentar aos sinais da ressurreição (túmulo vazio, testemunho das mulheres, anúncio dos anjos), e sem recordar as palavras do próprio Senhor durante seu ministério (Lc 9,22.44-45; 18,31-34). Note-se que Cléofas restringe-se apenas aos acontecimentos mais recentes ("não soubeste o que nela aconteceu nesses dias?", Lc 24,18), sem considerar tudo o que disseram os profetas desde Moisés (Lenski, 2008, p. 1187-1188; Meynet, 2005, p. 694-695; Barreiro, 2010,

---

111. "Aprendemos no v. 6 que o homem estava silenciosamente presente todo o tempo. As consequências, portanto, são problema dele tanto quanto dela" (Fretheim, 2015, p. 149, tradução nossa).

p. 38). O Senhor, então, fala aos dois e os "seduz", se é possível falar como o Profeta Oseias (Os 2,16). Mas bem ao contrário da serpente, maldita entre todos os animais domésticos e todas as feras selvagens (Gn 3,14), o Senhor, bendito fruto do ventre da bendita entre as mulheres (Lc 1,42) (Dattler, 2011, p. 53), no caminho o envolve e cativa para o bem e a verdade, trazendo-os de volta à comunhão com Deus, afastando a confusão e reinstaurando a paz e harmonia em seus corações. Apesar do túmulo vazio e dos testemunhos das mulheres e dos anjos, não acreditaram porque não o viram (Lc 24,24); mas depois de ouvirem o Senhor, têm seus olhos abertos e, com o coração ardente, reconhecem-no na fração do pão (Lc 24,31).

O relato da queda original termina com a expulsão do jardim. Os querubins com a espada fulgurante guardam o caminho para a árvore da vida (Gn 3,24); o sentido é evidente: eles impedem, a partir de então, o acesso do casal[112]. Assim, Adão e Eva passarão a vagar pelo mundo e, afastados de Deus, deverão trabalhar uma terra hostil, que lhes produzirá espinhos e abrolhos (Gn 3,18), e comerão o pão com o suor do seu rosto (Gn 3,19). Tal desfecho é inegavelmente frustrante. Mas não se trata do fim da humanidade: o homem deverá cultivar a terra;[113] a vida segue, e porta também alegrias e bênçãos: na sequência, Adão conhece sua esposa Eva e concebem seu primeiro filho, Caim (Gn 4,1), e logo depois o segundo, Abel (Gn 4,2)[114]. Entretanto, o que antes era paraíso e comunhão com Deus há de se desdobrar em dramas e dores para os filhos de Adão e Eva, por todas as gerações. O episódio da morte de Abel pelas mãos de seu próprio irmão Caim já o demonstra nitidamente desde o início (Gn 4,8).

E assim permanece a humanidade, de geração em geração, até a obra redentora de Cristo, na plenitude dos tempos (Gl 4,4). Jesus, o filho de Deus, e também filho de Adão (Lc 3,38), veio ao mundo para buscar e salvar o que estava perdido (Lc 15,7.10.24.32; 19,10), isto é, todos os seus irmãos, filhos de Adão como ele (Lc 3,38), toda a humanidade decaída desde as origens. Consumada sua obra salvífica por meio da cruz e da sua vitória definitiva sobre a morte, o Senhor novamente vai à procura dos homens, como foi à procura de Adão

---

112. "(O Éden) é um espaço fechado com apenas uma entrada, caso contrário os querubins não teriam guardado com êxito o acesso à árvore no centro do jardim" (Schachter, 2016, p. 74, tradução nossa). Cf. tb. Oporto e Garcia (2016, p. 54).

113. "Deus põe fim à missão do ser humano como guardião do jardim e lhe confia uma nova tarefa como agricultor" (Krauss; Küchler, 2009, p. 126); "A expulsão não se esgota no afastamento de Deus, tem sim uma finalidade positiva: cultivar a terra da estepe de onde foi tirado" (Oporto; Garcia, 2016, p. 54); "Cultivar a terra não é castigo, mas aprendizagem, desenvolvimento, inteligência. Cultivar é conhecer, descobrir e fazer produzir melhor" (Mazzarolo, 2010, p. 178); na mesma direção, Westermann (2004, p. 277) e Smith (2009, p. 217).

114. "O castigo não é a última palavra. [...] O pecado do casal não alterou o intento divino de torná-los frutíferos" (Brown et al., 1993, p. 68).

(Gn 3,9). Em Emaús, está representada essa conclusão da história da salvação: o Senhor se aproxima e vem ao encontro de ambos, que, tristes e abatidos, voltavam sem esperança para sua casa (Gallazzi, 2010, p. 223), mas então haverão de experimentar a alegria verdadeira e a novidade de uma vida restaurada pela comunhão com Deus.

5.3 Emaús, um epílogo ao relato da queda

A presente pesquisa quer destacar a admirável semelhança entre o final do relato da queda original e o começo do relato de Emaús. Depois das repreensões de Deus a Adão e Eva (Gn 3,16-19), narra o Gênesis: "ἐξαπέστειλεν αὐτὸν κύριος ὁ θεὸς ἐκ τοῦ παραδείσου τῆς τρυφῆς ἐργάζεσθαι τὴν γῆν ἐξ ἧς ἐλήμφθη/*o Senhor Deus o lançou fora do paraíso de delícias para cultivar a terra de onde fora tirado*" (Gn 3,23). Na sequência, o texto reitera: "καὶ ἐξέβαλεν τὸν Αδαμ καὶ κατῴκισεν αὐτὸν ἀπέναντι τοῦ παραδείσου τῆς τρυφῆς καὶ ἔταξεν τὰ χερουβιμ καὶ τὴν φλογίνην ῥομφαίαν τὴν στρεφομένην φυλάσσειν τὴν ὁδὸν τοῦ ξύλου τῆς ζωῆς/*e expulsou Adão e o estabeleceu defronte do paraíso de delícias e dispôs os querubins e a espada flamejante que se revolvia para guardar o caminho da árvore da vida*" (Gn 3,24). O banimento de Adão e de sua esposa é narrado duas vezes, e com verbos diferentes: "ἐξαπέστειλεν/*lançou fora*", v. 23, e "ἐξέβαλεν/*expulsou*", v. 24. O texto não parece trazer uma mera duplicação, como se fosse a justaposição de tradições diversas. Antes, o relato se conclui com uma dupla e progressiva declaração da expulsão, a fim de proporcionar uma maior ênfase na ação de Deus, selando sua decisão e tornando-a irrevogável (Rzepka, 2015, p. 35-36).

Note-se que, naquelas circunstâncias de afastamento de Deus, uma vida sem fim não seria uma bênção; a interdição da árvore da vida é, portanto, "uma ação da graça divina"[115]. Seja como for, é desse modo frustrante que termina a narrativa da queda. Na sequência, o texto dá um salto e apresenta, já em um outro momento, Adão conhecendo sua esposa Eva e a concepção de Caim (Gn 4,1).

Como se vê, o relato não descreve os primeiros instantes da saída do paraíso, não acompanha o primitivo casal em seus movimentos iniciais fora do jardim do Éden e, sobretudo, não dá conta do estado de ânimo de ambos, diante da expulsão e das penas que receberam de Deus havia pouco. A última informação acerca do estado de espírito deles fora dada, ainda no jardim,

---

115. "A gracious divine move" (Fretheim, 1994, p. 152); na mesma direção, "A morte física é tanto ruína quanto favor" (Waltke, 2010, p. 113).

quando o texto narra que, depois de comerem do fruto proibido, ao perceberem que estavam nus, cingiram-se com folhas de figueira e se esconderam de Deus entre as árvores (Gn 3,7-8). Fica patente o sentimento de vergonha que experimentaram pela primeira vez (Waltke, 2010, p. 109). Deus, então, pergunta a Adão onde ele está, ao passo que Adão responde que se escondeu porque, estando nu, teve medo (Gn 3,10). É claro que, se ainda no jardim e ainda antes da repreensão divina sentiram vergonha e medo, esses sentimentos acompanharam-nos quando se viram banidos do Éden e obrigados a recomeçar a vida separados de Deus em um lugar desconhecido, uma terra inóspita e hostil ("espinhos e cardos", Gn 3,18) (Smith, 2018, p. 225).

O texto não traz outras informações quanto a como estavam Adão e Eva quando saíram do jardim, nem quais palavras eventualmente trocaram. Se antes mesmo de serem banidos, Adão acusou Eva, ao passo que Eva acusou a serpente (Orchard et al., 1960, p. 455; Oporto; Garcia, 2002, p. 52; Brown; Fitzmyer; Murphy, 2007, p. 67; Gelabert Ballester, 2007, p. 331; Rzepka, 2015, p. 33), não é provável que tenham saído de modo pacífico nem amistoso. Tenham discutido entre si ou permanecido em silêncio, não é difícil inferir que estavam tristes e abatidos. Imagine-se um casal instalado por Deus em um jardim repleto de delícias (Gn 2,9), sem outras exigências senão cultivá-lo e guardá-lo (Gn 2,15), e com apenas um mandamento a seguir, a saber, o de não tomar o fruto de uma das árvores (Gn 2,16-17). Nesse ambiente em tudo favorável, um verdadeiro santuário onde habita o próprio Deus (Gn 3,8) (Schachter, 2013, p. 74-75; Davidson, 2015, p. 65-66), deixam-se, porém, seduzir, e em consequência perdem tudo o que tinham: recebem as penas determinadas por Deus e são expulsos do jardim (Gn 3,23-24), vendo-se sem nada. Os dois veem, então, a diferença entre o bem que perderam e o mal em que caíram (Agostinho apud Louth, 2003, p. 140). Em um quadro dessa natureza, por óbvio os dois partem desanimados e envergonhados. O texto não relata explicitamente como estava o coração de ambos, mas a simples leitura do relato leva o leitor a, colocando-se no lugar deles, comover-se e perceber a decepção que experimentam, na medida em que passam literalmente do paraíso ao deserto, da fartura à escassez, do conforto à luta pela vida, da amizade com Deus à ruptura e solidão.

Este quadro das origens, do primitivo casal expulso do jardim do Éden, que não está relatado em detalhes, mas fica subentendido na leitura, aproxima-se de forma singular do exato início do relato dos discípulos de Emaús. Segundo o Evangelho de Lucas, dois discípulos partiam de Jerusalém, cidade onde estava o Templo, habitação da glória de Deus, e onde Jesus morreu e ressuscitou, e dirigiam-se para Emaús, lugarejo afastado alguns quilômetros e sem muita importância (Lc 24,13); discutiam a respeito dos decepcionantes acontecimentos recentes (Lc 24,14). Tristes, cabisbaixos, abatidos e sem esperança ("esperávamos", Lc 24,21), voltam para casa sem saber o que será de suas vidas dali em diante. Seguiram a Jesus de Nazaré, um poderoso profeta, nele depositaram todas as suas esperanças de libertação, certos de que era um enviado de Deus, como o patenteavam suas palavras e suas obras admiráveis (Lc 24,19). Para seu espanto e desapontamento, o tal profeta foi entregue pelas autoridades para ser condenado à morte e foi crucificado (Lc 24,20).

Este é o quadro vivamente semelhante ao da expulsão de Adão e Eva do jardim. Também aqui, Cléofas e sua companhia se veem completamente arruinados, como se tivessem perdido tudo: suas esperanças, seu mestre, sua aguardada libertação, até mesmo o tempo que dedicaram para segui-lo; e, por fim, perderam em grande medida o entusiasmo e o sentido de suas vidas. Desorientados, talvez envergonhados por terem se empenhado no que agora lhes parecia um engodo, discutem entre si e não conseguem compreender os acontecimentos recentes, de modo que não podem acreditar no que vivenciaram naqueles últimos dias.

É precisamente nesse panorama de desalento, em tudo semelhante ao banimento do primitivo casal, que se inicia o relato de Emaús. É nesse contexto que o Senhor se aproxima. E aqui se dá o grande contraste, sinal da restauração depois da queda. Se o primitivo casal tinha de fato motivos para se envergonhar, em razão de sua desobediência, Cléofas e sua companhia, pelo contrário, não tinham por que se envergonhar de terem seguido a Jesus, como logo hão de constatar. Se, no Éden, Deus baniu Adão e Eva de sua presença, e eles partiram, aparentemente, sozinhos, em Emaús se revela exatamente o inverso: o próprio Senhor, concluída sua obra salvífica, vai ao encontro dos dois para buscar e salvar o que estava perdido (Lc 15,24.32; 19,10). Como Deus vai em busca de Adão ao entardecer (Gn 3,8) (Jerônimo apud Louth, 2003, p. 143), também será ao entardecer que os discípulos de Emaús convidam o Senhor para que permaneça com eles (Lc 24,29).

Assim, a aproximação entre o relato da queda original e o relato de Emaús proporciona uma gigantesca elipse que engloba nada menos que toda a história da salvação, do início ao fim. Emaús aparece, assim, como uma espécie de continuação, milênios depois, da queda original. É o reerguimento após a queda, é como um epílogo àquela história das origens que acabara mal, e então apresenta um novo final, esse edificante e jubiloso, no qual a humanidade, representada em Cléofas e sua companhia, é definitivamente reconciliada com Deus.

5.4 Um longo caminho de salvação

Como visto, a iniciativa de afastar-se foi dos homens, e não de Deus. A expulsão do jardim do Éden pode e deve ser lida sob a luz de uma confirmação divina da decisão de Adão e Eva de esconder-se de Deus entre as árvores. Dito isso, é preciso sublinhar que Deus não abandona os homens ao poder da morte, mas traça todo um desígnio salvífico para os resgatá-los e reinseri-los no paraíso e no convívio divino, plenamente revestidos, sem medo e sem ter do que se envergonhar. A própria história da salvação, narrada na totalidade das Escrituras[116] ("tendo começado por Moisés e por todos os profetas, interpretou-lhes em todas as Escrituras o que dizia respeito a ele", Lc 24,27), dá conta desse caminho empreendido por Deus, em sua bondade, em favor da humanidade, objeto do seu amor (Stöger, 1974, p. 311; Fitzmyer, 2006, p. 578; Craddock, 2002, p. 366-367; Rossé, 1992, p. 1027-1028; Edwards, 2019, p. 899).

Esse é o momento decisivo do reencontro: Cléofas e sua companhia afastam-se tristes dos demais companheiros, sem resquício de esperança; Jesus, tendo passado pela cruz e sepultura, venceu a morte e está vivo. Então sim, concluída a obra salvífica divina em favor dos homens, pode o Senhor aproximar-se deles e os abordar. Essa obra de salvação começa já no momento seguinte à queda, quando Deus se aproxima de Adão, ainda no jardim do Éden, e lhe pergunta (Gn 3,9): "Αδαμ ποῦ εἶ;/*Adão, onde estás?*"[117]. Note-se a inegável proximidade com a pergunta de Jesus ressuscitado aos discípulos de Emaús: "O que discutis entre vós enquanto caminhais?" (Lc 24,17). As palavras são diferentes, mas em ambos os casos Deus se aproxima e quer saber como e onde está o homem diante do que acabou de ocorrer: no Éden, diante do pecado original; em Emaús, diante da crucificação de Jesus. É fazendo o homem perceber onde está e para onde decaiu que Deus o reerguerá e o reestabelecerá. Trata-se da mesma preocupação do Deus amoroso, do mesmo cuidado paterno de quem se aproxima para levantar e salvar.

Mas no Éden Deus não obteve a necessária resposta do homem ao dom do seu amor. Adão, apesar de ter sido criado à imagem e semelhança de Deus (Gn 1,26), de ter sido posto em um jardim de delícias para cultivá-lo e guardá-lo (Gn 2,15), e de ter recebido uma companheira que lhe fosse semelhante (Gn 2,18.21-23), ainda não tinha experimentado suficientemente a bondade divina. Por isso se esconde da

---

116. "'Não era necessário o Cristo sofrer isso para entrar na sua glória?' (Lc 24,26) é a mais sucinta síntese de toda a Bíblia, a memória do servo de YHWH, a única autêntica figura messiânica para crer" (Gallazzi, 2022, p. 225, tradução nossa).

117. "A pergunta: *Onde estás?* (Gn 3,9) assinala a ruptura definitiva: o homem já não está com Deus" (Oporto; Garcia, 2002, p. 52).

presença de Deus, junto com Eva, sua companheira (Gn 3,8). Como Deus falaria aos seus corações, se experimentavam medo e se escondiam? Deus permite então que se afastem; mas não os abandona. Pelo contrário, desde o primeiro momento, depois de ouvi-los (Gn 3,10-13), descreve (e não prescreve) (Curley; Peterson, 2016, p. 157) as consequências dolorosas que haverão de enfrentar (Gn 3,16-19), bem como tece para eles túnicas de pele e os veste (Gn 3,21) (Schneider; Seelenfreund, 2012, p. 116-124). É um sinal irrefutável de que continua a cuidar deles[118] e os acompanha, mesmo fora do jardim. E ainda mais: sua palavra já assegura que traça em favor deles um plano salvífico (Gn 3,15) (Davidson, 2015, p. 75-76), que se consumará na obra redentora de Cristo. A história da salvação, desde o mais remoto primórdio, percorre inúmeras alianças entre Deus e os homens (McKenzie, 1983, p. 24-27). A partir de Abraão e dos seguintes patriarcas, Deus escolhe um povo, abençoa-os e lhes faz promessas (Gn 12,1-3; 22,15-18); liberta-os da opressão no Egito pela mão de um seu poderoso profeta, Moisés (Ex 14,15-31), por meio de quem lhes dá a sua Lei (Ex 20,1-17), e cumpre sua palavra dando-lhes uma terra boa e espaçosa (Js 5,10-12). Dá-lhes um rei segundo o seu coração, Davi (1Sm 13,14; 16,1), a quem promete um reino que jamais passará, e que virá de um de seus filhos (2Sm 7,12-16). Por meio de vários profetas recorda o seu amor e confirma suas promessas, chamando o povo a voltar à fidelidade à aliança (Is 31,6; Jr 3,12; Ez 14,6; Os 14,2; Jl 2,12; Zc 1,4). Depois de inúmeras idas e vindas, na plenitude dos tempos (Gl 4,4), ele mesmo vem buscar e salvar a humanidade decaída. Aproximando-se a hora da salvação, Deus prepara, pela atuação de João Batista, um povo bem disposto (Lc 1,17), até que, por fim, vem aquele de quem Moisés e os profetas falaram (Lc 24,27; At 3,24; 26,22-23), o filho de Davi (Lc 1,32; 3,31; 18,38), filho de Abraão (Lc 1,55; 3,34; At 3,25-26), mas também filho de Adão (Lc 3,38), Jesus de Nazaré.

Só então, na conclusão de toda essa obra divina, ao final de seu ministério poderoso em palavras e obras (Lc 24,19), depois de sua morte de cruz e ressurreição, o Senhor voltará a abordar os homens, na pessoa de Cléofas e de sua companhia, perguntando onde estão, disposto a afastar sua tristeza e abatimento, reavivando a esperança de salvação e de vida, devolvendo-lhes a alegria. Sem queimar etapas, só depois de fazer de tudo em favor dos homens, sem lhes negar nada (Is 5,1-4), e chegando a ponto de dar a vida em favor deles (Lc 20,13; Jo 15,13), o Senhor novamente se aproximará para mostrar o quanto são amados

---

118. "(Deus) não os afasta de si de maneira alguma, pois continua também a cuidar deles: no relacionamento com os patriarcas e na história do povo de Israel, como o demonstram, de forma clara, respectivamente o livro do Gênesis e os demais livros da Bíblia" (Krauss; Küchler, 2007, p. 111).

e queridos por Deus e para convencê-los de que não precisam se esconder de Deus nem temer a morte, da qual foram salvos.

Depois de ter interpretado todas as Escrituras, começando por Moisés e percorrendo todos os profetas (Lc 24,27), era indispensável que a iniciativa do convívio com o Senhor partisse dos discípulos, pois era sinal claro da reconciliação entre Deus e os homens, como uma espécie de revogação da esquiva dos primeiros pais no Éden. Assim, todos os demais filhos de Adão e Eva são representados por Cléofas e sua companhia, cujos corações eram lentos para crer (Lc 24,25), mas se tornaram ardentes (Lc 24,32) (Buchanan, 1999, p. 57). Se lá nos primórdios os dois ficaram com medo e se esconderam, em Emaús, cientes do amor salvífico de Deus, os dois anseiam pela retomada do convívio até então perdido. Por isso o Senhor faz menção de passar adiante (Lc 24,29), o que de fato faria se não fosse convidado a permanecer (Morris, 1983, p. 318; Hendriksen, 2003, p. 653); mas felizmente Cléofas e sua companhia, como representantes de toda a humanidade restaurada e como modelo de comunhão com o Senhor, convidam-no a entrar e fazem refeição com ele (Lc 24,29). Aquela história que acabara mal no Éden é retomada e como que reescrita, ganha um novo e último capítulo no qual os homens não mais se escondem com medo de Deus, mas, bem ao contrário, anseiam pelo convívio divino e se alegram por reconhecê-lo novamente presente.

5.5 A companhia de Cléofas

Muito já se falou e refletiu quanto ao outro discípulo, que não é nomeado por Lucas, ou seja, quanto à companhia de Cléofas durante o caminho de Emaús. Para além das diversas teorias, até mesmo de que poderia tratar-se do próprio Lucas, a maioria dos autores não aprofunda o assunto. Reconhecendo a dificuldade de determiná-la com segurança, ponderam que a identidade do segundo discípulo não passa de especulação, e não merece aprofundamento em um estudo que seja marcado pelo rigor científico. Assim, a tendência recente tem sido restringir a reflexão ao fato de que o anonimato desse segundo discípulo serve a todo o leitor, que tem, então, condições de identificar-se com ele, encontrando seu lugar no caminho com o Senhor (Barreiro, 2001, p. 13; Chenu, 2005, p. 48).

Sem desmerecer tais reflexões acerca da identificação do leitor com esse segundo discípulo, e sem a pretensão de definir a identidade dessa companhia de Cléofas, é possível dar um passo na reflexão, que não parece meramente especulativa. Note-se que esse passo não é novo, e já foi proposto por diversos autores, com maior ou menor profundidade. A própria leitura do presente estudo já dá sinais a respeito de quem seria esse segundo discípulo. Com base nas pesquisas realizadas e nas reflexões extraídas da exegese do texto, não é difícil perceber que há razoáveis indícios de que tal companhia seja justamente a esposa de Cléofas (Bovon, 2012, p. 370; Wright, 2013, p. 897; Mazzarolo, 2003, p. 291; Sicre, 2021, p. 518; Gilpatric, 2005, p. 165-166; Kohles, 2015, p. 94; Price, 1993, p. 273-274). Dessa forma, os dois discípulos de Emaús seriam um casal, marido e mulher, que voltam para casa desanimados, depois caminham com o forasteiro e, por fim, acolhem-no em sua casa. Embora não seja possível comprovar essa possibilidade, parece-nos apropriado refletir a respeito do tema, tendo em vista que as implicações para a teologia e a história da salvação são incontáveis.

De fato, nada no relato de Emaús obsta a que sejam um casal. São dois discípulos, mas não fazem parte do grupo mais restrito dos apóstolos (Lc 24,33). Um deles se chama Cléofas (Lc 24,18), do outro nada se sabe, nem mesmo seu nome. Poderia ser sua esposa, e há até mesmo quem identifique este Cléofas com Clopas, cuja mulher, Maria, esteve aos pés da cruz (Jo 19,25) (Mazzarolo, 2003, p. 291; Maxey, 2005, p. 115; Rastoin, 2014, p. 22). Mesmo que não se faça tal identificação, considerando que o Cléofas de Lc 24,18 e o Clopas de Jo 19,25 sejam pessoas diferentes, ainda assim a companhia de Cléofas poderia, naturalmente, ser a sua esposa. No início do relato, os dois discutiam e conversavam "πρὸς ἀλλήλους/ um com o outro" (Lc 24,14), e novamente ao final, disseram "πρὸς ἀλλήλους/um ao outro" (Lc 24,32) acerca de seu coração ardente enquanto o Senhor lhes falava no caminho e lhes abria as Escrituras. Pela referida expressão, não é possível descobrir o gênero do segundo discípulo, na medida em que, fossem dois homens ou fossem um casal, a expressão grega seria a mesma, "πρὸς ἀλλήλους" (Blass; Debrunner, 1961, § 287, p. 150; § 247 (4), p. 130); com efeito, marido e mulher também conversam "um com o outro".

Ademais, vale ressaltar que, durante todo o percurso, apenas Cléofas fala e interage com o forasteiro que se aproxima. Sua companhia permanece em silêncio todo o tempo. Isso se dá desde a interpelação inicial, quando o desconhecido se dirige aos dois ("O que discutis entre vós enquanto caminhais?", Lc 24,17), até o momento em que o Senhor fica invisível aos olhos de ambos (Lc 24,31). É Cléofas, e somente ele, quem fala desde o início (Lc 24,18), quem responde a Jesus quanto ao que conversavam e discorre acerca do profeta cuja morte lamentam (Lc 24,19-24), e chegando a Emaús, fica subentendido que é também Cléofas quem convida o forasteiro a entrar e permanecer com eles (Lc 24,29). A considerar que a companhia de Cléofas fosse sua esposa, a conduta de ambos coincide perfeitamente com a cultura própria do Médio Oriente, ainda nos dias de hoje, mas notadamente à época do episódio. Se um estranho interpela um casal, é o homem quem responde, a mulher permanece calada durante todo o tempo (Maggi, 1991, p. 44-45; 49; Pagola, 2014, p. 256-259; Jeremias, 2010, p. 473-493). É evidente que o silêncio do segundo discípulo não constitui, por si só, uma comprovação de que se tratasse da esposa de Cléofas. Mas esse aspecto não deve ser ignorado, e merece ser observado em conjunto com os demais argumentos nesse sentido.

É preciso notar também que os dois discípulos caminhavam, ao que tudo indica, de volta para sua casa, e não para uma hospedaria (Lenski, 1955, p. 1191; Hendriksen, 2003, p. 647; L'Eplattenier, 1993, p. 256; Fitzmyer, 2006, p. 592; Edwards, 2019, p. 901; Schweizer, 2000, p. 350). Como visto acima, não expressaria hospitalidade um convite a hospedar-se na mesma estalagem (Lagrange, 1948, p. 607). Além disso, não vemos referência a um hospedeiro nem a um servente, mesmo considerando que se sentam à mesa e partilham o pão, e que por fim saem às pressas, sem nenhuma interação com ninguém. Fica latente, pela leitura do relato, que, tendo chegado em casa, ali receberam o forasteiro, era para lá que se dirigiam. Emaús, como se percebe no início do episódio, era o seu destino, e não um posto intermediário onde passariam a noite para no dia seguinte seguir viagem. Tristes e desanimados pelo que pensavam ser o fim de suas esperanças, voltam para sua vida habitual, retornam para sua casa (Francis; Siôn, 2016, p. 15). Esse endereço comum é mais um dado a sinalizar que viviam juntos, tinham a mesma residência, eram marido e mulher.

Quando chegam à casa e se sentam à mesa, temos o argumento mais robusto no sentido de que a companhia de Cléofas era sua esposa. Durante a refeição, o hóspede toma para si o ofício de anfitrião e pronuncia a bênção sobre o pão e o distribui (Lc 24,30). Nesse momento, a partir desse gesto característico do ministério de Jesus, os olhos dos discípulos se abrem e eles finalmente o reconhecem (Lc 24,31). Como visto, a expressão para essa abertura dos olhos, em Lc 24,31, é rigorosamente a mesma que a LXX traz para os olhos abertos de Adão e Eva no jardim do Éden, quando comem do fruto proibido, em Gn 3,7: "διηνοίχθησαν οἱ ὀφθαλμοί/*abriram--se os olhos*". Entendemos que essa notável identidade de palavras na referida expressão não é casual, mas proposital. O evangelista quer fazer uma clara referência ao primitivo casal, mostrando como aquela infeliz abertura de olhos no Éden é redimida e restaurada pela abertura de olhos em Emaús, era sim, conforme os desígnios de Deus. Se no Éden os olhos se abriram de maneira imprópria, pela desobediência a Deus e mediante a oferta do "fornecedor" errado, a saber, a serpente, em Emaús os olhos finalmente se abrem da maneira certa, pela abertura do coração e busca de Deus, bem como mediante a oferta do fornecedor correto, a saber, o próprio Senhor. Seus olhos se abrem não para reconhecer a perda da glória, mas para reconhecer o Senhor glorificado (Bucur, 2014, p. 702).

A alusão, no relato de Emaús, à queda original, nos olhos que se abrem, recorda não apenas a queda, mas em certa medida também a própria criação do primitivo casal, quando Deus decide dar a Adão uma auxiliar que lhe corresponda (Gn 2,18). É sua companheira, e a partir de então estarão juntos sempre e em tudo, nas alegrias e nas tristezas. Será mesmo a fonte da sua alegria: "Essa sim, é osso dos meus ossos e carne da minha carne!" (Gn 2,23). Estarão juntos também nos momentos de tristeza, como logo à frente quando desobedecem a Deus (Gn 3,6) e, expulsos do jardim, saem juntos (Gn 3,23-24). Banidos do Éden, continuam sendo companheiros um do outro, têm seus filhos (Gn 4,1-2) e recomeçam a vida.

Assim também esses dois filhos de Adão e Eva, os discípulos de Emaús, são companheiros um do outro, na alegria do seguimento de Jesus de Nazaré, e depois na tristeza e decepção por sua morte, quando voltam juntos para casa ainda sem saber como será sua vida dali em diante. Em certa medida, Cléofas e sua companhia representam todos os casais e, portanto, todas as famílias; consequentemente, representam todos os demais filhos de Adão e Eva, toda a humanidade até então decaída, que em Cristo é restaurada e encontra salvação e vida eterna (Gallazzi, 2022, p. 222).

Inúmeras vezes apareceu, no presente estudo, a expressão "Cléofas e sua companhia"; nada obsta a que essa companhia fosse um seu amigo, um outro discípulo de Cristo como ele. Mas é preciso levar em conta o destaque que o evangelista Lucas confere ao relato de Emaús, e muito dessa valorização se compreende ao constatar o ganho teológico inegável e inestimável quando se considera, o que é perfeitamente possível – e até provável –, dada a história da salvação, que a companhia de Cléofas era não apenas a daquele dia, mas a de sua vida; não era uma companhia ocasional apenas daquele caminho, mas a companheira fiel de todos os seus caminhos, isto é, era a sua esposa (Gilpatric, 2005, p. 173-174).

Jesus ressuscitado à mesa com o casal de discípulos de Emaús é o avesso da separação entre Deus e o primitivo casal, consequência da desobediência deles e indicada no seu escondimento. Em Emaús está representada a restauração da humanidade, e ainda mais, a superação daquele estado inicial, pois mais que voltar ao estado original, os filhos de Adão e Eva alcançam, pela obra redentora de Cristo, uma comunhão com Deus ainda maior e melhor do que aquela que haviam perdido no jardim. No Éden, antes da queda, homem e mulher estavam nus e não se envergonhavam (Gn 2,25); ao final, reconhecendo que o Cristo vive e está presente, também Cléofas e sua esposa não têm do que se envergonhar, estão novamente jubilosos e, a partir de então, revestidos do Cristo, que entra em sua casa e convive com eles[119].

---

119. "Como é belo contemplar este momento: a nossa casa se torna a casa do Jesus vivo que entra para habitar entre nós" (Gallazzi, 2022, p. 225, tradução nossa).

Assim, tem-se o desfecho perfeito para a história da salvação, com o reerguimento da humanidade, representada no casal de Emaús, depois da queda original com os primitivos pais. A redenção prometida e esperada desde os primórdios (Gn 3,15) se concretiza na obra salvífica de Cristo, e Cléofas e sua esposa, justamente pela simplicidade de serem discípulos comuns, representam todos os homens e mulheres, todos os casais e todas as famílias, que não têm outras credenciais senão a de serem filhos de Adão e Eva, mas também discípulos de Cristo[120].

As repercussões desse reerguimento da humanidade indicado no episódio de Emaús são inúmeras para a teologia do matrimônio, da família e da casa, que em Emaús ganham destaque. Jesus vivo e glorioso se faz presente onde dois ou mais estão reunidos em seu nome (Mt 18,20). Notem-se as marcantes repercussões dessa presença do Senhor no lar de uma família cristã, onde o amor une os esposos, bem como os filhos provindos desse amor (Gilpatric, 2005, p. 169). Jesus entra, convive e faz comunhão em todas as casas em que é convidado a entrar, mesmo nos lugarejos sem destaque e nos recantos mais escondidos, mesmo entre os discípulos mais comuns e aparentemente sem importância.

---

120. "Ao embaraço da desgraça universal corresponde uma disponibilidade universal de redenção" (Krauss; Küchler, 2007, p. 130).

Conclusão

Qualquer pessoa que queira ser discípulo de Cristo deve dispor-se a renunciar a si mesmo, tomar sua cruz a cada dia e o seguir (Lc 9,23); perdendo sua vida por causa de Cristo, a salvará (Lc 9,24). Por isso mesmo, tal seguimento, embora não isento de dificuldades e percalços ao longo do percurso, será alegre e cheio de esperança de vida eterna. Em qualquer povo ou nação, nas sucessivas gerações cristãs, os discípulos de Cristo não têm motivos para entregar-se à tristeza, nem para perder suas esperanças, apesar das tribulações cotidianas. O evangelista Lucas deixa isso muito claro no relato dos discípulos de Emaús, no desfecho do seu Evangelho. Trata-se de um relato rico de detalhes e significados, e constitui, segundo o parecer de alguns autores, a mais elaborada das narrativas de ressurreição no Novo Testamento (Huffman, 1945, p. 215-216).

O texto começa com dois discípulos desanimados pela crucificação do seu mestre, afastando-se dos companheiros e voltando abatidos para sua casa. Jesus não os abandona, mas vai ao seu encontro. A mensagem é clara e alcança todos os demais discípulos: o Senhor não os desampara em suas dores, mas se aproxima e caminha com eles, fala-lhes ao coração e se faz reconhecer na fração do pão, movendo-os a retornar à comunidade, a convencer-se de que ele vive e está próximo. Mas o que o Senhor lhes diz propriamente? E o que faz para convencê-los a recuperar o entusiasmo? Olhar apenas para o episódio tornaria a visão estreita, como foi o caso dos discípulos no início, e não seria suficiente para essa resposta. É preciso ampliar o alcance e mirar toda a história da salvação, desde o princípio, recordando tudo o que Deus, em seu amor e bondade, operou em favor dos homens.

Com efeito, foi exatamente isso que o Senhor fez: aproximou-se dos dois peregrinos e caminhou com eles (Lc 24,15). Tais ações constituem uma boa síntese da missão de Jesus, em quem Deus se faz próximo aos homens no seu dia a dia, na simplicidade do fardo cotidiano (Radermakers; Bossuyt, 1983, p. 473). Como é dele a iniciativa de se aproximar, também é dele a iniciativa da conversa. Os discípulos não o reconhecem (Lc 24,16), o que é muito significativo e abre o passo para toda a narrativa que há de se desenrolar. O enredo do episódio gira em torno deste tema, pois desde o início o leitor já antevê o momento em que os dois haverão de reconhecê-lo. Fica a expectativa acerca de quando será esse momento, como se dará, e quais serão as consequências.

O recém-chegado companheiro de jornada começa com uma pergunta a respeito do que os dois discutem no caminho; o texto revela o estado de ânimo de ambos, que pararam entristecidos (Lc 24,17). A presente pesquisa procurou demonstrar o quanto este quadro é semelhante ao dos primeiros pais, Adão e Eva, logo que foram banidos do "jardim do Éden" (Gn 3,23-24). O final do relato do Éden é notavelmente similar ao início do relato de Emaús: exatamente como termina o primeiro, começa o segundo. Ainda que o Gênesis não registre o estado de ânimo deles, por certo saíram tristes e abatidos, frustrados pela perda do jardim de delícias que possuíam, e envergonhados por não terem sido obedientes à ordem divina. O primitivo casal, afastando-se do "jardim" onde Deus passeava para tomar a brisa da tarde (Gn 3,8), desanimados e sem saber o que seria de suas vidas, assemelha-se em tudo ao casal de Emaús, Cléofas e sua esposa, que se afastam de Jerusalém (Lc 24,13), a cidade onde Deus habitava (Sl 134,21), prostrados e enlutados pela morte daquele que pensavam ser o seu redentor, e também sem saber o que fariam dali em diante.

O Senhor alcança esses dois peregrinos tristes, aproxima-se e os acompanha (Lc 24,15); tal gesto emerge como uma sequência do desfecho do relato da queda, no qual Deus permite que Adão e Eva se afastem (Gn 3,23-24), mas traça um plano para sair ao encontro deles e os resgatar. Tendo desempenhado esse desígnio salvífico, que passava necessariamente pela cruz e sofrimento (Lc 24,26), vem ao seu encontro e os esclarece, como está representado em Emaús (Lc 24,27). Toda a história da salvação, com suas dores e angústias, está cercada por essas duas balizas, uma no início, outra no final do percurso.

Cléofas é o nome do discípulo que responde com uma pergunta retórica que questiona a suposta ignorância do forasteiro a respeito dos últimos acontecimentos em Jerusalém (Lc 24,18). Jesus então pergunta acerca de quais seriam (Lc 24,19), e é essencial perceber que em tal pergunta não há nenhuma simulação ou fingimento. Jesus não se faz de desentendido ou ignorante; antes, ele dá espaço para que Cléofas apresente a versão deles a respeito dos tais eventos ocorridos. Antes de falar, Jesus quer ouvi-los para que expressem a compreensão que têm dos seus ensinamentos e da sua Paixão, para só então, partindo de onde estão, instruí-los e reerguê-los de sua tristeza e prostração.

O discurso de Cléofas traz uma bela síntese do ministério de Jesus, profeta poderoso em palavras e obras, diante de Deus e de todo o povo (Lc 24,19), a exemplo de Moisés. Depois dessa primeira parte breve e vigorosa, segue o relatório dos últimos eventos: "nossos sumo sacerdotes e chefes o entregaram para ser condenado à morte e o crucificaram" (Lc 24,20). A morte é, para Cléofas, nada mais que o fim da vida; o ministério do estimado profeta terminou desse modo abrupto e implacável. Seu discurso prossegue, e dá conta da tristeza de seus discípulos, que vai além do luto: "Nós esperávamos que estivesse ele para redimir Israel" (Lc 24,21). Ou seja, não esperam mais; antes, perderam as esperanças de redenção. Decepcionados, não veem mais saída para a libertação de Israel (Chance, 2011, p. 372-374), seja qual for o sentido dessa expectativa.

Na continuação, Cléofas, ironicamente, menciona o terceiro dia, data dos eventos por ele narrados (Lc 24,21). Sem saber, faz referência à ressurreição do Senhor, que em breve haverá de constatar, e que se deu no terceiro dia. Há ainda mais no discurso: algumas mulheres do grupo os deixaram sobressaltados, pois foram ao túmulo e não encontraram o seu corpo, e ainda contaram que viram anjos a anunciar que "ele vive" (Lc 24,22-23). Curiosamente, Cléofas narra a suposta interação dos anjos com as mulheres não como quem acredita e transmite o testemunho, mas ao contrário, como quem não dá crédito algum a essas palavras e, por isso, não encontra nelas nenhuma força. Seja como for, bem no centro do texto de Emaús (Meynet, 1988, p. 235), o relato porta essa informação: "ele vive". Não diz enfaticamente que ele ressuscitou, nem que venceu a morte para sempre, tampouco que reina glorioso à direita do Pai no alto dos céus. Sem negar tais verdades de fé, o texto descreve tão somente que "ele vive". Sem pompas, sem rodeios triunfantes ou gestos majestosos, Lucas ensina aos seus leitores, nas sucessivas gerações cristãs, que Jesus está vivo e presente, e acompanha sua Igreja e seus discípulos, como o próprio relato de Emaús atesta, e como os discípulos haverão de reconhecer ao final.

Já na conclusão de seu discurso, Cléofas explica que alguns deles foram ao túmulo e encontraram as coisas como as mulheres disseram, mas a ele não viram (Lc 24,24). Assim, desse modo frustrante, termina o pesaroso relatório de Cléofas. E é só então que o Senhor lhes falará. Aqui se dá uma marcante mudança no relato, com as palavras de Jesus aos dois, preparada pela sua escuta atenta. Jesus não apenas esperou que seu interlocutor terminasse seu discurso; pelo contrário, ele o ouviu com atenção. Prova disso é que começa logo com uma repreensão aos dois: "Ó insensatos e lentos de coração para crer em tudo o que disseram os profetas!" (Lc 24,25). E prossegue, com uma pergunta retórica, convidando os dois a ampliar o campo de visão e a alcançar a totalidade da história da salvação (Chance, 2011, p. 369): "Não era necessário o Cristo sofrer isso para entrar na sua glória?" (Lc 24,26). Não devem olhar apenas os eventos recentes, mas entendê-los à luz do plano salvífico traçado por Deus desde o início e consumado na obra redentora de Cristo.

Jesus abre as Escrituras aos dois, começando por Moisés e percorrendo todos os profetas, interpretando em todos os textos sagrados o que dizia respeito a ele (Lc 24,27). A mensagem é clara para a Igreja, por todas as gerações: as Escrituras, por inteiro, falam de Jesus e o anunciam. Em Jesus Cristo, as profecias encontram seu pleno cumprimento (Terry, 1906, p. 237), e a obra redentora de Deus em favor de toda a humanidade é consumada. Já é possível aos homens, a partir de então, reatar a comunhão e a amizade com Deus. E é o que há de acontecer na sequência no relato.

Os três peregrinos se aproximam do destino, o vilarejo de Emaús, e Jesus faz menção de passar mais além (Lc 24,28). Sejam quais forem, esses sinais que Jesus deu aos dois de que seguiria adiante são importantes e não trazem o mínimo aceno de simulação: se não o convidassem a entrar, Jesus não entraria. Logo, não há nenhum fingimento dele. Naquele contexto, entretanto, era primordial que o convite para o convívio à mesa, na mesma casa, partisse dos discípulos, e não de Jesus. Foi do Senhor a iniciativa de se aproximar e de conversar, mas a iniciativa do convívio na casa deveria ser dos dois, justamente para assinalar interesse deles voltar à comunhão e à amizade com Deus, já que, no Éden, foi do primitivo casal a decisão de romper o convívio no "jardim" quando, após a desobediência, esconderam-se da presença de Deus (Gn 3,8).

O casal de Emaús, representante de toda a humanidade e de todas as famílias, convida com insistência o Senhor, mesmo sem saber ainda de quem se trata (Hb 13,2), a entrar e permanecer com eles. Mais uma vez Cléofas é o porta-voz, mas fala em nome dos dois: "Permanece conosco, porque é tarde e já declinou o dia" (Lc 24,29). A alusão ao Gênesis e a percepção do relato de Emaús como restauração da humanidade decaída desde a *queda original* realçam esse aspecto que, apesar de não passar despercebido pelos autores, pode ter sido relegado a um segundo plano, sem a devida importância: trata-se desse fato de que Jesus, tendo chegado com os peregrinos a Emaús, fez menção de passar adiante. A preocupação maior dos autores é ressaltar que Jesus não agiu com fingimento (Lenski, 1955, p. 1191; Robertson, 2013, p. 394; Hendriksen, 2003, p. 653). Mas não se destaca com a devida importância essa iniciativa dos peregrinos para que Jesus permanecesse. É comum esse convite ser analisado apenas à luz da hospitalidade (Robinson, 1984, p. 485; Fitzmyer, 2006, p. 592; Correia, 2013, p. 263-348). Sem desmerecer o valor desse preceito caro ao povo de Israel, deve-se notar que há mais neste episódio. Se foi do Senhor a iniciativa da aproximação e do diálogo (Lc 24,15.17), por outro lado era preciso que fosse dos dois a iniciativa do convívio à mesa, dentro de sua casa (Lc 24,29).

Registre-se que, a bem da verdade, a iniciativa do Senhor remonta aos inícios, com todo o plano salvífico. Nesse sentido, a interpelação inicial de Deus a Adão no "jardim do Éden", a primeira pergunta que lhe dirige, "Adão, onde estás?" (Gn 3,9), já dá conta da preocupação divina com sua criatura e do seu interesse de reatar a amizade de que gozavam. Na medida em que se escondem, Deus permite que se afastem e saiam, mas não os abandona, e toma a iniciativa, desde aquele primeiro momento, de buscar a humanidade perdida por meio de alianças, de geração em geração, até que os homens se convençam do amor de Deus e novamente se disponham a abrir suas portas e seus corações para o convívio divino.

Jesus aceita o convite e entra na casa, e sentam-se à mesa; é então que o relato chega ao seu clímax. Recordando os verbos e os gestos da última ceia (Lc 22,19) e da multiplicação dos pães (Lc 9,16) (Decock, 2002, p. 43-44), Lucas descreve as ações do Senhor: "tendo tomado o pão, abençoou-o e, tendo-o partido, dava-lhes" (Lc 24,30). E nesse instante se dá a grande revelação, o momento tão esperado desde o início do relato: "então se abriram os seus olhos e o reconheceram" (Lc 24,31ab). Como a presente pesquisa procurou demonstrar, a expressão "διηνοίχθησαν οἱ ὀφθαλμοί/abriram-se os olhos", em Lc 24,31, por ser idêntica à de Gn 3,7, na LXX, alude ao relato da queda original, e amarra toda a história de salvação, descrevendo a restauração da humanidade decaída desde o princípio. Não foi por acaso que Lucas trouxe essa referência ao seu texto, mas sim para recordar aquela primeira abertura dos olhos no Éden. Se aquela, do primitivo casal, fez com que percebessem que estavam nus, isto é, que tinham perdido tudo, e configurou, na verdade, uma cegueira, esta, em Emaús, representa o reerguimento de todos os filhos daquele primitivo casal ou seja, toda a humanidade, restaurada pela obra redentora de Cristo.

Lá nos primórdios, como visto, os olhos se abriram de modo indevido, o que fica patente pela nudez e pelo escondimento, que trouxeram dores e dramas para os filhos de Adão e Eva dali em diante, e consistiram propriamente numa espécie de cegueira espiritual. Em Emaús, ao contrário, os olhos dos discípulos se abrem verdadeiramente, da maneira certa, no momento oportuno e mediante o fornecedor correto (Bucur, 2014, p. 700-702), indicando o reerguimento da humanidade que reencontra, no Cristo vivo, a alegria e a esperança verdadeiras. A ressurreição do Senhor e sua vitória definitiva sobre a morte constituem, assim, a segura esperança de vida eterna para toda a humanidade na medida em que desfazem os efeitos da *queda original*, por meio da qual a morte e o pecado entraram no mundo.

Desse modo, o relato de Emaús, no final do Evangelho de Lucas, expressa a restauração do gênero humano, após o pecado original, por meio da obra salvífica de Cristo, concluindo todo o plano redentor designado por Deus. Emaús constitui uma espécie de epílogo ao relato do Éden; depois da *queda original*, o desígnio salvífico de Deus se conclui com a redenção obtida por Cristo. São como duas balizas ou molduras a demarcar a história da salvação, uma bem no início, outra ao final.

Não por acaso, no mesmo instante do reconhecimento, o texto narra que os discípulos não viram mais o Senhor: "E ele tornou-se invisível diante deles"

205

(Lc 24,31c). Não houve, porém, qualquer queixa ou frustração dos discípulos por isso, pelo contrário. Cheios de alegria novamente, recordam o quanto ardia o seu coração enquanto o Senhor lhes abria as Escrituras durante o caminho. É certamente com essa alegria que retornam pressurosos a Jerusalém, aos companheiros, para anunciar o que vivenciaram: "Nessa hora, tendo-se levantado, voltaram para Jerusalém e encontraram reunidos os Onze e os que estavam com eles" (Lc 24,33). Mas eles que pensavam trazer uma novidade, foram surpreendidos antes pelos companheiros com esta mesma boa nova: "De fato o Senhor ressuscitou e foi visto por Simão" (Lc 24,34). Na sequência, também os dois discípulos de Emaús tiveram a oportunidade de compartilhar com os demais a experiência extraordinária que tiveram: "E eles relatavam o ocorrido no caminho e como fora reconhecido por eles na fração do pão" (Lc 24,35). Experiência pessoal, privilegiada e inesquecível para aqueles dois peregrinos, mas também experiência eclesial, na medida em que toda a Igreja, em todos os povos e através das gerações, tem também a oportunidade de aceder, mediante o relato lucano, a esse episódio admirável e repleto de repercussões muito concretas para todos os discípulos, em todos os tempos e lugares.

Com efeito, essa presença do Senhor, que acompanha os caminhos dos homens em suas dores, retroage aos primórdios e avança até o fim dos tempos: Cléofas e sua companhia, os peregrinos de Emaús, representam todos os filhos de Adão e Eva, que repetem, nos dramas pessoais de suas vidas, as angústias dos primeiros pais, que também fizeram a dolorosa experiência de vagar sem esperanças e sem saber o que fazer de suas vidas. Essa ignorância a respeito dos rumos a eleger na própria vida pode ser entendida como uma espécie de cegueira, e as Escrituras, como fora visto, registram em inúmeras ocasiões essa comparação (Ortlund, 2010, p. 727-728). Assim, é Deus quem revela aos homens o bem e o mal, o que fazer e o que evitar em sua conduta. Nesse sentido, a desobediência de Adão e Eva, nos primórdios, que lhes abriu os olhos, foi no fundo expressão dessa cegueira para o bem e a verdade, foi uma separação de Deus.

Como consequência, a restituição da vista aos cegos é tema que percorre a história da salvação, está presente nos profetas e ganha destaque na obra lucana (Green, 1995, p. 79). Além das repetidas alusões de Lucas a Isaías (Hamm, 1986, p. 458-461), o programa de Jesus dá destaque à visão aos cegos (Lc 4,18) (Hamm, 1986, p. 462-465), e, ante as incompreensões, conclui-se com os olhos abertos em Emaús; o livro dos Atos o confirma na vida e ministério de Saulo; justamente aquele que ficou cego (At 9,8) e teve sua visão restituída (At 9,18) tornou-se apto a anunciar ao mundo o que vivera dramaticamente (At 26,18) (L'Eplattenier, 1993, p. 256). Jesus é o fornecedor da visão aos cegos e também, como se vê em Emaús, o objeto da visão restaurada, plena e verdadeira (Hamm, 1986, p. 458; 461).

Como visto, o abatimento de Adão e Eva, na saída do "jardim do Éden", é retomado no exato início do relato de Emaús; mas não são dois episódios isolados, um no início, outro na conclusão da história da salvação. Na verdade, aquele desânimo e angústia acompanham toda a humanidade, em todos os povos, de geração em geração. O homem se aflige e teme, vendo-se perdido e distante de Deus. Mas o Deus paciente e bondoso vem ao seu encontro e faz alianças, aos poucos revela o seu amor, conforme as condições do homem de reconhecê-lo; prepara um povo, vai desenvolvendo seu plano salvífico, etapa por etapa, até que nos últimos tempos finalmente envia seu Filho amado, salvador da humanidade, a fim de recuperar o que estava perdido.

Somente depois de pôr em marcha e concluir todo o seu plano de salvação universal, o Senhor se aproxima dos dois, como quem se dispõe novamente ao convívio e à comunhão. E é precisamente a descrição desse desígnio salvífico que será o conteúdo do discurso de Jesus aos dois peregrinos, começando por Moisés e percorrendo todos os profetas (Lc 24,27), e que fará arder o coração de ambos, reconhecendo o quanto o Cristo precisou sofrer para entrar na sua glória (Lc 24,26), ou, em outras palavras, o quanto os homens foram amados por Deus desde o princípio.

Por todas as gerações, em todas as nações aonde chegar o Evangelho, o episódio de Emaús seguirá comovendo e inspirando os cristãos. Qualquer discípulo, mormente nas angústias e nas tribulações, sente-se impelido a dirigir-se ao Senhor com as palavras daqueles dois, que insistiam: "Permanece conosco..." (Lc 24,29), e decerto há de encontrar alento ao constatar que Jesus vive e está próximo, acompanhando os seus caminhos, mesmo que nem sempre seja claramente reconhecido. O discípulo é chamado também a reconhecer o Senhor presente no sacramento da eucaristia, apontado na fração do pão em Emaús (Tremblay, 2000, p. 261-262), e dele alimentar-se e recuperar as forças. Também os casais, mesmo sendo pessoas simples e aparentemente sem importância, em lugares distantes e escondidos, hão de ser estimulados pelo relato de Emaús a reconhecer que o Senhor vem ao seu encontro, fala-lhes ao coração, aceita entrar em suas casas quando convidado e faz refeição com eles, trazendo a bênção e a alegria para suas famílias.

E se é fácil a identificação com os discípulos de Emaús, já se notou que os leitores do relato devem se sentir interpelados a assumir não apenas o papel dos discípulos, mas também o do próprio Jesus. Com efeito, é preciso ir ao encontro dos tristes e conduzi-los, pela Palavra e pela partilha, à renovação de suas esperanças (Dillman; Mora Paz, 2006, p. 569). Assim, toda a Igreja é chamada a reconhecer que o Jesus vivo e presente é esperança segura de restauração e vida eterna junto de Deus.

Posfácio

Quando começamos a frequentar textos de exegese bíblica, temos a sensação de que, para ser científico, precisamos encontrar um jeito técnico de escrever, no qual o texto Sagrado é lido com desconfiança, sem contemplar a sua face, mas olhando-o obliquamente, de soslaio, quase como se ele fosse culpado de nos transmitir algo ingênuo, indigno da ciência. Não é universal essa característica dos textos exegéticos, muito menos desse texto produzido por Bruno Guimarães de Miranda.

O Bruno conseguiu nos presentear com uma pesquisa séria e, ao mesmo tempo, respeitosa dos textos Sagrados e da fé da comunidade crente a quem são destinados. Ao procurar em uma narrativa do Antigo Testamento (Gn 3,7) o horizonte para ler um texto do Novo Testamento (Lc 24,13-35), e trazendo um sentido profundo dado no Novo para o texto veterotestamentário, o autor sinaliza sua sensibilidade com a unidade do Cânon, critério primário para leitura cristã da Bíblia. O Bruno se apresenta como amigo dos textos sagrados, com eles se entretém, indaga-os com seriedade e narra o que neles viu e deles ouviu.

Ademais, o autor sabe que os textos bíblicos nascem de experiências vivas de indivíduos e comunidades; que o ambiente de vibração, com questões existenciais, é a plataforma adequada para lê-los. Não lhe falta a fértil imaginação. Ele parece buscar os sentimentos, as questões e dúvidas dos personagens da narrativa e do narrador, de modo que escava os mais diversos sentidos nas profundidades dos textos e coloca-os à disposição do leitor. Assim, surgem elementos novos e apaixonantes que praticamente estão no texto, mas que somente um espírito inquieto pode acessá-los. Bruno é um buscador.

Sinto-me honrado de ter feito parte da formação acadêmica de Bruno, seja como professor na graduação em Teologia, seja como orientador do seu mestrado. É bom ver essa obra, ponto de chegada de uma longa pesquisa, magistralmente acompanhada pelo Prof. Dr. Waldecir Gonzaga. Que venham mais dessas intuições, cheias de imaginação, de vida, capazes de despertar o amor pelas Escrituras Santas!

Prof. Dr. José Otácio Oliveira Guedes
Reitor do Pontifício Colégio Pio Brasileiro
Roma, Itália

Referências

DE GRUYTER, W. *Konkordanz zum Novum Testamentum Graece*. Berlin, New York: Institut für Neuentestamentliche Textforschung und vom rechenzentrum der Universitat Münster, 1987.

ELLIGER, K.; RUDOLPH, W. (eds). *Biblia Hebraica Stuttgartensia*. 5. ed. Stuttgart: Deutsche Bibelgesellschaft, 1997.

HATCH, E.; REDPATH, H. *A Concordance to the Septuagint and the Other Greek Versions of the Old Testament* – vol. 1. Oxford: The Clarendon Press, 1897.

HATCH, E.; REDPATH, H. *A Concordance to the Septuagint and the Other Greek Versions of the Old Testament* – vol. 2. Oxford: The Clarendon Press, 1897.

NESTLE-ALAND (eds.). *Novum Testamentum Graece*. 28ª ed. Stuttgart: Deutsche Bibelgesellschaft, 2012.

RAHLFS, A.; HANHART, R. (eds). *Septuaginta*. Stuttgart: Deutsche Bibelgesellschaft, 2006.

WEBER, R.; GRYSON, R. (eds.). *Biblia Sacra Vulgata*. Iuxta Vulgatam Versionem. Editio Quinta. Stuttgart: Deutsche Bibelgesellschaft, 2007.

Obras diversas

ALAND, K.; ALAND, B. *O texto do Novo Testamento*. Barueri: Sociedade Bíblica do Brasil, 2013.

ALMEIDA, B. *Emaús, o caminho da fé pascal*. 2020. Dissertação (Mestrado em Filosofia) — Departamento de Filosofia, Pontifícia Universidade Católica, São Paulo, São Paulo, 2020.

ALVES, M. Ressurreição e fé pascal. *Didaskalia*, Lisboa, v. 19, n. 2, p. 280-541, 1989.

ASENSIO, F. et alli. *La Sagrada Escritura – Antiguo Testamento I: Pentateuco*. Madrid: Biblioteca de Autores Cristianos, 1967.

BAILLY, A. *Dictionnaire Grec-Français*. Paris: Hachette, 1894.

BALDOVIN, J. The sacramentality of the word: An Ecumenical Approach. *Journal of Ecumenical Studies*, v. 53, n. 2, p. 224-244, 2018.

BALZ, H; SCHNEIDER, G. *Diccionario exegetico del Nuevo Testamento*. Vv I e II. Salamanca: Sigueme, 1996.

BARREIRO, A. *O itinerário da fé pascal* – a experiência dos discípulos de Emaús e a nossa. São Paulo: Loyola, 2001.

BAUER, J. *Dicionário bíblico-teológico*. 2. ed. São Paulo: Loyola, 2004.

BAUER, W. et al. *A Greek-English lexicon of the New Testament and other early christian literature*. Chicago: University Chicago Press, 2000.

BEALE, G.; CARSON, D. (orgs.). *Comentário do uso do Antigo Testamento no Novo Testamento*. São Paulo: Vida Nova, 2014.

BEALE, G. *Manual do uso do Antigo Testamento no Novo Testamento*. Exegese e interpretação. São Paulo: Vida nova, 2013.

BENOIT, P., BOISMARD, M.-E., MALILLOS, J.L. *Sinopsis de los cuatro Evangelios*. Tomos I e II. Bilbao: Desclée de Brouwer, 1975.

BERGER, K. *As formas literárias do Novo Testamento*. São Paulo: Loyola, 1998.

BLACKETER, R. Word and Sacrament on the Road to Emmaus: homiletical reflections on Luke 24: 13-35. *Calvin theological journal*, v. 38, n. 2, p. 321-329, 2003.

BLASS, F.; DEBRUNNER, A. *A Greek grammar of the New Testament and other early christian literature*. Chicago: The University of Chicago Press, 1961.

BOTTINI, G. *Introduzione all'opera di Luca*. Jerusalem: Franciscan Printing, 1992; Milano: Terra Santa, 2011.

BOVON, F. Luke 2. *A commentary of Luke 9:51-19:27* (Hermeneia). Minneapolis: Fortress, 2013.

BOVON, F. Luke 3: *Hermeneia – A commentary on the Gospel of Luke 19:28-24,53*. Minneapolis: Fortress, 2012.

BOWEN, C. The Emmaus Disciples and the Purposes of Luke. *The Biblical World*, Chicago, v. 35, n. 4, p. 234-245, abr. 1910.

BOYSEL, J. *And their eyes were opened: a study in the spiritual formation benefits of weekly word and table worship*. 2009. Tese (Doutorado em Ministério) — Departamento de Ministério, Seminário Teológico Asbury, Wilmore, Kentucky, 2009.

BROWN, C.; COENEN, L. (orgs). *Dicionário internacional de teologia do Novo Testamento*. Vols. I e II. São Paulo: Vida Nova, 2000.

BROWN, R. *Introdução ao Novo Testamento*. 2ª ed. São Paulo: Paulinas, 2012.

BROWN. R; FITZMYER, J.; MURPHY, R. (ed.). *Novo comentário bíblico São Jerônimo – Antigo Testamento*. Santo André: Academia Cristã; São Paulo: Paulus, 2007.

BUCHANAN, M. Stuck on the road to Emmaus. *Christianity Today*, v. 43, n. 8, p. 55-57, jul. 1999.

BUCUR, B. Blinded by invisible light – Revisiting the Emmaus story. *Ephemerides Theologicae Lovanienses*, Lovânia, v. 90, n. 4, p. 685-707, out. 2014.

BURNHAM, S. Jesus as a prophet. *The Biblical World*, Chicago, vol. 10, n. 5, p. 327-332, nov. 1897.

CAIRD, G. *Saint Luke*. London: Penguin Books, 1963.

CAIRD, G. *New Testament Theology*. Oxford: University Press, 1995.

CASALEGNO, A. *Lucas – A caminho com Jesus missionário*. São Paulo: Loyola, 2003

CASATI, A. *Sulla terra le sue orme*: commento al Vangelo di Luca. Bologna: Dehoniane, 2021.

CHANCE, J. The journey to Emmaus: Insights on Scripture from mystical understandings of attachment and detachment. *Perspectives in Religious Studies*, Waco, v. 38, n. 4, p. 363-381, dez. 2011.

CHENU, B. *I discepoli di Emmaus*. Brescia: Queriniana, 2005.

COENEN, L; BEYREUTHER, E; BIETENHARD, H. *Diccionario teologico del Nuevo Testamento*. Vv. I e II. Salamanca: Sigueme, 1998.

CORREIA, J. O caminho do reconhecimento e do anúncio: Lc 24,13-35 em perspectiva cristológica. *Theologica*, Braga, v. 36, p. 359-402, jun. 2001.

CORREIA, J. *A hospitalidade na construção da identidade cristã: uma leitura de Lc 24, 13-35 em chave narrativa*. 2013. Tese (Doutorado em Teologia) — Faculdade de Teologia, Universidade Católica Portuguesa, Lisboa, Estremadura, 2013.

COSTA, T. *Emaús: a idolatria dos discípulos, a distância salutar e a pedagogia de Jesus: leitura sistemático-pastoral de Lucas 24, 13-35. 2021*. Dissertação (Mestrado em Teologia) — Faculdade de Teologia, Universidade Católica Portuguesa, Lisboa, Estremadura, 2021.

COWIE, A. *Oxford Advanced Learner's Dictionary*. 4. ed. Oxford: University Press, 1989.

CRADDOCK, F. *Luca*. Torino: Claudiana, 2002.

CRIMELLA, M. The transformation of characters in Lk 24: a narrative investigation. *Revue Biblique*, Jerusalém, v. 119, n. 2, p. 173-185, mai. 2012.

CURLEY, C.; PETERSON, B. Eve's curse revisited: An increase of "sorrowful conceptions". *Bulletin for Biblical Research*, Centre County, v. 26, n. 2, p. 157-172, jun. 2016.

D'ALESSIO, D. *Nosso pai o ama: a história de José do Egito*. Brasília: Edições CNBB, 2018.

DATTLER, F. *Gênesis – texto e comentário*. São Paulo: Paulinas, 1984.

DAVIDSON, R. Earth's first sanctuary: Genesis 1-3 and Parallel Creation Accounts. Andrews University Seminary Studies (AUSS), Berrien Springs, v. 53, n. 1, p. 65-89, mar.--jun. 2015.

DE PAIVA, H.; TORRES, M.; DE ALMEIDA NOGUEIRA, S. A pedagogia de Jesus no caminho de Emaús. *TeoPraxis*, Nova York, v. 1, n. 1, p. 26-42, jul. 2021.

DECOCK, P. The breaking of bread in Luke 24. *Neotestamentica*, Pretória, v. 36, n. 1-2, p. 39-56, jan. 2002.

DILLMAN, R.; MORA PAZ, C. *Comentario al Evangelio de Lucas: Um comentario para la actividad pastoral*. Estella (Navarra): Verbo Divino, 2006.

DINKLER, M. Building Character on the Road to Emmaus: Lukan Characterization in Contemporary Literary Perspective. *Journal of Biblical Literature*, University Park, v. 136, n. 3, p. 687-706, set. 2017.

DO NASCIMENTO JÚNIOR, D. Leitura catequética da experiência do caminho de Emaús. *Revista Eletrônica Espaço Teológico*, São Paulo, v. 4, n. 5, p. 24-36, jun. 2010.

DOHMEN, C. The suffering servant and the passion of Jesus. *Communio*, Spokane, v. 30, n. 3, p. 452-462, set. 2003.

EDWARDS, J. *O comentário de Lucas*.São Paulo: Shedd Publicações, 2019.

EGGER, W. *Metodologia do Novo Testamento*. 2. ed. São Paulo: Loyola, 2005.

EHRHARDT, A. The disciples of Emmaus. *New Testament Studies*, Cambridge, v. 10, n. 2, p. 182-201, abr. 1964.

FABRIS, R.; MAGGIONI, B. *Os Evangelhos* II. 4. ed. São Paulo: Loyola, 2006.

FITZMYER, J. *El Evangelio segun Lucas*-I. Introducción General. Madrid: Cristiandad, 1986.

FITZMYER, J. *El Evangelio según Lucas*-IV. Madrid: Cristiandad, 2006.

FORTI, T. The polarity of wisdom and fear of God in the Eden narrative and in the Book of Proverbs. *Biblische Notizen*, Monastério, v. 149, p. 45-57, dez. 2011.

FRANCIS, L.; SIÔN, T. Empirical theology and biblical hermeneutics: exploring lessons for discipleship from the road to Emmaus (Luke 24:13-35). *Journal of Empirical Theology*, Groninga, v. 29, n. 1, p. 24-44, jun. 2016.

FRETHEIM, T. Is Genesis 3 a fall story? Word & World, *Saint Paul*, v. 14, n. 2, p. 144-153, abr. 1994..

GALLAZZI, S. Il Vangelo delle comunità di Luca. Reggio Emilia: San Lorenzo, 2022.

GARCÍA, S. Evangelio de Lucas. Bilbao: Desclée de Brouwer, 2012.

GELABERT BALLESTER, M. El origen del pecado. Gn 3 en perspectiva teológica. *Estudios Bíblicos*, Madrid, v. 65, n. 3, p. 321-337, jul.-set. 2007.

GILPATRIC, M. *Marriage as a psychological and spiritual relationship to wholeness.* 2005. Tese (Doutorado em Psicologia) — Departamento de Psicologia, Universidade de Ottawa, Ottawa, maio 2005.

GOLDBERG, G. The coincidences of the Emmaus narrative of Luke and the Testimonium of Josephus. *The Journal for the Study of the Pseudepigrapha*, Sheffield, v. 13, p. 59-77, jun. 1995.

GONZAGA, W. A Sagrada Escritura, a alma da Sagrada Teologia. In: MAZZAROLO, I.; FERNANDES, L.; CORRÊA LIMA, M.L. *Exegese, Teologia e Pastoral: relações, tensões e desafios*. Rio de Janeiro, PUC-Rio; Santo André, Academia Cristã, 2015.

GONZAGA, W. *Compêndio do Cânon Bíblico*. Listas bilíngues dos Catálogos Bíblicos. Antigo Testamento, Novo Testamento e Apócrifos. Rio de Janeiro: PUC-Rio; Petrópolis: Vozes, 2019.

GRASSO, S. Emmaus, testo della criteriologia ecclesiale per la fede nella risurrezione di Gesù (Lc 24, 13-35). *Rivista Biblica*, Bologna, v. 56, n. 4, p. 433-453, out.-dez. 2008.

GRASSO, S. *Il Vangelo di Luca*. Roma: Città Nuova, 2019.

GREEN, C. "Then their eyes were opened": Pentecostal reflections on the church's scripture and the Lord's Supper. *Pneuma: The Journal of the Society for Pentecostal Studies*, Durham, v. 35, n. 2, p. 220-234, abr.-jun. 2013.

GREEN, J. *The theology of the Gospel of Luke*. Cambridge University Press, 1995.

GREEN, J. *El Evangelio de Lucas (9-24)*. Salamanca: Sígueme, 2022.

HAMM, D. Sight to the blind: vision as a metaphor in Luke. *Biblica*, Roma, v. 67, n. 4, p. 457-477, out.-dez. 1986.

HARL, M; DORIVAL, G; MUNNICH, O. *A Bíblia grega dos setenta* – do judaísmo helenístico ao cristianismo antigo. São Paulo: Loyola, 2007.

HENDRIKSEN, W. *Lucas – Volume 2 – Comentário do Novo Testamento*. São Paulo: Cultura Cristã, 2003.

HOFFMANN, P.; HIEKE, T.; BAUER, U. *Synoptic Concordance*. A Greek concordance to the first three Gospels in synoptic arrangement, statistically evaluated, including occurrences in Acts. Vols. 1-4. Berlin/New York: Brill, 1999-2000.

HUFFMAN, N. Emmaus among the resurrection narratives. *Journal of Biblical Literature*, Filadélfia, v. 64, n. 2, p. 205-226, jun. 1945.

JAMES, R. Intratextuality in Luke: connecting the Emmaus road with the boy in the temple. *The Expository Times*, Londres, v. 132, n. 2, p. 63-70, fev. 2020.

JEREMIAS, J. *Jerusalém no tempo de Jesus*. Santo André: Academia Cristã; São Paulo: Paulus, 2010.

JOHNSON, L. *The Gospel of Luke*. Minnesota: Liturgical Press, 1991.

JUST JR, A., *The ongoing feast*: table fellowship and eschatology at Emmaus. Minnesota: Liturgical Press, 1993.

JUST JR, A. (org.). *Evangelio según San Lucas* – La Biblia comentada por los Padres de la Iglesia – Nuevo Testamento 3. Madrid: Ciudad Nueva, 2006.

KAUNDA, C. On the road to Emmaus: together towards life as conversation partner in missiological research. *International Review of Mission*, Genebra, v. 106, n. 1, p. 34-50, jan. 2017.

KOHLES, S. On the road together: multicultural religious life in light of Luke 24:13-35. *New Theology Review: An American Catholic Journal for Ministry*, Chicago, v. 27, n. 2, p. 93-96, abr. 2015.

KONINGS, J. *Sinopse dos Evangelhos de Mateus, Marcos e Lucas e da "Fonte Q"*. São Paulo: Loyola, 2005.

KRAUSS, H.; KÜCHLER, M. *As origens*: um estudo de Gênesis 1-11. São Paulo: Paulinas, 2007.

KREITZER, B. (org.). *Lucas – Comentário bíblico da Reforma*. São Paulo: Cultura Cristã, 2017.

KÜMMEL, W. *Introdução ao Novo Testamento*. São Paulo: Paulus, 1982.

LAGRANGE, M. *Évangile selon Saint Luc*. Paris: Lecoffre J. Gabalda et Cie, 1948.

LAURENCE, V. 'We were hoping': The Emmaus Road Encounter as a novel approach to faith-science dialogue. 2020. Dissertação (Mestrado em Escritura Cristã) — Departamento de Teologia, Seminário de Seattle Pacific, Seattle, Washington, 2020.

LENSKI, R. *The interpretation of St. Luke's Gospel*. Columbus: Wartburg, 1955.

LÉON-DUFOUR, X. *Réssurrection de Jésus et message pascal*. Paris: Éditions du Seuil, 1971.

L'EPLATTENIER, C. *Leitura do Evangelho de Lucas*. São Paulo: Paulinas, 1993.

LIDDELL, H.; SCOTT, R. *A greek-English Lexicon*. Oxford: University Press, 1968.

LOUTH, A. (org.). *Génesis 1-11 – La Biblia Comentada por los Padres de la Iglesia* – Antiguo Testamento 1. Madrid: Ciudad Nueva, 2003.

LUSSI, C. Discípulos missionários e missionárias a caminho de Emaús. *Estudos de Religião*, São Bernardo do Campo, v. 25, n. 41, p. 216-227, jan.-jun. 2011.

MACKINLAY, S. Eyes wide shut: a response to Jean-Luc Marion's account of the journey to Emmaus. *Modern Theology*, Oxford, v. 20, n. 3, p. 447-456, jul. 2004.

MAGGI, A. Nossa Senhora dos heréticos. São Paulo: Paulinas, 1991.

MAGNUS, L. Sermones. De Ascensione Domini I. Congregatio de Propaganda fide, 1849.

MAINVILLE, O. De Jésus à l'Église: étude rédactionnelle de Luc 24. *New Testament Studies*, Cambridge, v. 51, n. 2, p. 192-211, abr. 2005.

MANZI, F. Identità e memoria di Gesù nell'attestazione narrativa di Lc 24,1-49 e 4,16-30. *La Scuola Cattolica*, Milão, v. 133, n. 2, p. 351-382, abr.-jun. 2005.

MARION, J. "They recognized him; and he became invisible to them". *Modern Theology*, Oxford, v. 18, n. 2, p. 145-152, abr. 2002.

MAXEY, J. The road to Emmaus: changing expectations - a narrative-critical study. *Currents in Theology and Mission*, Chicago, v. 32, n. 2, p. 112-124, abr. 2005.

MAZZAROLO, I. *Gênesis 1-11 – E assim tudo começou...* Rio de Janeiro: Mazzarolo editor, 2003.

MAZZAROLO, I. *Lucas em João: uma nova leitura dos evangelhos*. 2. ed. Rio de Janeiro: Mazzarolo Editor, 2004.

MAZZAROLO, I. *Lucas – A antropologia da salvação*. Rio de Janeiro: Mazzarolo editor, 2013.

MCKENZIE, J. *Dicionário Bíblico*. São Paulo: Paulus, 1983.

MENDONÇA, J. *A Leitura infinita – A Bíblia e sua interpretação*. São Paulo: Paulinas; Recife: Unicap, 2015.

METZGER, B. *A textual commentary on the Greek New Testament*. Stuttgart: United Bible Societies, 1971.

MEYNET, R. Comment établir un chiasme. À propos des pèlerins d'Emmaüs. *Nouvelle Revue Théologique*, Paris, v. 100, n. 2, p. 233-249, abr. 1978.

MEYNET, R. *L'Évangile selon Saint Luc – Analyse Rhétorique 1*. Planches. Paris: Cerf, 1988.

MEYNET, R. *Il Vangelo secondo Luca*. Roma: Edizioni Dehoniane, 1994.

MEYNET, R. *Ler a Bíblia*. Lisboa: Instituto Piaget, 1996.

MEYNET, R. *Jésus passe – Testament, Jugement, Exécution et Résurrection du Seigneur Jésus dans les évangiles synoptiques*. Roma: PUG; Paris: Cerf, 1999.

MINEAR, P. Jesus' audiences, according to Luke. *Novum Testamentum*, Leida, v. 16, n. 2, p. 81-109, jan. 1974.

MONASTERIO, R.; CARMONA, A.R. *Evangelhos sinóticos e Atos dos Apóstolos*. 5. ed. São Paulo: Ave-Maria, 2012.

MORENO SANZ, I. *Jesús y Moisés en diálogo – Significado y función de la figura de Moisés en la obra lucana.* Madrid: Verbo Divino, 2021.

MORRIS, L. *Lucas – Introdução e comentário.* São Paulo: Vida Nova, 1983.

MURILLO, L. *El Génesis – precedido de una introducción al Pentateuco.* Roma: Pontifício Instituto Bíblico, 1914.

NOLLAND, J. *Word biblical commentary. v. 35b – Luke 9:21 – 18:34.* Dallas: Word Books, 1993.

NOLLAND, J. *Word Biblical Commentary – vol. 35c – Luke 18:35-24,53.* Dallas: Word Books, 1993.

NÚÑEZ, M. Los discípulos de Emaús (Lc 24,13-35): pedagogía de la resurrección – el texto en su identidad dinámica. *Isidorianum,* Salamanca, n. 25, p. 167-185, jul.-dez. 2004.

O'LOUGHLIN, T. The Scriptures and preaching at Eastertide. *Scripture Bulletin,* Londres, v. 33, n. 2, p. 66-78, abr.-jun. 2003.

OMANSON, R.L. *Variantes textuais do Novo Testamento.* Barueri: Sociedade Bíblica do Brasil, 2010.

OPORTO, S.G.; GARCIA, M.S. *Comentário ao Antigo Testamento I.* São Paulo: Ave Maria, 2002.

ORCHARD, B. et al. *Verbum Dei – Comentario a La Sagrada Escritura I.* Barcelona: Herder, 1960.

ORTLUND, D.C. "And their eyes were opened, and they knew": an inter-canonical note on Luke 24:31. *Journal of the Evangelical Theological Society,* Lynchburg, v. 53, n. 4, p. 717-728, dez. 2010.

PAGOLA, J. *Jesus: Aproximação histórica.* 7. ed. Petrópolis: Vozes, 2014.

PAROSCHI, W. *Origem e transmissão do texto do Novo Testamento.* Barueri: Sociedade Bíblica do Brasil, 2012.

PÉREZ HERRERO, F. Los discípulos de Emaús y el Resucitado (Lc 24,13-35). Explicación e implicación de um relato pascual. *Burgense,* Burgos, v. 47, n. 1, p. 11-33, jan.-jun. 2006.

PÉREZ MILLOS, S. *Lucas – Comentario exegético al texto griego del Nuovo Testamento.* Barcelona: Clie, 2017.

PONTIFÍCIA COMISSÃO BÍBLICA. *A interpretação da Bíblia na Igreja.* São Paulo: Paulinas, 2002.

PRICE, R. *The widow traditions in Luke-Acts: A feminist-critical scrutiny.* 1993. Tese (Doutorado em Teologia) — Departamento de Teologia, Universidade Drew, Madison, New Jersey, 1993.

PRINCE, D. "Why do you seek the living among the dead?": rhetorical questions in the Lukan resurrection narrative. Journal of Biblical Literature, Atlanta, v. 135, n. 1, p. 123-139, mar. 2016.

RADERMAKERS, J.; BOSSUYT, P. *Lettura pastorale del Vangelo di Luca.* Bologna: Centro editoriale dehoniano, 1983.

RAMELLI, I. The Emmaus disciples and the Kerygma of the Resurrection (Lc 24,34). *Zeitschrift für die Neutestamentliche Wissenschaft,* Berlim, v. 105, n. 1, p. 1-19, jan. 2014.

RASTOIN, M. Cléophas et Lydie: un 'couple' lucanien hautement théologique. *Biblica,* Roma, v. 95, n. 3, p. 371-387, jul.-set. 2014.

RASTOIN, M. Cléophas (Lc 24,18): un indice de la créativité littéraire et théologique de Luc? New Testament Studies, Cambridge, v. 67, n. 1, p. 22-37, jan. 2021.

REECE, S. Seven stades to Emmaus. New Testament Studies, Cambridge, v. 47, p. 262-266, abr. 2001.

RIENECKER, F. *Evangelho de Lucas – Comentário Esperança.* Curitiba: Esperança, 2005.

RINGGREN, H. Luke's use of the Old Testament. *Harvard Theological Review,* Cambridge, v. 79, n. 1-3, p. 227-235, jan.-jul. 1986.

ROBERTSON, A. *Comentário Lucas à luz do Novo Testamento Grego.* Rio de Janeiro: CPAD, 2013.

ROBINSON, B. The place of Emmaus story in the Luke-Acts. *New Testament Studies,* Cambridge, v. 30, p. 481-497, out. 1984.

ROIEK, J.; KONZEN, L.Z. O processo de iniciação à vida cristã no caminho de Emaús. *Revista Missioneira,* Santo Ângelo, v. 20, n. 1, p. 30-42, jan.-jun. 2018.

ROSS, W.A. Ω ανόητοι και βραδεῖς τη καρδία. *Novum Testamentum,* Leida, v. 58, n. 4, p. 369-379, out. 2016.

ROSSÉ, G. *Il Vangelo di Luca – commento esegetico e teologico.* Roma: Città Nuova, 1992.

RZEPKA, B. Il paradiso perduto: Genesi 2–3, un racconto a doppia conclusione? *The Biblical Annals,* Lublin, v. 5, n. 62/1, p. 9-36, jan.-jun. 2015.

SALES, J. Jerusalén en el Evangelio de Lucas. *In*: ZARAGOZA, N.; NAVARRO, L. (eds.). *Comenzando desde Moisés – La obra de Lucas y el Antiguo Testamento.* Estella (Navarra): Verbo Divino, 2020.

SCHACHTER, L. The Garden of Eden as God's first sanctuary. *Jewish Bible Quarterly,* Jerusalém, v. 41, n. 2, p. 73-78, abr.-jun. 2013.

SCHEFFLER, E. Emmaus – a historical perspective. *Neotestamentica,* Pretória, v. 23, n. 2, p. 251-267, jul.-dez. 1989.

SCHNEIDER, S.; SEELENFREUND, M. Kotnot or (Genesis 3: 21): skin, leather, light, or blind? *Jewish Bible Quarterly*, Jerusalém, v. 40, n. 2, p. 116-124, abr.-jun. 2012.

SCHÖKEL, L. *Salmos I*. São Paulo: Paulus, 1996.

SCHÖKEL, L. *Dicionário bíblico hebraico-português*. São Paulo: Paulus, 2012.

SCHWEIZER, E. *Il Vangelo secondo Luca*. Brescia, Paideia, 2000.

SICRE, J. *El evangelio de Lucas – Una imagen distinta de Jesús*. Estella (Navarra): Verbo divino, 2021.

SILVA, C. *Metodologia de exegese bíblica – Versão 2.0*. 4. ed. São Paulo: Paulinas, 2022.

SMITH, D. Table fellowship as a literary motif in the Gospel of Luke. *Journal of Biblical Literature*, Atlanta, v. 106, n. 4, p. 613-638, dez. 1987.

SMITH, M. Before human sin and evil: desire and fear in the Garden of God. *The Catholic Biblical Quarterly*, Washington, D.C., v. 80, n. 2, p. 215-230, abr. 2018.

SNOEBERGER, M. Nakedness & coverings in Genesis 3: what they are and why it matters. *Detroit Baptist Seminary Journal*, Detroit, v. 22, p. 21-33, out. 2017.

SPEISER, E. *Genesis. The Anchor Bible*. New York: Doubleday & Company, 1964.

STÖGER, A. *O Evangelho Segundo Lucas – volume 3/2*. Petrópolis: Vozes, 1974.

TANNEHILL, R. Israel in Luke-Acts: a tragic story. *Journal of Biblical Literature*, Atlanta, v. 104, n. 1, p. 69-85, mar. 1985.

TANNEHILL, R. *Luke*. Nashville: Abingdon Press, 1996.

TARANZANO, A. El pecado de ser hombres: algunas consideraciones del relato de la "caída original". *Revista Bíblica*, Buenos Aires, v. 76, p. 17-54, jan.-dez. 2014.

TERRY, M. The Old Testament and the Christ. *The American Journal of Theology*, Chicago, v. 10, n. 2, p. 233-250, abr. 1906.

THÉVENOT, X. Emmaüs: une nouvelle Genèse? Une lecture psychanalytique de Genèse 2-3 et Luc 24,13-35. *Mélange de Science Religieuse*, Lille, v. 37, n. 1, p. 3-18, jan.-mar. 1980.

TOMÁS DE AQUINO. *Catena Aurea – vol. 3 – Evangelho de São Lucas*. Campinas: Ecclesia, 2020.

TREMBLAY, R. Pane e vino eucaristici, volto del risorto nella Chiesa: nella scia di Lc 24, 13-35. *Rassegna di Teologia*, Brescia, v. 41, n. 2, p. 261-270, abr.-jun. 2000.

ULLOA, B. presença dos samaritanos na obra lucana, (Lc-At). *Atualidade Teológica*, Rio de Janeiro, v. 24, n. 66, p. 359-370, jan.-jun. 2013.

VOGELS, W. The Tree(s) in the middle of the garden (Gn 2:9; 3:3). *Science et Esprit*, Ottawa, v. 59, n. 2/3, p. 129-142, abr.-set. 2007.

WALTKE, B. *Comentário do Antigo Testamento: Gênesis*. São Paulo: Cultura Cristã, 2010.

WEGNER, U. *Exegese do Novo Testamento: manual de metodologia*. São Leopoldo: Sinodal, 1998.

WEILER, L. Caminho – Casa de Emaús: um projeto de vida e uma prática formativa. *Revista CLAR*, Bogotá, v. 44, n. 3, p. 11-18, jul.-set. 2006.

WELKER, M. Who is Jesus Christ for us today? *The Harvard Theological Review*, Cambridge, v. 95, n. 2, p. 129-146, abr. 2002.

WENHAM, G. et al. *Nuevo Comentario Bíblico Siglo Veintiuno*. El Paso: Editorial Mundo Hispano, 2003.

WESTERMANN, C. *Genesis 1-11 – a commentary*. Minneapolis: Augsburg Publishing House, 1984.

WRIGHT, N. *A ressurreição do Filho de Deus*. Santo André: Academia Cristã; São Paulo: Paulus, 2013.

Conecte-se conosco:

facebook.com/editoravozes

@editoravozes

@editora_vozes

youtube.com/editoravozes

+55 24 2233-9033

www.vozes.com.br

Conheça nossas lojas:

www.livrariavozes.com.br

Belo Horizonte – Brasília – Campinas – Cuiabá – Curitiba
Fortaleza – Juiz de Fora – Petrópolis – Recife – São Paulo

EDITORA VOZES LTDA.
Rua Frei Luís, 100 – Centro – Cep 25689-900 – Petrópolis, RJ
Tel.: (24) 2233-9000 – E-mail: vendas@vozes.com.br